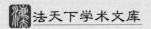
法天下学术文库

U0537494

碳排放交易制度的
行政法理

TANPAIFANG JIAOYI ZHIDU DE
XING ZHENG FA LI

张忠利 著

中国政法大学出版社

2024·北京

声　明　　1. 版权所有，侵权必究。

　　　　　　2. 如有缺页、倒装问题，由出版社负责退换。

图书在版编目（ＣＩＰ）数据

碳排放交易制度的行政法理/张忠利著. —北京：中国政法大学出版社，2024.3
ISBN 978-7-5764-1447-9

Ⅰ.①碳… Ⅱ.①张… Ⅲ.①二氧化碳－排污交易－行政法－研究－中国 Ⅳ.①D922.194

中国国家版本馆 CIP 数据核字(2024)第 077550 号

出 版 者　　中国政法大学出版社
地　　址　　北京市海淀区西土城路 25 号
邮寄地址　　北京 100088 信箱 8034 分箱　邮编 100088
网　　址　　http://www.cuplpress.com (网络实名：中国政法大学出版社)
电　　话　　010-58908586(编辑部) 58908334(邮购部)
编辑邮箱　　zhengfadch@126.com
承　　印　　固安华明印业有限公司
开　　本　　720mm×960mm　　1/16
印　　张　　14
字　　数　　240 千字
版　　次　　2024 年 3 月第 1 版
印　　次　　2024 年 3 月第 1 次印刷
定　　价　　69.00 元

目　录

CONTENTS

导　论

第一节　研究缘起与意义

一、研究背景

当今时代，气候变化作为全球性环境危机，将会导致极地冰川消融、海平面上升、极端气候等现象频发，正在严重威胁人类社会的生存与安全。20 世纪80 年代以来，随着联合国政府间气候变化专门委员会（IPCC）的成立，全球变暖问题越发受到国际社会重视。1992 年联合国里约与环境发展宣言大会通过《联合国气候变化框架公约》（UNFCCC），确立了国际社会应对气候变化的根本目标。其后，该框架公约的历次缔约方大会先后推动达成了《京都议定书》《巴厘岛路线图》《哥本哈根协定》《巴黎协定》等一系列国际决议或协定。其中，《巴黎协定》不仅明确提出了 2℃ 和 1.5℃ 的温控目标，也对世界各国提出了实现碳达峰和碳中和的要求，从而开启了 2020 年全球气候治理的新阶段。

中国作为负责任大国，始终致力于积极应对气候变化，并积极参与和推动国际社会共同应对气候变化。2009 年第十一届全国人民代表大会常务委员会表决通过《全国人民代表大会常务委员会关于积极应对气候变化的决议》，同年 12 月在哥本哈根联合国气候大会前夕，中国政府承诺到 2020 年实现较2005 年单位 GDP 碳排放强度下降 40% 至 45%，并且以约束性指标的方式纳入了《国民经济和社会发展规划第十二个五年规划纲要》。2011 年 12 月，国务院制定了专门的《"十二五"控制温室气体排放工作方案》（国发〔2011〕41号），规定到 2015 年我国将实现单位 GDP 二氧化碳排放强度比 2010 年下降17%，单位 GDP 能耗强度比 2010 年下降 16%，非化石能源在一次能源结构中的比重提高至 11.4%，并且为各省、自治区、直辖市明确规定了单位 GDP 二氧化碳强度减排目标和单位 GDP 能耗下降目标。

党的十八大以来，党中央、国务院高度重视应对气候变化工作。《中共中央、国务院关于加快推进生态文明建设的意见》（中发〔2015〕12 号）对"积极应对气候变化"作出明确部署，《生态文明体制改革总体方案》也明确提出要制定并完善应对气候变化方面的法律法规。2018 年国务院机构改革，将应对气候变化的职责由国家发展和改革委员会移转至生态环境部，实现了一氧化碳和二氧化碳的打通，为更好地推进减污降碳协同增效提供了更好的体制机制保障。[1]2020 年 9 月 22 日，习近平总书记在第七十五届联合国大会一般性辩论上首次明确提出了中国的"双碳"目标，即力争于 2030 年前实现二氧化碳排放达到峰值，努力争取 2060 年前实现碳中和。2021 年，《中共中央、国务院关于完整准确全面贯彻新发展理念做好碳达峰碳中和工作的意见》《2030 年前碳达峰行动方案》相继印发，明确提出要把实现"双碳"目标纳入经济社会发展全局，研究制定碳中和专项法律，构建有利于绿色低碳发展的法律体系，为实现"双碳"目标并强化其法律保障提供了明确的路线图和施工图。其中，建立碳排放交易市场并强化其立法保障，也是我国构建实现"双碳"目标和应对气候变化法制体系的重要内容。

在建立碳排放交易市场方面，2010 年 10 月，《国务院关于加快培育和发展战略性新兴产业的决定》（国发〔2010〕32 号）首次提出我国要逐步推动建立碳排放权交易市场。2011 年国家发展和改革委员会决定在北京、深圳、上海、天津、重庆、广东和湖北等七个省市开展地方性碳排放权交易试点。在地方碳排放权交易试点方面，国家赋予试点省市地方政府在建立碳交易市场方面较大自主权，鼓励试点省市积极探索。2014 年 12 月，国家发展和改革委员会颁布了《碳排放权交易管理暂行办法》，为建立全国碳排放交易市场提供了法律依据，正式拉开了建立全国碳排放交易市场的序幕。在 2018 年国务院机构改革后，应对气候变化事务的职责由国家发展和改革委员会移转至生态环境部，2020 年生态环境部颁布《碳排放权交易管理办法（试行）》，自2021 年起面向电力行业的全国碳排放交易市场第一个履约周期开始启动。2021 年 7 月中国全国碳排放交易市场正式上线启动交易，成为全球最大规模

---

〔1〕 刘卫先、李诚：《中国温室气体与大气污染物控制协同规划及其保障》，载《中国人口·资源与环境》2022 年第 12 期，第 2~5 页。

的碳排放交易市场。历经多年的不懈努力，2024 年 1 月国务院常务会议审议通过《碳排放权交易管理暂行条例》，为全国碳排放交易市场夯实了法制保障基础。可见，在发挥碳排放交易制度在实现"双碳"目标的作用方面，党中央、国务院乃至企业等社会各界都投入了较高期望。

在全球视野下，美国"酸雨控制计划"的实施取得了巨大成功。此后，排放交易理念被美国政府成功输入《京都议定书》并表现为"京都三机制"。2003 年欧盟碳排放交易市场正式启动，被确定为欧盟应对气候变化政策体系的基石。此后，碳排放交易制度作为应对气候变化立法的重要制度选择，正在为更多国家或地区的立法机关、政府部门和企业所接受。近年来，我国在进行碳排放交易试点基础上也建立并正式启动了全国碳排放交易市场，其立法保障也将随着《碳排放权交易管理暂行条例》的通过与生效实施而更加完善，其覆盖范围在未来也将从现在的电力行业逐步扩大到其他更多行业，而全国碳排放交易市场在规模更大的同时，其市场监管难度也会更大，并对碳排放交易市场的法制保障和制度供给提出了更高要求。但是，总体而言，碳排放交易制度虽历经数十年发展，却仍难谓有较为成熟的理论和可以广泛复制的经验，而更宜被视为仍处于发展阶段，并需继续进行理论探索的新生事物。

从法学角度看，碳排放交易制度作为市场型环境规制，旨在发挥价格机制在实现控制碳排放之行政目的的作用。所以，该制度属于经济诱导型规制的范畴，[1]并且采取"目标+手段"的基本模式。从行政过程论的视角来看，碳排放交易制度属于行政法的上游即政策形成的范畴。[2]相对于在命令控制型制度中国家垄断规制权，该制度的特色在于采取"自我规制+后设规制"的结构模式，即被规制主体通过碳市场之价格激励机制以自主选择控碳手段（技术）和时间安排的方式进行自我规制（self-regulation），而国家则以"后设规制"（meta-regulation）的方式对其进行监督，并确保其依法履行按期足额缴纳与其实际碳排放量相等配额的法律义务。[3]因此，碳排放交易制度显

---

〔1〕　张宝：《环境规制的法律构造》，北京大学出版社 2018 年版，第 80 页。

〔2〕　朱新力、宋华琳：《现代行政法学的建构与政府规制研究的兴起》，载《法律科学（西北政法大学学报）》2005 年第 5 期，第 40~41 页；李洪雷：《面向新时代的行政法基本原理》，载《安徽大学学报（哲学社会科学版）》2020 年第 3 期，第 84 页；杜辉：《生态环境法典中公私融合秩序的表达》，载《法学评论》2022 年第 6 期，第 147 页。

〔3〕　高秦伟：《社会自我规制与行政法的任务》，载《中国法学》2015 年第 5 期，第 88~91 页。

然属于（环境）行政法的范畴。[1]所以，有必要从行政法理的角度对该制度的制度构造进行深入分析。

二、研究意义

（一）理论意义

首先需说明的是，碳排放交易制度作为市场型规制制度，当然属于（环境）行政法的范畴，所以学者们在对碳排放交易制度进行研究时，必然会或多或少、有意无意地涉及对行政法理的运用。对此，本书毫不置疑，而仅是试图更加有意识地从行政法理角度拓展对碳排放交易制度的研究。

张文显先生指出，"法理"作为词语和概念，是"法这一客观事物的内在机理和规律"，对法理的追求"体现了人们对法的规律性、终极性和普遍性的探究和认知"，主张法理不仅应当成为法理学的中心主题，也倡导部门法学和法理学共同关注"法理"问题。[2]法理作为一个体系，可以被分为"基本法理、一般法理和具体法理"。[3]碳排放交易制度乃是（环境）行政法领域的市场激励型法律制度，而且当前全国碳排放交易市场已经全部启动并呈现扩张态势。因此，对该制度背后的"行政法理"探索，既是理所当然，也具有现实必要性。

从关于该制度之现有成果的版图中可发现：从环境公共政策和环境经济学角度对该制度进行研究的成果最为丰富，[4]而在法学专业领域，现有研究

---

〔1〕 需要说明的是，笔者赞同环境法是以问题为导向的领域法的观点，但同样认为作为行政法各论之环境（行政）法是客观存在的，而碳排放交易制度作为市场规制制度也当然属于环境（行政）法的范畴。

〔2〕 张文显：《法理：法理学的中心主题和法学的共同关注》，载《清华法学》2017 年第 4 期，第 22~33 页。

〔3〕 侯学宾：《凝练法理的多重维度》，载《中国社会科学报》2020 年 5 月 13 日。

〔4〕 代表性成果包括：[美] 丹尼·埃勒曼、弗兰克·肯沃瑞、克里斯琴·普萨斯著，朱苏荣主编：《碳定价：欧盟碳排放交易体系》，中国人民银行乌鲁木齐中心支行译，中国金融出版社 2011 年版；王毅刚等：《碳排放交易制度的中国道路——国际实践与中国应用》，经济管理出版社 2011 年版；张宁：《中国碳市场建设初探——理论、国际经验与中国的选择》，中央编译出版社 2013 年版；林健主编：《碳市场发展》，上海交通大学出版社 2013 年版；戴彦德等：《碳交易制度研究》，中国发展出版社 2014 年版；郑爽等：《全国七省市碳交易试点调查与研究》，中国经济出版社 2014 年版；郑爽：《国际碳市场发展及其对中国的影响》，中国经济出版社 2013 年版；李佐军等：《中国碳交易市场机制建设》，中共中央党校出版社 2014 年版；宁金彪等：《中国碳市场报告（2014）》，社会科学文献出版社 2014 年版。

成果也基本涵盖了法哲学、[1]经济法学[2]、民法学[3]、部门环境法学[4]等方面，但似乎缺乏从行政法视角对该制度进行研究的专著类研究成果。问题则在于，碳排放交易制度显然属于行政法的范畴，因此有必要有意识地从"面向司法的行政法学"和"面向行政的行政法学"两个维度对该制度进行深入研究。

凯斯·R.桑斯坦曾指出，在很长时间内美国行政法是以对行政的司法审查为核心的，并以对行政裁量的控制为主要目标，对管制项目的实体目的、实现该目的的路径选择、导致该路径选择的各种力量以及规制对真实世界的后果等问题缺乏扎实理解，但这些实体问题应成为未来行政法的主要目标，因此行政法学研究关注的焦点应从法院转向立法机关和行政机关。[5]本书认为，上述观点同样适用于国内对碳排放交易制度的研究。方世荣教授等指出，当代行政法若要在低碳时代更好地发挥低碳规制功能，其内容就必须适应低碳时代的发展变化，"就是要使低碳的理念在行政法的基本内容中得到全面体现和系统贯彻"，但是当代行政法的基本内容"尚未能充分回应低碳时代所带来的变化"。[6]

该问题在碳排放交易制度建构方面尤为明显，尤其是基于传统行政法之静态的、线性的和确定性的还原论思维所建立的碳排放交易制度，并不能很好地适应该制度面对的碳排放交易市场及其所在的经济社会系统的复杂性、不确定性和系统性。其中，最为明显的问题是，在总量控制型碳排放交易制度下，配额总量的设定显然因其面向未来而具有预测性，而实际结果往往与预测的结果以及其所依据的模型存在很大偏差。这意味着，从理论上讲应当

---

[1]　代表性成果：胡炜：《法哲学视角下的碳排放交易制度》，人民出版社 2013 年版。

[2]　代表性成果：陈惠珍：《中国碳排放权交易监管法律制度研究》，社会科学文献出版社 2017年版。

[3]　代表性成果：邓海峰：《排污权：一种基于私法语境下的解读》，北京大学出版社 2008 年版。

[4]　代表性成果：曹明德等：《中国碳排放交易法律制度研究》，中国政法大学出版社 2016 年版；史学瀛、李树成、潘晓宾：《碳排放交易市场与制度设计》，南开大学出版社 2014 年版；谭柏平：《碳交易政策与法律问题研究》，法律出版社 2023 年版；王国飞：《国家碳市场控排企业内部法律风险控制：理论与实践》，武汉大学出版社 2021 年版。

[5]　Cass R. Sunstein, "Administrative Substance", *Duke Law Journal*, 1991, Vol. 1991, Issue 3, pp. 607~608.

[6]　方世荣等：《回应低碳时代：行政法的变革与发展》，中国社会科学出版社 2016 年版，第31~37 页。

建立配额总量的事后调整机制，如此才能更好地发挥该制度在控碳方面的实效性。实际上，这意味着碳排放交易制度应被定位为一种试验性规制，而与之配套的则应当有一种有法律保障的常态化学习机制，以确保碳排放交易能够不断完善和切实发挥作用。这实质上是行政法学对低碳时代的需求回应之于碳排放交易制度的体现。本书试图透过行政法视角对碳排放交易制度进行研究，从而对上述问题有所突破。

（二）实践价值

当前，我国的经济发展面临诸多挑战，而实现"双碳"目标的任务也非常紧迫。在此背景下，碳排放交易制度在推动碳减排方面的"柔性"优势得以凸显。因此，应加快构建全国碳排放交易市场并强化其法制保障。从国际视角来看，欧盟在欧盟碳排放交易体系基础上，为防止碳泄漏又提出了碳边境调节机制，意图以欧盟的碳价格为基准对来自其他国家的产品征收"碳关税"。我国在采取措施抵制其单边行动的同时，也应加快建立全国碳排放交易市场的建设。

为促进全国碳排放交易市场稳健运行，使其切实发挥控碳以及保护市场主体的合法权益等作用。目前，我国全国碳排放交易市场已正式启动，而且市场"扩容"即覆盖范围（coverage）扩大也是必然态势，该市场机制在发挥控碳方面的作用也将被寄予更大期望。与此同时，基于该市场而生之监管部门、第三方核查机构与被规制主体相互之间、被规制主体或者市场主体及其关联主体（银行等金融机构、破产债权人、遗产继承人、配偶等）相互之间各种类型的法律争议很可能会因此浮现和增加，对发挥司法在该市场健康运行以及市场主体合法权益保护方面提出了更高的要求，而国内公众乃至国际社会对中国碳排放交易市场在控碳方面能否切实发挥作用也将会更加关心，各级政府监管部门对全国碳排交易市场的监管之难度也会因此而增加。尤其是，碳排放交易制度毕竟属于行政规制的范畴，因此行政法方面的法律纠纷及其相关问题必然不在少数。相对于美国在立法中明确否定配额构成财产权而言，我国立法在该问题上保持沉默，但学界和实务界却在很大程度上承认配额具有财产（权）属性，而就其对碳排放交易制度控碳实效性的影响则缺乏研究。另外，无论是欧盟的碳排放交易市场，还是美国地方层面的碳排放交易都曾经历配额过量供应的问题，其处理则是以被动应对方式进行，我国碳排放交易市场在逐渐转向碳排放总量控制的同时，能否通过建立一种学习机制，实现更加积极主动应对碳排放交易市场上的不确定性问题，值得深入研究。本书从行政法视角对碳排放交易制度进行研究，对于有关碳排放交易市场之监管决策、司法审判和私人合法权益保护、不确定性问题的应对以及相关法制完善都提供了启发。

第二节　研究现状与评析

一、关于碳排放交易制度之体系坐标及其规制目的的研究

在应对气候变化和实现"双碳"目标的立法保障方面，王灿发教授等主张，应实现碳中和目标在环境立法中的主流化，加快制定碳中和相关的专门立法，积极完善碳排放交易法律制度。[1]周珂教授认为，实现"双碳"目标，应走适度强化碳排放交易的道路，不能用过度的行政手段代替市场手段。[2]李艳芳教授等主张，我国不宜将二氧化碳等温室气体作为空气污染物由《大气污染防治法》[3]加以规定，而应制定专门的气候变化应对法或者低碳发展促进法。[4]曹明德教授提出，碳定价制度是应对气候变化法律制度体系不可或缺的部分，应从配额分配机制、交易组织机制和第三方监查机构监察等方面完善碳排放交易立法。[5]

在碳排放交易制度的规制目的方面，张阳主张在"双碳"背景下，碳排放交易制度不应过度强调市场投机和金融衍生，而应以实现气候变化应对的社会效益目标为底线遵循。[6]宋德勇等研究发现，碳排放权交易在实现减碳

---

[1]　王灿发、张祖增：《论促进碳中和目标实现的立法保障》，载《环境影响评价》2023年第3期。

[2]　周珂：《适度能动司法推进双碳达标——基于实然与应然研究》，载《政法论丛》2021年第4期。

[3]　本书涉及我国法律法规，直接使用简称，省去"中华人民共和国"字样，全书统一，后不赘述。

[4]　李艳芳、张忠利：《二氧化碳的法律定位及其排放规制立法路径选择》，载《社会科学研究》2015年第2期。

[5]　曹明德：《社会系统论视角下实现碳达峰碳中和目标的法律对策》，载《中国法学》2023年第5期。

[6]　张阳：《碳排放交易的监管赋能：问题与方案》，载《中国经济流通》2022年第3期。

目标的同时，对企业绿色技术创新也能起到促进作用。[1]对此，有学者对我国 7 个碳排放权交易试点展开研究后发现，7 个试点的碳排放交易政策在整体上促进了本地区的低碳技术创新活动，但各试点之间政策效果存在差异。[2]不过也有学者研究发现，碳排放权交易政策的实施虽能促使企业减少碳排放，但主要是通过减少产量这种短期行为实现的，而非通过投资减排技术以实现长期减排效果。[3]

在碳排放交易制度与其他控碳制度的优劣势比较及其选择方面，成果相当丰富。在美国，汤姆·蒂滕伯格、理查德·斯图尔特、罗伯特·史蒂文斯等学者是排放交易制度的坚定支持者和捍卫者。[4]大卫·韦斯巴赫研究发现，诸如 SO_2 总量控制与交易体系的管制性交易体系，在环境与自然资源法中已经比比皆是，它们不仅包括适用于 SO_2、NOx 和 CO_2 等污染物（排放物）排放的总量控制与交易，也包括环境与自然资源法中诸如濒危物种、水质量、湿地、机动车里程以及林业和农业实践等领域的使用交易。[5]但是，我们也应看到，在整个环境法领域命令型法律制度仍占据大部分领域，[6]市场型制度则更多是因为"聚光灯"效应才获得更多关注。正如有学者所言，在以最有效的方式实现外部成本内部化的问题上，没有哪种减排制度（政策工具）是最优的。[7]实际上，有很多学者主张，较之于碳排放交易制度，碳税制度

---

〔1〕 宋德勇、朱文博、王班班：《中国碳交易试点覆盖企业的微观实证：碳排放权交易、配额分配方法与企业绿色创新》，载《中国人口·资源与环境》2021 年第 1 期。

〔2〕 王为东、王冬、卢娜：《中国碳排放权交易促进低碳技术创新机制的研究》，载《中国人口·资源与环境》2020 年第 2 期。

〔3〕 沈洪涛、黄楠、刘浪：《碳排放权交易的微观效果及机制研究》，载《厦门大学学报（哲学社会科学版）》2017 年第 1 期。

〔4〕 Robert N. Stavins, *Policy Instruments for Climate Change：How Can National Government Address a Global Problem*, University of Chicago Legal Forum, 1997, Vol. 1997, No. 1；Also see Arnold W. Reitze, Jr., "Federal Control of Carbon Dioxide Emissions：What Are the Options", *Boston College Environmental Affairs Law Review*, 2010, Vol. 36, No. 1.

〔5〕 David A. Weisbach, "Regulatory Tading", *The University of Chicago Law Review*, 2023, Vol. 90, No. 4.

〔6〕 陈若英：《感性与理性之间的选择——评〈气候变化正义〉和减排规制手段》，载《政法论坛》2013 年第 2 期。

〔7〕 ［荷］斯特凡·E. 魏斯哈尔：《排放权交易设计：批判性概览》，张小平译，法律出版社 2019 年版。

在控碳方面更加切实有效。[1]也有学者指出，排放交易制度虽在履约成本方面具有优势，但其在制度的形成、执行和监控等方面的成本不容忽视，而且欧美政府在实施排放交易机制的同时，往往也会借助命令型制度对前者存在的缺陷进行规避。[2]也有学者提出，关于碳排放交易制度等规制工具选择的争论使我们对政府的理解陷入贫困，限制了我们应对气候危机的能力，并且导致对公众参与和政府解决问题的看法急剧减少。[3]

二、关于碳排放交易制度之理论假设及其实然状态的研究

（一）关于碳排放交易制度之人性基础的研究

在人性假设方面，亚当·斯密提出了"经济人"的理念，主张人类行为的根本目标是追求财富最大化，是西方新古典经济学分析人类经济活动的基本理论预设。[4]制度经济学则认为，人类行为的动机具有追求财富最大化和非财富最大化的双重面向；在特定的现实环境中，人仅具有有限理性，其掌握的信息是不充分的，计算能力和认识能力也是有限的；在具体场合下，人对自我利益的追求具有随机应变、投机取巧和为自己谋取更大利益的倾向。[5]

针对碳排放交易制度，约尔·福拉米蒂等指出，用来作为对碳排放交易制度与碳税制度进行比较的传统模式对现实世界中的气候政策缺乏分析，即经济体系是一个需要结合常常无法预测的变化而进行持续调适的复杂体系，而市场主体的行为模式与素质能力是异质的，而且也都是"有限理性"的，即他们并不能找到实现其目标的最优方法，而市场本身也是处于动态发展之中的。[6]

---

[1] 王慧、曹明德：《气候变化的应对：排污权交易抑或碳税》，载《法学论坛》2011年第1期。

[2] 王燕：《市场激励型排放机制一定优于命令控制型排放机制吗?》，载《中国地质大学学报（社会科学版）》2014年第1期。

[3] William Boyd, "The Poverty of Theory: Public Problems, Instrument Choice, and the Climate Emergency", *Columbia Journal of Environmental Law*, 2021, Vol. 46, No. 2.

[4] 夏志强：《人性假设与公共行政思想演变》，载《四川大学学报（哲学社会科学版）》2015年第1期。

[5] ［美］赫伯特·西蒙：《现代决策理论的基石》，杨砾、徐立译，北京经济学院出版社1989年版。

[6] Joël Foramitti et al., "Emission Tax vs. Permit Trading under Bounded Rationality and Dynamic Markets", *Energy Policy*, 2021, Vol. 148.

（二）关于碳排放交易制度之存在状态的研究

作为人类决策对象的客观世界往往是由一个个复杂系统所组成的。所谓复杂系统是指，由于系统内部的构成要素之间存在着非线性作用，使得系统的运行过程中总是表现出不同程度的不可预测性和不可控制性。[1]要实现对复杂系统的有效管理，首先须实现思维范式的转变，即自觉、主动地运用复杂系统的思维方式，揭示和分析在复杂系统管理活动中对复杂整体性问题进行管理的基本原理，并建立相应的方法体系，实现提升解决复杂整体性问题的能力之目的。

有学者认为，气候变化是一个"超级棘手问题"（superwicked problems），气候变化科学给立法制造了一系列令人生畏且难以克服的障碍，这是因为它们与人性共同发生作用，人性认知给应对气候变化造成的障碍首先在于人类的短视行为，即对短期回报的偏好甚于对未来功效和长期投资的关注，而应对气候变化却是"前人栽树，后人乘凉"；其次在于人们在作出决策时易受"可得性启发"（availability heuristic）影响，即人们倾向于依据自己能轻松记起或获取的信息作决策；再次在于人们在作出决策时易受"代表性启发"（representativeness heuristic）影响，即人们倾向于依据该事件或同类事件以往的经验作决策。[2]杨志等认为，应对气候变化是一个超级复杂的系统设计问题，必须建立将其作为复杂性问题处理的思维上，以复杂科学为方法论。[3]李艳芳等认为，气候变化不仅面对来自科学、政策和立法以及国际合作等方面的不确定性，其应对也表现出了相当的复杂性，两者的相互作用导致了国际气候合作的困境。[4]

（三）关于碳排放交易制度之决策机理的研究

在碳排放交易制度之决策机理主要体现在确定性思想方面。普里戈金

---

〔1〕 杨晓光等：《复杂系统管理是中国特色管理学体系的重要组成部分》，载《管理世界》2022年第10期。

〔2〕 Richard J. Lazarus, "Super Wicked Problems and Climate Change: Restraining the Present to Liberate the Future", *Cornell Law Review*, 2009, Vol. 94, No. 5.

〔3〕 杨志、张洪国：《复杂性：低碳经济与生产方式的全球性转变》，载《经济思想史评论》2010年第2期。

〔4〕 李艳芳、田时雨：《不确定性与复杂性背景下气候变化风险规制立法》，载《吉林大学社会科学学报》2018年第2期。

（I. Prigogine）首次提出了不确定性思想。他提出，不确定性假设是客观世界之不稳定性和混沌的现代理论的自然结果。[1]段青云等认为，气候预测预估之所以存在不确定性，主要源于未来情景、气候系统内部的自然变率和表征气候过程等方面存在不确定性，而概率分布则是表示气候变化预测不确定性的有效方式。[2]

查尔斯·萨贝尔等指出，从政府干预角度来看，碳排放交易制度是政府干预最小主义之治理理念的重要制度体现，其缺点在于过度关注静态的效率准则和价格信号，对学习以及风险和机会的"弱信号"缺乏充分关注。[3]克莱夫·斯帕什指出，排放交易市场的实际情况远非经济理论假设的那样，所谓通过配额分配实现有效减排的目标并未兑现，温室气体无处不在以及巨大不确定性和复杂性的叠加，使得经济学家无法为其理论上的成本有效性主张提供支撑。[4]胡炜指出，戴尔斯提出的"污染权"交易理论是一个适用领域和社会成本相对确定的场景，将其用于应对气候变化会面临各种不确定性因素，碳排放交易制度就处于确定性和多重不确定性的网络中。[5]潘家华指出，该确定性源自国内外、央地间、地方间、政企间的多重博弈，并受经济、政治、环境、社会的多重因素制约。[6]

有学者研究发现，建立碳排放交易市场通常需 3 年至 5 年的准备时间，碳排放交易体系的运行又需对未来的碳排放情况进行预测，而依据美国国会和环保署制定能源政策所使用的模型，对同一期间美国能源相关碳排放所作的预测在事后被证明是非常不精确的，完全无法用来建立一个可靠或可预期的市场信号以激励企业减排。[7]阿纳尔·伯特等指出，中国作为全球最大的

---

〔1〕［比利时］伊利亚·普里戈金：《确定性的终结：时间、混沌与新自然法则》，湛敏译，张建树校，上海科技教育出版社 2018 年版。

〔2〕段青云等：《全球气候模式中气候变化预测预估的不确定性》，载《自然杂志》2016 年第 3 期。

〔3〕Charles F. Sabel & William H. Simon, "Minimalism and Experimentalism in the Administrative State", *Georgeto-wn Law Journal*, 2011, Vol. 100, No. 1.

〔4〕Clive L. Spash, "The Brave New World of Carbon Trading", *New Political Economy*, 2010, Vol. 15, No. 2.

〔5〕胡炜：《法哲学视角下的碳排放交易制度》，人民出版社 2013 年版。

〔6〕潘家华：《碳排放交易体系的构建、挑战与市场拓展》，载《中国人口·资源与环境》2016 年第 8 期。

〔7〕Michael Wara, "Instrument Choice, Carbon Emissions, and Information", *Michigan Journal of Environmental & Administrative Law*, 2015, Vol. 4, No. 2.

碳排放国家，其碳排放交易市场运行效果是对碳排放交易制度能否成为可切实发挥作用之脱碳政策工具的决定性检验。[1]上述论断的潜在之义是，碳排放交易理论目前仍然不够成熟且仍然属于不断"试错"和探索经验阶段，也即有试验型规制的特征。靳文辉指出，从实用主义的进路来看，试验型规制下政府面对的是一个高度复杂、依赖情境和充满不确定性的世界，因此既无法在事先获取充分信息，也无法建立成熟和稳定的规范，而只能在不断试验中寻找当前情形下的最优方案。[2]

三、关于碳排放交易制度之核心概念及其法律属性的研究

（一）关于"碳排放权"法律属性问题的研究对象的研究

关于碳排放权的法律性质问题，因为国外碳排放交易相关立法中完全没有"碳排放权"概念，因此域外国家立法机关、司法机关、政府部门或专家学者在论及该问题时，直接以配额（allowance）的法律属性为研究对象。国内实务部门（立法、执法和司法）和学界在大多数情况下更多地使用"碳排放权"概念，在研究"碳排放权"的法律属性问题时，并不注意区分碳排放权与配额两个概念的关系问题，即潜在地认为两者可以相互指代，部分学者在研究碳排放权的法律性质问题时，则直接以碳排放配额为研究对象，对该两个概念的关系避而不谈。但是，近年来，国内学界开始意识到有必要对"碳排放权"和"碳排放配额"两个概念进行区分，并分别研究其法律属性，而该两者又涉及碳排放许可（和行政确认）概念。因此，该问题实质上是，如何理解三者之间的逻辑关系。

比如，沈满洪等认为，应当将排污权认定为行政许可性质的权利，而排污权交易的对象则应为削减后的排污指标。[3]丁丁等指出，应当注意碳排放权和碳排放量（即碳排放配额）之间的区别，认为碳排放权具有环境权和财产权的双重属性，属于股权、票据权利等无形财产的新型财产权。[4]苗波也

---

〔1〕 Anatole Boute, Zhanghao, "Fixing the Emissions Trading Scheme: Carbon Price Stability in the EU and China", *European Law Journal*, 2019, Vol. 25, No. 3.

〔2〕 靳文辉：《试验型规制制度的理论解释与规范适用》，载《现代法学》2021 年第 3 期。

〔3〕 沈满洪等：《排污权交易机制研究》，中国环境科学出版社 2009 年版。

〔4〕 丁丁、潘方方：《论碳排放权的法律属性》，载《法学杂志》2012 年第 9 期。

认为，应对排放许可证和排放配额进行区分，前者旨在针对被规制排放设施列明其法律义务，后者则具有可交换性，其价值则只有在遵守许可证中规定的条件时才能实现。[1]胡炜亦认为，应对排放配额和排放权进行区分，并认为排放权并非自然法上排放污染物的权利，亦非物权法权利体系下的权利，而是由环境规制政策拟制而生之权利，属于政府保留规制权力且附确定公法义务的权利。[2]曹霞等认为，应将配额从碳排放权概念中剥离出来，并且应将前者定性为行政许可权，而将后者定性为物权。[3]郭楠认为，国内学者所探讨的"碳排放权"实际上就是国外碳排放交易立法中所指的碳排放配额，它表征的是对大气环境容量的使用，它可以通过法律规定实现财产化，并可用于市场交易，但不宜被视为一种具体的法律权利。[4]王天华则提出，基于分配行政理论，排污权既非权利（right）亦非特权（privilege）更非自由（liberty），而只是可交易的排污许可（license），它本质上仅是以国家对特定排污行为的容许为条件的一种法律上的行为能力，而将该行为能力说成是"权利"则不过是服务于其可交易性的一种表述方法。[5]

（二）关于"碳排放权（配额）"的法律属性问题的研究

针对"碳排放权"的法律属性，目前主要有三种学说，即主张应定性为财产权的"财产权说"，主张应定性为基于行政许可而生之行政规制的"行政规制说"，以及主张应借鉴双阶理论分阶段界定其法律属性的"双阶理论说"。

在"财产权"说中，部分研究成果主张，碳排放权系以环境容量为客体的自然资源利用权。比如，吕忠梅认为，排污权本质上是对环境容量的使用权，即一般民事主体通过有偿或无偿方式获得，对环境资源整体进行占有、

---

〔1〕 Bo Miao, *Emissions, Pollutants and Environmental Policy in China: Designing a National Emissions Trading System*, Published by Routeledge Taylor & Francis Group, London and New York, 2013.

〔2〕 胡炜：《法哲学视角下的碳排放交易制度》，人民出版社2013年版。

〔3〕 曹霞、郅宇杰：《基于"权额分立"理念的碳排放权性质与相关概念审视》，载《中国环境管理》2022年第5期。

〔4〕 郭楠：《碳排放权的规范解构与实践反思》，载《中国地质大学学报（社会科学版）》2022年第6期。

〔5〕 王天华：《分配行政与民事权益——关于公法私法二元论之射程的一个序论性考察》，载《中国法律评论》2020年第6期。

使用和收益的用益物权。[1]罗丽、邓海峰认为，排污权是权利人依法享有的，对环境容量进行使用和收益的一种资源物权，该权利具有客体无形性、占有弱化性、相对排他性和公私兼容性等特征，在本质上属于民法上的准物权。[2]王社坤认为，环境容量利用权实质上是一种自然资源利用权，其主体不限于排污者，其客体是环境容量，其核心权能是排污和收益，其本质是一种新型无形财产权。[3]

另有部分研究成果对碳排放权是以环境容量为客体的环境容量利用权提出质疑，认为其客体应为配额或其他诸如生态服务功能、数据财产等，而碳排放权则属于兼具公私属性的管制性财产。[4]比如，李仁真等认为，碳排放配额是碳排放权的表现形式，关于碳排放权法律性质的分析实际上就是关于碳排放配额或碳减排信用法律性质的分析，而碳排放权则是一种兼具公权力和私权利双重属性的特殊权利，在本质上属于"受公权力限制的所有权"。[5]王清军指出，域外排放交易立法并未使用环境容量的概念，而是采用最大可允许排放量（即排放总量），而其设定则往往需要综合考虑各国的经济状况，并非完全基于环境容量，主张借鉴美国法上的"新财产"理论来解决碳排放权的法律属性问题。[6]

"行政规制说"主张，碳排放权是基于行政许可或行政确认而生之行政规

---

〔1〕 参见吕忠梅：《论环境使用权交易制度》，载《政法论坛》2000 年第 4 期；高利红、余耀军：《论排污权的法律性质》，载《郑州大学学报（哲学社会科学版）》2003 年第 3 期；王明远：《论碳排放权的准物权和发展权属性》，载《中国法学》2010 年第 6 期；于文轩、李涛：《论排污权的法律属性及其制度实现》，载《南京工业大学学报（社会科学版）》2017 年第 3 期；倪受彬：《碳排放权权利属性论——兼谈中国碳市场交易规则的完善》，载《政治与法律》2022 年第 2 期。

〔2〕 邓海峰：《环境容量的准物权化及其权利构成》，载《中国法学》2005 年第 4 期；邓海峰、罗丽：《排污权制度论纲》，载《法律科学（西北政法大学学报）》2007 年第 6 期；邓海峰、尹瑞龙：《碳中和愿景下我国碳排放权交易的功能与制度构造研究》，载《北方法学》2022 年第 2 期。

〔3〕 王社坤：《环境容量利用权：法律属性与权利构造》，载《中国人口·资源与环境》2011 年第 3 期。

〔4〕 刘明明：《论温室气体排放权的财产权属性》，载《重庆大学学报（社会科学版）》2013 年第 3 期；王国飞、金明浩：《控排企业碳排放权：属性新释与保障制度构建》，载《理论月刊》2021 年第 12 期；任洪涛：《民法典实施背景下碳排放权数据产权属性的法理证成及规范进路》，载《法学杂志》2022 年第 6 期。

〔5〕 李仁真、曾冠：《碳排放权的法律性质探析》，载《金融服务法评论》2011 年第 1 期。

〔6〕 王清军：《排污权法律属性研究》，载《武汉大学学报（哲学社会科学版）》2010 年第 5 期。

制权，至于其是否构成财产权则存在不同观点。张梓太教授认为，排污权交易的对象是可转让的排污许可证。[1]李义松认为，排污权源于行政许可，是自然资源使用权体系中的一项独立权利类型，具有财产权性质。[2]张式军等认为，排放权是环境容量使用权和基于排污许可而生之排污资格的复合体。[3]徐海燕等认为，碳排放权是经过行政许可后才能享有的权利，特许是其产生前提，故其本质上是政府拟制的一项权利，应将其定性为一种新型的无形财产权。[4]杨解君则认为，碳排放权及其配额的确定是行政确认的结果，碳排放权之于其持有人而言可被称为附条件（义务）的财产权。[5]也有学者虽然认为碳排放权是一种围绕大气资源利用而形成的行政特许，但是反对将其定性为财产权。[6]

"双阶理论说"主张，应跳出传统"非公即私"的思维桎梏，以德国法上的双阶理论为基础，从纵横两个角度确定碳排放权的法律属性，即应以注册登记制为节点，在注册登记前的阶段也即该权利的初始取得阶段，应凸显其公权力属性，在注册登记后的阶段即该权利的使用与流转阶段，应将其界定为一项私权利，具有财产权属性，可作为《民法典》第440条第7项下的权利质权的标的，但在该阶段仍需适度公权力干预。[7]魏庆坡亦持有类似观点。[8]

施文真认为，为了最大限度地赋予监管机关监管灵活性，以实现排放交易制度中的环境目标，不建议赋予配额永久财产权的法律地位。[9]张磊也认

〔1〕　张梓太：《污染权交易立法构想》，载《中国法学》1998年第3期。

〔2〕　李义松：《论排污权的定位及法律性质》，载《东南大学学报（哲学社会科学版）》2015年第1期。

〔3〕　张式军、曹甜、胡志逵：《排污权内涵的法学解读》，载《环境与可持续发展》2010年第2期。

〔4〕　徐海燕、李莉：《论碳排放权设质依据及立法建议》，载《北方法学》2014年第1期。

〔5〕　杨解君：《碳排放权的法律多重性——基于分配行政论的思考》，载《行政法学研究》2024年第1期。

〔6〕　张磊：《温室气体排放权的财产权属性和制度化困境——对哈丁"公地悲剧"理论的反思》，载《法制与社会发展》2014年第1期。

〔7〕　秦天宝：《双阶理论视域下碳排放权的法律属性及规制研究》，载《比较法研究》2023年第2期。

〔8〕　魏庆坡：《碳排放权法律属性定位的反思与制度完善——以双阶理论为视角》，载《法商研究》2023年第4期。

〔9〕　Wen-chen Shih, "Legal Nature of the Traded Units under the Emissions Trading Systems and Its Implications to the Relationship between Emissions Trading and the WTO", *Manchester Journal of Inernational Economic Law*, 2012, Vol. 9, No. 2.

为，由于大气环境质量是动态发展的，人类社会对大气环境的认识也处于不断发展之中，因此赋予大气环境容量以财产权地位欠缺稳定性和连续性，所以不宜赋予配额以财产（权）的法律地位。[1]

最后，值得提及的是，至少就国内而言，针对碳排放权的法律属性问题，尽管认为应当承认碳排放权（配额）构成财产权的学术成果不在少数，而且也有学者以可能会引发作为财产权之碳排放权的征收及其补偿问题，并因此影响政府对碳排放交易市场的灵活兼顾为理由反对将配额定性为财产权，但是到目前为止却几乎未见有研究成果从征收法的角度对该问题进行深入研究。

四、关于碳排放交易制度之制度框架及其体系协调的研究

（一）碳排放交易制度之制度框架的研究

段茂盛等认为，应从法律基础、基本框架设计、相关机构安排和调控政策等四个方面建构碳排放交易制度体系。[2]熊灵等认为，我国碳排放交易试点存在数据基础不够、配额总量过剩、配额重复计算、基准设定随意、法律规则不透明等问题。[3]曹明德认为，我国碳排放交易试点存在缺乏国家层面法律依据、配额过度免费发放、市场流动性不足、监管机制不到位等问题，应加快碳排放交易立法，扩大市场覆盖范围，避免政策重叠交叉，强化"监测—报告—核证"（MRV）制度和法律制裁措施等。[4]李挚萍认为，建立碳排放交易监管体系，需充分发挥政府、交易所、第三方核查和社会公众等各方的监督优势，并建立碳交易信息披露、防范市场滥用行为、防范碳金融风险等制度。[5]彭峰等认为，欧盟排放交易体系及其改革具有多层次治理、外部协调性等特征，我国碳排放交易体系应借鉴欧盟经验，以实现环境有效性、成本

---

[1] 张磊：《温室气体排放权的财产权属性和制度化困境——对哈丁"公地悲剧"理论的反思》，载《法制与社会发展》2014年第1期。

[2] 段茂盛、庞韬：《碳排放权交易体系的基本要素》，载《中国人口·资源与环境》2013年第3期。

[3] 熊灵、齐绍洲、沈波：《中国碳交易试点配额分配的机制特征、设计问题与改进对策》，载《武汉大学学报（哲学社会科学版）》2016年第3期。

[4] 曹明德：《中国碳排放交易面临的法律问题和立法建议》，载《法商研究》2021年第5期。

[5] 李挚萍：《碳交易市场的监管机制研究》，载《江苏大学学报（社会科学版）》2012年第1期。

效益、经济灵活性为原则。[1]

在碳排放交易一级市场法制建构及其监管方面，张继宏等认为，碳排放交易制度的覆盖范围与行业选择的确定是建设碳排放交易市场的关键问题，两者会同时影响该市场的活跃性、减排成本与减排效果。[2]张昕认为，配额总量的设定关系到市场上配额的"稀缺性"，覆盖范围的选择则会直接影响被规制主体的减碳成本与成效和市场监管的难度。[3]程信合等认为，政府在初始分配配额时，应注意既要促进政府分配的公平性，也要确保其合法性。[4]刘学芝等认为，建立碳排放监测、报告与核查（MRV）制度体系，旨在确保温室气体排放数据的真实性、准确性和可靠性，是支撑碳排放交易市场健康发展和发挥实效的基石。[5]马里安·佩特斯指出，由于配额具有经济价值，因此被规制企业具有碳排放数据造假的强烈动机，因此必须强化被规制企业碳排放监测、报告和核查的法制建设。[6]张忠利认为，韩国碳排放交易立法在碳数据真实性、碳排放二级市场监管、被规制主体合法权益保护和法律责任部分等方面的规定值得我国参考。[7]

在碳排放交易二级市场制度及其监管方面，阿纳托尔·布特等认为，碳排放交易市场要实现其所追求的政策目标必然依赖政府的频繁干预，但这又与有效市场交换所需的监管稳定性相冲突，为此需准确界定监管机构的行政裁量权。[8]陈惠珍认为，政府调控碳价的路径主要有两个：一是进行政府定价，以及设定碳价上下浮动空间；二是借助间接的立法调整与直接的市场调

---

〔1〕　彭峰、邵诗洋：《欧盟碳排放交易制度：最新动向及对中国之镜鉴》，载《中国地质大学学报（社会科学版）》2012年第5期。

〔2〕　张昕：《试点省市碳市场总量和覆盖范围分析》，载《中国经贸导刊》2014年第29期。

〔3〕　张继宏、郅若平、齐绍洲：《中国碳排放交易市场的覆盖范围与行业选择——基于多目标优化的方法》，载《中国地质大学学报（社会科学版）》2019年第1期。

〔4〕　程信合、陈惠珍：《论碳交易配额分配法律制度的两大维度——以广东为例》，载《华南师范大学学报（社会科学版）》2014年第2期。

〔5〕　刘学芝等：《欧盟碳市场MRV制度体系及其对中国的启示》，载《中国科技论坛》2018年第8期。

〔6〕　Marjan Peeters，"Inspection and Market-Based Regulation through Emissions Trading：The Striking Reliance on Self-Monitoring, Self-Reporting and Verification"，*Utrecht Law Review*，2006，Vol. 2，No. 1.

〔7〕　张忠利：《韩国碳排放交易法律及其对我国的启示》，载《东北亚论坛》2016年第5期。

〔8〕　Anatole Boute, Zhanghao，"Fixing the Emissions Trading Scheme：Carbon Price Stability in the EU and China"，*European Law Journal*，2019 Vol. 25，No. 3.

节手段来调控配额的供求。[1]陈波认为，应运用一系列宏观调控工具，逐步推动实现地方碳排放交易市场之间的连接，进而形成全国统一碳排放交易市场，从而建立统一的价格信号。[2]张阳认为，碳排放交易市场是受高度管控的市场，配额的管控、价格干预和行为惩处是碳排放交易的核心规制内容。[3]史学瀛等认为，在全国碳排放交易市场运行初期，有效的激励机制可以与适当的处罚规则形成协同效应，在因控排企业违反履约义务进行处罚时应明确执法主体行政裁量权的尺度，建议引入倍率式罚款数额和阶梯式处罚标准以及逾期不缴的加罚规则。[4]

（二）碳排放交易制度之体系协调的研究

碳排放交易的体系协调问题包括两个方面：一是解决碳泄漏问题，即针对碳排放交易制度未纳入规制的碳排放行为，通过其他控碳法律制度对其加以规制；二是解决重叠规制或规制抵牾问题，即由不同部门主导的两个制度都能产生类似控碳效果且被规制主体范围相同或部分重叠，或者由不同部门主导的两个制度在控碳效果方面存在相互抵消的问题。陈贻健认为，发达国家以本国竞争力受损为由采取规制碳泄漏的单边措施，不仅不能真正解决碳泄漏问题，反而会强化减排义务不公平问题，应通过多边规制及制度协调予以解决。[5]张忠利认为，应针对碳排放交易制度规制范围之外的碳排放行为，设立规制性或者辅助性控碳法律制度，从而构建控碳法律制度体系。[6]杨曦等认为，针对碳泄露问题，发达国家更应当通过技术转让或援助等手段来帮助发展中国家改善减排技术，而不是采取碳边境调节机制。[7]孟国碧认为，

---

〔1〕 陈惠珍：《论中国碳价调控的法律路径——主要以欧盟排放交易体系为借鉴》，载《暨南学报（哲学社会科学版）》2014年第5期。

〔2〕 陈波：《中国碳排放权交易市场的构建及宏观调控研究》，载《中国人口·资源与环境》2013年第11期。

〔3〕 张阳：《碳排放交易的监管赋能：问题与方案》，载《中国流通经济》2022年第3期。

〔4〕 史学瀛、杨博文：《我国碳排放权交易处罚规则与履约风险规制路径》，载《吉首大学学报（社会科学版）》2020年第1期。

〔5〕 陈贻健：《论碳泄露的法律规制及其协调》，载《学海》2016年第6期。

〔6〕 张忠利：《论温室气体排放控制法律制度体系的建构》，载《清华法治论衡》2016年第1期。

〔7〕 杨曦、彭水军：《碳关税可以有效解决碳泄漏和竞争力问题吗？——基于异质性企业贸易模型的分析》，载《经济研究》2017年第5期。

发达国家解决碳泄露问题的本质在于限制发展中国家的生存和发展权，其解决之道应是逐步消除环境政策的差异，发展中国家应坚决抵制发达国家的碳关税边境调节措施。[1]

针对重叠规制或者规制抵牾问题，刘明明认为，用能权交易和碳排放权交易的制度虽然设计目的具有协同性且规制对象有所交叉，但相互之间缺乏衔接，应建立联合履约机制打通两者的关系。[2]段茂盛认为，全国碳排放权交易体系与节能制度并存可能会导致重复管制，可再生能源政策则可促进全国碳排放权交易体系发挥作用。[3]尚楠等认为，理顺价格关系，畅通价格信号传导机制，是有效发挥市场机制在电力交易、碳交易、绿证交易之间作用的核心要点，建议研究制定绿证、超额消纳量、碳排放配额、减排信用等之间的互认联通机制。[4]张昕等认为，针对碳排放权交易机制、用能权交易机制和电力交易机制三者之间的衔接，建议实施碳排放总量控制制度，构建统一、规范的数据统计体系和任务目标初始分配机制，实现市场要素共享，推动三种市场机制共治。[5]文绪武认为，以目标责任制为核心的压力型体制与市场化机制之间存在激励不相容、选择性实施、形式参与等弊端，走民主合作的新能源道路是必然趋势。[6]

五、总体评析

上述分析表明，对碳排放交易制度的现有研究主要是从环境公共政策或作为部门法之环境法视角展开的。对于我国碳排放交易试点和全国碳排放交易市场的建立，这些成果发挥了至关重要的作用。但是，当前全国碳排放交易市场已经正式启动，对碳排放交易制度的研究也开始从政策面向走向法律

---

〔1〕 孟国碧：《论碳泄漏问题的本质及其解决路径》，载《江汉论坛》2017年第11期。

〔2〕 刘明明：《论构建中国用能权交易体系的制度衔接之维》，载《中国人口·资源与环境》2017年第10期。

〔3〕 段茂盛：《全国碳排放权交易体系与节能和可再生能源政策的协调》，载《环境经济研究》2018年第2期。

〔4〕 尚楠等：《电力市场、碳市场及绿证市场互动机理及协调机制》，载《电网技术》2023年第1期。

〔5〕 张昕、张敏思、苏畅：《碳排放权交易、用能权交易、电力交易机制衔接协调研究》，载《环境保护》2022年第22期。

〔6〕 文绪武、胡林海：《在压力型体制中嵌入市场化的节能减排机制》，载《经济社会体制比较》2016年第5期。

面向，从立法中心视角走向以执法、司法和守法为中心的视角。因此，对碳排放交易法的研究重心必须落脚到旨在实现减碳以应对气候风险之行政法制度的理解与适用及其实施效果之上。基于此，现有研究成果的不足之处主要表现在：一是缺乏更加全面和深入地运用以行政法为中心的理论对该制度进行研究，尽管有环境法和行政法领域的学者已经开始关注该问题；二是未能深入该制度背后的事理、人理和法理对碳排放交易立法的底层逻辑进行分析；三是未能从当代社会之特点对行政法理论提出挑战的角度，分析碳排放交易制度之于行政法理论更新乃是革新可能产生的启发意义。比如，行政法理论对当代社会普遍存在的不确定性问题、系统性问题、预测性问题的应对等。本书在后面的章节中尝试对上述问题进行研究，并就相关问题提出解决之道。

第三节　研究思路与方法

在研究路径方面，本书主要遵循下列逻辑：从"历时性–共时性"维度引入，即通过以碳排放交易制度为中心，在对环境规制代际发展进行分析的基础上，界定碳排放交易制度的时空坐标，为其后进行碳排放交易制度的行政法理探析提供认知基础；从"底层逻辑–制度机理"维度深化，即从人性（完全理性/有限理性）、存在状态（还原论/涌现论）、决策机制（决策于可知/决策于未知）等三个方面的理论预设与实然状态进行分析，为进行碳排放交易制度的行政法理解析提供理论厚度；从综合运用"社会性规制–经济性规制""行政目的–行政手段""法教义学–法政策学"三个维度推进，对碳排放交易制度的核心概念（是碳排放配额还是碳排放权）、制度框架（制度本体）及其体系协调（外部协调）等三个方面拓展对碳排放交易制度的行政法理解析。

在研究方法方面，本书重点采取了下列方法。

第一，跨学科研究方法。碳排放交易制度旨在解决气候变化问题，其本质上属于市场型环境规制，在该制度下创设的碳排放配额具有经济价值，存在是否构成财产（权）的问题，而碳排放交易市场上的配额供求关系可能面临的异常波动也需进行规制，因此碳排放交易法制必然涉及经济学、环境法、行政法、财产法、经济法乃至公用征收法、国际气候法等专业或领域的内容。所以，本书在进行碳排放交易制度研究时坚持"问题导向"，对相关问题进行多学科有机联系的研究，避免盲人摸象式研究，试图对相关问题的研究具有实践指导意义。

第二，法教义学方法。研究碳排放交易制度，首先必须找准碳排放交易立法及其相关问题的坐标体系，即必须将对碳排放交易制度相关问题的研究置于整个现行法体系之下，遵循"适用一个法条就是在运用整个法秩序"的教义学研究方法，发现"概念–制度–体系"之间的逻辑关系，在对"目标–手段"进行区分的基础上，坚持目标导向（目的解释）解决相关问题（解释相关概念）。

第三，比较分析方法。排放交易制度并非"中国制造"，美国联邦和地方层面、欧盟等国家、区域或地区等不同层次，在大气污染等污染物治理、应对气候变化乃至湿地保护等领域已经进行了较长时间的实践和探索。因此，我国在进行碳排放交易立法及处理相关问题时，理应将这些国家、区域或地区的立法例及其对相关问题的处理方法作为重要参考。同时，在进行"结构–功能"主义比较的基础上，对符合我国国情且能较好融入我国现行法制的做法加以吸收。

第四，系统论研究方法。实现碳中和目标，需进行经济社会的系统性变革，而碳排放交易制度并不能对所有温室气体排放行为进行规制，为防止碳泄露就还需要利用其他制度对剩余部分的碳排放行为进行管制，同时还有某些制度的实施在客观上能够起到控制碳排放的作用，而另有某些制度则属于"垂直型"管制方式，旨在强化地方政府在控碳方面的作用，与旨在发挥大一统市场作用的碳排放制度抵牾，因此有必要从系统论角度对碳排放交易制度的体系协调进行研究。

本书整体上遵循由表及里、由点到面、层层递进的研究进路，按照由基础认知到理论分析、由重点问题分析到整体构造解剖、由制度本体到体系协调的脉络展开。在研究过程中，本书试图努力做到既基于碳排放交易立法文本但又超越文本，即注重从法理层面对碳排放交易制度的构造及其相关重点难点问题进行深入研究，并与碳排放交易立法保持一定距离而非就其作系统性评注。

第一章是关于碳排放交易制度的基础认知，重点从历时性和共识性两个维度对碳排放交易制度的体系坐标进行研究，试图以纵览式和俯瞰式视角在环境规制及其代际发展的整体版图中，对碳排放交易制度来自何方、身处何处以及去往何方等问题作出回应。其目的是，为结合相应法教义学研究，在后文中对该制度中的重点、难点问题进行深入解析作铺垫。从环境规制的代际发展角度看，该制度源于美国20世纪七八十年代开始的排污交易实践，旨在解决命令型环境规制在实施过程中过于僵硬、缺乏灵活性的问题，它本身并非环境规制代际发展的终点。从环境规制的整体框架角度看，碳排放交易制度属于社会性规制的范畴，与经济性规制在目标任务方面存在本质不同，而且，该制度在规制目的方面具有多层次性，这是本书接下来对相关问题进行深入研究所应遵循的。

第二章是关于碳排放交易制度底层逻辑的研究，重点从主体、客体和过程三个方面对碳排放交易制度的理论预设与实然状态进行解析。任何理论都是有理论预设的。之于碳排放交易制度，其理论预设虽然潜在地支配着其制度建构、运行及相关问题的解决，却又常常对其实然表现缺乏解释力，所以需对其进行适当修正。从主体角度看，"理性经济人"乃市场型环境规制的基本预设，但该种预设并不完全符合现实中"人"的表现。从客体角度看，在进行碳排放交易制度设计时，通常会基于"还原论"的理论预设，认为可以对碳排放交易市场与其所处的经济社会系统进行切割，但后者的任何变化极可能快速传导至碳排放交易市场，因此在制度设计时更宜坚持"涌现论"，即将该市场本身及其所处的经济社会视为是一个复杂、巨大的系统，并充分预估该系统的复杂性对制度建构的要求。从过程角度看，在进行该制度设计时，通常会基于线性思维认为未来可较好地预测，但是实践表明碳市场发展很难在事前进行精准预测而更需要"随机应变"，所以碳排放交易市场之监管决策的事后调整机制非常重要。

第三章进入碳排放交易制度内部，围绕该制度的核心概念（即应为"碳排放配额"抑或是"碳排放权"）及其法律属性展开。本章是本书的重点与核心，其价值在于学界和实务部门虽就"碳排放权的法律属性"问题开展了广泛研究，但仍未达成共识。本书认为，该问题本身就存在问题，即其研究对象应当为"碳排放配额"而非"碳排放权"，其背后反映的是对该制度的法理逻辑之认识截然不同。从应然角度看，该制度是控碳义务法律制度化的结果，其目的是应对气候危机，因此该制度显然应属于社会性规制的范畴。但是，"碳排放权的法律属性"问题的提出，加之在解释论中"环境容量"概念的引入及其误读，却潜在地将该制度引入了经济性规制的范畴，并将其重心置于有限资源的合理分配及其效用最大化，并不符合该制度旨在减缓气候变化的目标。所以，碳排放交易立法应以"碳排放配额"为其核心概念，"碳排放权"概念则至多在理论层面有其存在空间。至于碳排放配额的法律属性，目前国内的主流观点认为应承认其具有财产（权）属性并能在其上设定担保物权，但对由此可能导致的征收法层面的问题则缺乏系统、深入的研究。本书认为，即便承认配额具有财产属性，也须牢记其系基于公法之制度建构的产物，即其处分应服从和服务于控碳之公共任务，对此种定性可能引发的征收问题应进行类型化分析，法院在有关配额征收的司法判决中应保持谦抑，尽可能尊重行政机关针对配额所作的管制性决定。

第四章系在前一章的基础上，对碳排放交易制度的整体架构进行研究。本章重点从碳排放交易市场监管的权限分配、碳排放交易一级市场、碳排放交易二级市场三个方面对该制度进行研究。对于碳排放交易市场监管权限分配问题，主要从纵向、横向和社会监督三个方面展开，主张碳排放交易市场应坚持中央层面"集权化"监管模式，应注意区分针对碳排放的监管机关和针对碳排放交易及其市场的监管机关，为落实《巴黎协定》在透明度制度框架方面的规定，应强化社会监督在碳排放交易市场相关碳排放数据的准确性和完整性方面的作用。在碳排放交易一级方面，主张规制对象的合理选定是碳排放交易制度得以建立和有效运行的重要基础，在该制度下应当设立碳排放许可制度，应增强配额总量设定的透明度及其调整的灵活性，被规制主体的碳排放数据监测计划是确保碳排放数据质量的重要保障。在碳排放交易二级市场方面，主张即便允许在碳排放配额（或减排信用）上设定担保物权，也应以不影响碳减排目标的实现为前提，应当针对配额严重供过于求或供不应求的情形设置专门的法律规则，对于碳减排信用的使用应当强化旨在确保其减排真实性的法律规制。

第五章以碳排放交易制度与节能目标责任制的关系协调为核心，对碳排放交易制度的外部体系协调问题进行研究。本书主张，在整体论视角下，如何促进碳排放交易制度与其他制度形成合力，既避免多元规制导致制度性"内耗"，降低碳排放规制的制度性成本，也避免因规制漏洞而造成的规制真空，这是碳排放交易制度必须面对的问题。目前，碳排放交易制度与能源消费总量控制、用能权交易和节能目标责任制度等节能法制度并存，会导致"重叠规制"和"规制抵牾"同时存在。应从实体面向和过程管控两个角度破解此种问题。作为对该问题的延伸思考，本书认为，环境法典采取"适度法典化"的编纂思路意味着，不应试图通过制定环境法典而将解决环境法体系化问题"毕其功于一役"，而应当注重从组织法、行为法和高层主动介入等方面入手解决环境法体系化问题。

在结论部分，本书认为，尽管碳排放交易制度从理论萌芽到制度实践已经走过了半个多世纪的历程，但是仍然很难说我们已经充分掌握了驾驭该项制度并确保其发挥实效的理论要义。针对《美国1990年清洁空气法》下的"酸雨控制计划"，罗伯特·史蒂文斯曾将其称为一项"伟大的政策试验"。本书认为，这一论断也适合当前正在全球范围内广泛传播的碳排放交易制度。此种定位不仅应当体现在对碳排放交易制度某些环节相关问题的研究，比如配额总量的事后调整、配额初始分配后的重新调整等，也应体现在从立法机关与监管部门角度看对该相关问题的研究，比如碳排放交易制度实施效果评估、在配额上设定担保物权的限制条件（以使其不影响控碳目的的实现），以及在环境规制代际发展视角下如何借鉴其他环境规制的有益元素以强化碳排放交易制度的实施效果。

本书的创新探索主要体现在下列方面。

第一，透过行政法思维对碳排放交易制度进行多学科有机联系的综合研究。碳排放交易制度归根结底属于规制法（行政法）的范畴，因此本书在研究时注重分析其背后的行政法理。当然，此"行政法理"主要的不是面向司法的行政法释义学（教义学），尽管本书在研究碳排放权的法律属性及其相关问题时，重点运用行政法释义学方法对其进行了深入研究，但更多的则是面向行政的"新行政法"，比如对碳排放交易制度的理论预设的研究、对碳排放交易制度与其他相关制度之体系协调的研究，从"不确定性"视角对该制度进行研究等。

第二，基于"不确定性"视角研究碳排放交易制度。主要表现为：将该制度的建构与运行及其相关问题的解决建立在基于"不确定性"的世界观、认识论和方法论之上。相对于"确定性"的世界观、认识论和方法论，前者更具正当性，在风险社会时代，不确定性无处不在，因此更宜将不确定性视为常态而非例外情形，并积极探索其主动应对之策，如此更有利于推动碳排放交易市场稳健运行和控碳目的的实现，而这就要求对碳排放交易制度作相应的调整。

　　第三，对碳排放交易制度的理论预设及其实然状况进行研究。其理论预设包括：认为被规制主体乃完全理性之经济人，碳排放交易市场运行也可屏蔽外部影响，而该市场的发展不会面临意料之外的突发情形或其发生概率可忽略不计，因此依事先确定的法律规则就市场监管作出行政决策，于事后来看并无不妥。但是，这些预设并不完全符合实际情况。在现实中，被规制主体仅具有限理性，而外部环境的变化也会迅速传导至碳排放交易市场，经济社会系统的复杂性也使得立法机关和监管部门难以准确预测未来，因此监管部门在作出有关碳排放交易市场的行政决策后，有必要根据其后的实际情况对其决策作相应调整。

　　第四，对碳排放交易制度的核心概念及其法律属性的研究问题提出了若干新见解。本书认为，碳排放交易制度的核心概念应是"碳排放配额"而非"碳排放权"，后者在立法本文中纯属多余，在理论层面也仅具有有限的价值；"碳排放权的法律属性研究"之问题实质上应以"碳排放配额"作为研究对象。在碳排放交易制度中，"碳排放权"概念的使用容易将本属社会性规制范畴的制度纳入经济性规制的范畴。至于配额能否定性为财产（权），在不同财产法体系下可能有不同选择。即便将其定性为财产（权），它也属于为实现公法任务而生之工具性财产（权），所以对配额持有人合法权益的保护，必须考虑其获取配额的途径与方式，并且在私人利益保护与公共任务实现之间进行权衡，而法院在处理监管部门作出的与配额相关的行政决策时也应尽量予以尊重。

　　本书研究的难点首先在于，笔者对行政法知识的掌握非常有限，因此所谓碳排放交易制度的"行政法理"之研究其"行政法理"的味道有待方家批评指导。其次，本书在研究过程中试图采取对碳排放交易制度进行以行政法为主的多学科有机联系的综合研究，尤其是笔者有意尝试在研究中融合使用制度经济学、民法学（财产法）、行政法和征收法等学科的多元知识，但这种研究方法也对笔者的知识储备提出了较大挑战。最后，若要强化本项研究对碳排放交易市场监管及其司法的参考价值，首先需对碳排放交易市场的实际运行状况有较为全面的把握，如此才能找准"病源"并对症施治。这就需要对现行碳排放交易市场进行大量调研工作，对此笔者力有不逮。

　　本书的研究也有明显不足。一是本书致力于研究碳排放交易制度的"行政法理"，本书的主要研究工作也完成于《碳排放权交易管理暂行条例》颁布之前，而当时该条例具体何时正式颁布也很难预期，然而就在本书写作基本完成准备出版之际，该条例也"横空初世"，但是受时间限制，本书无法对该条例进行深入解读，因此本书并非定位为对现行碳排放交易立法的评注式研究。所以，笔者对那些希望通过本书对现行碳排放交易立法作释义性学习的读者只能深感抱歉。二是对碳排放交易制度之本体的研究较为薄弱，对诸多配额总量的设定及其调整、配额初始分配的法律规制等问题的研究不够深入，尤其是未能从分配行政角度对上述问题进行研究，对碳排放交易制度的外部体系协调的研究也仅限于该制度与节能法律制度两者之间，而未论及其与可再生能源法制的协调问题。三是对碳排放交易制度的某些方面虽提出了问题却并未对其全面展开研究。比如，对碳排放交易政策实施效果评估制度的构建并未给出较为系统可行的建议，也未就配额过量供应问题的多元应对措施如何选择进行研究。

第一章

碳排放交易制度的基本坐标

气候变化是当前人类社会面临的最大环境问题。20 世纪 80 年代以来，联合国政府间气候变化专家委员会（IPCC）发表的研究报告更加确定地表明，全球气候正在日益变暖，并可能会引发极地冰雪消融、海平面上升、危及生物多样性、极端气候频发、农业发展和粮食安全危机、气候难民（climate refugees）等一系列社会问题。而且，气候变化引发危害的风险不确定性日趋增加，严重影响了国家安全，而经济发展和人口增长所致人为温室气体排放则是引发气候变化的主要原因。[1]英国学者尼古拉斯·斯特恩教授指出，全球变暖是有史以来人类社会面临的最大市场失灵问题，应对气候变化迫切需要各国政府共同努力。

1992 年在巴西里约举行的联合国环境与发展会议上，与会国家达成了《联合国气候变化框架公约》（UNFCCC），提出要对大气中温室气体的浓度进行控制，使其稳定在防止全球气候系统受到人为干扰的水平。为实现这一目标，需要将全球平均气温上升控制在工业化前水平以上低于 2℃ 以内，而实现该目标则意味着控制温室气体排放以减缓气候变化乃是应对气候变化的首要任务。为此，需要各国政府共同努力采取各种措施减缓气候变化，即在各国整个经济社会系统的各个层次、行业和领域减少碳排放，实现结构性脱碳和深度脱碳。

自《联合国气候变化框架公约》缔结以来，应对气候变化事务开始被逐渐纳入各国政府议事日程，减缓和适应气候变化则是其中的两项核心任务。从法治国家角度来看，如何构建应对气候变化法制为减缓和适应气候变化提

---

〔1〕 秦大河、Thomas Stocker：《IPCC 第五次评估报告第一工作组报告的亮点结论》，载《气候变化研究进展》2014 年第 1 期，第 5 页。

供法治保障成了各国政府必须面对的法治建设问题。碳排放交易制度作为基于市场型环境规制制度，旨在利用市场激励机制对碳排放行为进行规制。从行政法的角度看，明确碳排放交易制度产生、发展、演变及其传播与移植的背景和历史，明确其理论基础及其在整个行政规制体系中的坐标，准确把握该制度的优点与劣势及其发挥作用的条件，实现碳排放交易制度与其他相关制度的配套与协调，客观评估该制度在实践中的实施效果，分析影响其实施效果的各种主客观条件和因素及其改进和完善措施，能够确保该制度发挥实效，降低控碳主体控碳过程中的制度性交易成本，从而实现其以符合成本有效性的方式实现控碳目标的制度设计初衷。[1]

第一节　碳排放交易政策源于命令型规制实施困境

首先要说明的是，尽管我国官方政策文件通常都将英文文献中的"emissions trading"翻译为"排放权（排污权）交易制度"，也有部分学者和地方政府的政策文件中使用"排放（排污）交易制度"的表达。笔者认为，后一种翻译方法更为可取，应当尽量避免使用诸如"碳排放权"或者"排污权"等概念或者表达字样。原因在于，这并非单纯的翻译问题，而是可能会影响到对该制度之精神内核的理解，以及该制度相关重要问题的解决。对此，本书将在后面的章节中对使用"碳排放权"概念存在的问题进行深入剖析。而且，从理论上而言，按照全球变暖潜力值（Global Warming Potential），包括 CO_2 在内的各种温室气体和能产生温室效应的黑炭物质均可被纳入碳排放交易制度的规制范围。因此，在本书中，除特别说明外，"碳排放交易制度""碳排放权交易制度""温室气体排放交易制度"三个概念通用，但是笔者则更倾向于使用第一个概念。如此，将更容易与国际上的碳排放交易话语体系及其相关理论研究成果交流。

一、碳排放交易制度的发展演变

从政策发展角度看，排放交易（emissions trading）政策最初是"美国制造"的产物。在实践方面，碳排放交易制度是排放交易政策从美国污染物排放领域向应对全球气候变化领域扩张的结果，旨在以更加灵活的方式控制碳

---

[1] Directive (EU) 2023/959 of The European Parliament and of the Council of 10 May 2023.

排放。

在美国大气污染防治领域，排放交易的制度实践经历了 20 世纪 70 年代、80 年代、90 年代三个阶段的发展。[1]20 世纪 70 年代，美国的大气污染防治问题非常严重，为此美国联邦国会在 1970 年颁布了《清洁空气法》，明确规定了针对 6 种基准空气污染物的"国家环境空气质量标准"，明确要求各州针对本州现有排放设施（facility）制定本州的实施计划（即针对现有排放设施制定了具体的污染物排放标准），以确保本州在 1975 年实现针对上述 6 种空气污染物的空气环境质量达标，否则该州将不得新建或扩建排放设施。[2]这显然属于典型的命令控制型环境规制。结果到 1975 年，美国大部分州未能如期实现本州的空气环境质量达标。若严格遵守《美国 1970 年清洁空气法》的规定，这些州将不能新建或者扩建排放设施，从而会严重影响本州的经济发展。但是，实际上，《美国 1970 年清洁空气法》的空气环境质量达标的上述法律规定并未得到严格遵守。这种现象对于以法治国家精神自诩的美国而言，显然是一种反讽并且会影响法治的权威。从环境规制角度看，它也表明命令控制型规制存在过于僵硬和缺乏灵活性的问题，即在片面追求环境质量达标的同时，缺乏对经济社会发展需求的兼顾和平衡。

在此情况下，部分美国企业提议将多个排放设施视为一个"泡泡"（bubble），只要该"泡泡"排放的大气污染物不超过《美国 1970 年清洁空气法》规定的空气环境质量标准即视为企业排放的大气污染物空气环境质量达标，即允许在"泡泡"内的不同排放设施之间进行空气环境质量达标之信用额度的调剂即进行"排放交易"，以规避《美国 1970 年清洁空气法》严格以"排放设施"为调整对象进行大气污染物治理所导致的很多州有法不依的问题，但是该种做法又面临合法性问题。[3]

为此，1977 年美国联邦国会通过对《美国 1970 年清洁空气法》进行修正，延长了"国家环境空气质量标准"的达标时间，同时也通过规定关于污

---

〔1〕　[美] 托马斯·思德纳：《环境与自然资源管理的政策工具》，张蔚文、黄祖辉译，上海三联书店、上海人民出版社 2005 年版，第 129~132、134~138 页。

〔2〕　Richard Lane, "The Promiscuous History of Market Efficiency: the Development of Early Emissions Trading Systems", *Enviromental Politics*, 2012, Vol. 21, No. 4, pp. 583~603.

〔3〕　滕海键、王瑶：《20 世纪 80 年代美国环境政策的改革尝试——"泡泡政策"的出台及其合法地位的确认》，载《西南大学学报（社会科学版）》2020 年第 3 期，第 186~188 页。

染物排放的"抵消"（offset）政策实现了作为排放交易政策初级阶段的"泡泡政策"的法律化。1986年，针对大气污染物排放，美国环保署（EPA）在既有排放交易政策实践的基础上正式制定了"排放交易政策声明"（Emissions Trading Policy Statement）条例，并将排放交易的类型归纳为"泡泡"（bubble）、"抵消"（offset）、"净增长"（netting）、"存储"（banking）四种，此即基于空气环境质量标准的排放交易政策。[1]1990年，美国联邦国会再次对该法进行修改，在其第四章规定了"美国酸雨控制计划"（即二氧化硫排放交易政策），实现了总量控制型（Cap-and-Trade）交易模式的法律化。[2]在污染防治领域，排放交易政策除了在大污染防治领域适用外，也在水污染防治、降低工业领域有毒物空气污染物排放、减少消耗臭氧层物质利用和淘汰含铅汽油等领域得到适用。[3]

"美国酸雨控制计划"的实施获得了空前的成功，而排放交易理念也开始向湿地保护、生物多样性和濒危物种保护、水质量保护、应对气候变化等领域扩展。[4]正是得益于"美国酸雨控制计划"的空前成功，美国政府开始向全世界输出其排放交易政策。在1997年《联合国气候变化框架公约》缔约方会议中，排放交易被成功写入《京都议定书》，标志着美国政府成功地将排放交易政策输出到国际气候法领域，形成了应对气候变化的"京都三机制"，成为推动和促进世界各国积极应对气候变化的重要政策工具。2003年，欧盟碳排放交易市场正式启动，此后碳排放交易制度逐渐在一国或地区层面传播开来。截至2023年，根据"国际气候行动伙伴关系"（International Carbon Action Partnership）的统计，目前全球共有28个区域、国家或地方层面的碳排放交易制度生效实施，有8个国家或者地方区域正在建立碳排放交易市场，

---

〔1〕 Arlene R. Borowsky et al., "Summary of the Final Federal Emissions Trading Policy Statement", JAPAC, 2007, Vol. 37, No. 7, pp. 798~800; Also see Environmental Protection Agency, *Emissions Trading Policy Statement: General Principles for Creation, Banking and Use of Emission Reduction Credits*, 1986 Fed. Reg. 43814.

〔2〕 Richard Lane, "Resources for the Future, Resources for Growth: The Making of the 1975 Growth Ban", in Benjamin Stephan & Richard Lane (eds.), *The Politics of Carbon Markets*, Routledge Press, 2015, p. 10.

〔3〕 T. H. Tietenbergy, *Emissions Trading: Principles and Practice (Second Edition)*, Published by the Resources for the Future, 2006, pp. 6~17.

〔4〕 David A. Weisbach, "Regulatory Trading", *University of Chicago Law Review*, 2023, Vol. 90, No. 4, p. 1095.

还有 12 个国家或者地方行政区域正在考虑建立碳排放交易市场。[1]纵观全球，尽管各国政府可以运用碳排放交易、碳税、碳排放标准等制度控制温室气体排放，但是前者因具有独特的灵活性优势，正在成为众多国家或地方政府控制温室气体排放的首选政策工具。

上述分析表明，碳排放交易制度作为排放交易政策从污染防治领域向应对气候变化领域延伸的结果，乃是命令控制性环境规制在实施过程中面临困境的结果，它从根本上改变了"政府-企业"的二元规制结构，通过引入市场机制和第三方监管机制赋予企业等被管控对象在履行环境义务方面更大的灵活性，在一定程度上降低了政府的监管负担，实现了环境规制从政府"保姆式"监管向规制性治理、企业自我规制、反身性规制和多元主体合作治理的转变，[2]是国家推动构建坚持市场导向和多方共治原则的现代环境治理体系的具体体现。[3]

二、碳排放交易制度的基本形态

自从排放交易制度被写入《京都议定书》之后，世界上很多国家和地区相继建立了覆盖不同区域、具有不同形式和设计特色的碳排放交易制度。

按照法律依据不同，碳排放交易制度可被区分为国际碳排放交易制度和国内碳排放交易制度。国际碳排放交易制度是指依据国际条约或国家（或地区）间的协议而建立的跨国碳排放交易制度。[4]比如，《京都议定书》下的"京都三机制"，其排放交易的法律主体主要是国家。[5]但是，在 CDM 项目中，私人投资者作为核证减排信用（Verified Emission Reduction Credit, VERC）供应商，也是国际碳排放交易的重要法律主体。再如，欧盟碳排放交易体系

---

〔1〕　See ICAP, "Emissions Trading Worldwide: 2023 ICAP Status Report", at https://icapcarbonac-tion. com/en/publi-cations, Last visited on September 12, 2023.

〔2〕　高秦伟：《社会自我规制与行政法的任务》，载《中国法学》2015 年第 5 期，第 74~75 页；宋华琳：《论政府规制中的合作治理》，载《政治与法律》2016 年第 8 期，第 14~17 页；谭冰霖：《环境规制的反身法路向》，载《中外法学》2016 年第 6 期，第 1532~1534 页；张宝：《规制内涵变迁与现代环境法的演进》，载《中国人口·资源与环境》2020 年第 12 期，第 155 页。

〔3〕　参见中共中央办公厅、国务院办公厅印发的《关于构建现代环境治理体系的指导意见》。

〔4〕　胡炜：《碳排放交易的再审视：全球、区域和自愿的兼容模式——以美国退出〈巴黎协定〉为切入点》，载《国际法研究》2018 年第 1 期，第 78 页。

〔5〕　韩良：《国际温室气体排放权交易法律问题研究》，中国法律出版社 2009 年版，第 25 页。

也属于区域性国际碳排放交易体系。2014 年 1 月 1 日，美国加利福尼亚州碳排放交易体系和加拿大魁北克省碳排放交易体系连接后，也属于国际性碳排放交易体系。国内碳排放交易制度则是由某一国家中央或地方政府建立的碳排放交易法律制度。比如，新西兰现行碳排放交易体系（New Zealand Emissions Trading Scheme，NZ ETS）、英国在 2002 年至 2007 年实施的自愿温室气体排放交易制度（UK ETS）和澳大利亚新南威尔士在 2012 年开始启动的温室气体减排体系（NSW GGAS）。[1]

　　按照是基于自愿还是基于法律强制的标准，碳排放交易制度可以被区分为自愿性碳排放交易制度和强制性碳排放交易制度。强制性碳排放交易制度是指在一个国家和地区内部，按照该国家或者地区的法律，在全国或者部分地区选择某些行业的企业等排放主体为其设定强制性的量化的温室气体减排义务，并允许减排义务主体或者其他社会主体依法进行碳排放配额交易的排放交易制度。欧盟、美国加州、日本东京现行碳排放交易制度均属于强制性排放交易制度。大部分强制性碳排放交易制度表现为"总量控制型"交易制度，但是也存在不设定"总量控制"（Cap）减排目标的强制性碳排放交易。比如，新西兰碳排放交易制度和英国 2013 年修改后的碳排放交易体系（CRC Energy Efficiency Scheme）就属于这种情形。另外，强制性碳排放交易制度也可以表现为"基准线"型排放交易，比如澳大利亚新南威尔士在 2012 年实行的温室气体减排体系。自愿性碳排放交易制度是指非基于法律强制要求，而是企业或者个人基于社会责任感或者其他目的而自愿进行交易的碳排放交易制度。比如，UK ETS、我国的温室气体自愿减排交易制度等。在开展自愿性碳排放交易的国家或地区，为吸引企业参与交易，往往会辅之以诱导性法律制度或者与强制碳排放交易制度相连接，以强化企业减排动力。比如，在 UK ETS 下，英国政府会对通过自身努力达到减排目标的企业给予减免气候变化税（Climate Change Levy）的优惠。[2]

　　按照碳排放交易制度是否进行总量控制的标准，碳排放交易制度可以被

---

〔1〕　英国自愿温室气体排放交易体系即 UK Emissions Trading Scheme（UK ETS），澳大利亚新南威尔士温室气体减排体系即 New South Wales Greenhouse Gas Abatement Scheme（NSW GGAS）。

〔2〕　Stephen Smith & Joseph Swierzbinski, "Assessing the Performance of the UK Emissions Trading Scheme", *Environmental and Resource Economics*, 2007, Vol. 37, Iss. 1, pp. 131~158.

区分为总量控制型碳排放交易制度和基准线型碳排放交易制度。[1]《京都议定书》下的国际温室气体排放交易机制以及欧盟、美国加利福尼亚州、日本东京现行的碳排放交易制度就属于总量控制型碳排放交易。《京都议定书》下的CDM机制与澳大利亚新南威尔士温室气体减排体系则属于基准线型碳排放交易。目前，我国现行的全国和地方性碳排放交易制度均属于基于强度控制的碳排放交易体系。

基于上述分析，可以将碳排放交易制度定义为：在某一国家或者地区范围内，为将其温室气体控制量在某一排放总量（即 Cap）范围内或者某一最低标准之上，监管机关按照一定标准选定某些企业等排放单位或者排放设施为被监管主体，为这些主体以排放配额或者减排信用的方式设定初始排放数量（即配额）或排放标准（即基准线），并允许这些被规制主体在其实际排放量低于或高于其初始排放数量或者排放标准时在配额（或减排信用）市场上向其他被规制主体出售或购买配额或者减排信用来履行其减排义务的法律制度。除有特别说明外，本书在后文中主要以总量控制型碳排放交易制度为研究对象。

三、碳排放交易制度的类似制度

准确把握碳排放交易，有必要对与其相关或者类似的制度有所了解。这里主要就排污交易制度、节能量交易制度和可再生能源证书交易制度进行比较。

碳排放交易制度与排污权交易制度的基本原理相同。两者在根本目的方面都是为了增强减排主体减排选择的灵活性，降低减排主体的减排成本。两者的主要区别在于适用对象的不同，以及由此所导致的制度适用范围的不同。两者的区别首先在于其规制对象，即前者针对的是 CO_2 等温室气体，其排放影响具有全球性，即在世界上任何一个地方排放温室气体都会产生相同的温室变暖效果。这意味，温室气体排放交易制度的建立不受地域范围的限制，理论上来讲可以建立一个全球性碳排放交易市场。后者针对的则是 SO_2、NOx、悬浮颗粒物等大气污染物，而大气污染物的排放影响则仅具有局地性，所以排污交易制度只能针对特定区域或者生态系统建立。正是因此，如果没

---

〔1〕　基准线型交易制度即"基准线与信用"（benchmark-and-credit）交易制度。

有设置相应的配套制度，排污交易可能会导致由该种污染物富集所引发的"热点"（hotspot）问题的发生，即在通过购买污染物排放配额来履行其减排义务的减排主体周围会出现被规制污染物大量排放及其累积的问题，从而引发环境正义问题。[1]

节能量交易制度实际上是用能权交易制度的前身，它是指为通过减少化石能源的消耗以减少温室气体排放，降低企业节能减排成本，并以总量控制型交易为主要模式。[2]相对而言，碳排放交易制度直接以碳排放量为计量单位，节能量交易则以能源消耗量为计量单位，所以认为碳排放交易制度是节能量交易制度的升级版。因此，碳排放交易制度和节能量交易制度可谓殊途同归。但是，该两个法律制度不能被同时适用于同一排放主体；在分别针对不同排放主体时，两者在理论上则具有互补性。[3]但是，针对碳排放交易监管范围之外的企业建立节能量交易制度时，仍需考虑在政府监管成本及其收益方面是否符合"成本-收益"原则。节能量交易制度仅在山东等个别省份进行了由省级政府主导的政策试验，[4]并未在全国范围内普遍展开。2016年7月国家发展和改革委员会颁布《用能权有偿使用和交易制度试点方案》，决定在河南、浙江、福建、四川等四省开展用能权交易试点。目前，该制度仍然处于政策试验阶段，存在立法位阶低、法律制度设计粗糙、监管机制有待理顺和缺乏与其他相关制度的衔接与协调等诸多问题。[5]

在法国、意大利等欧盟国家，节能量交易制度表现为可交易的白色证书制度（Tradable White Certificate，TWC），即由政府为能源供应商规定节能义务量，并将节能目标量分配给节能义务者，企业或者个人的节能行为可以通过公正的监测和核证制度（measurement and verfication）获得白色证书，并且

---

〔1〕 Tom Titenberg, "Tradeable Permits for Pollution Control When Emission Location Matters: What have We Learned?", *Environmental and Resource Economics*, 1995, Vol. 5, Iss. 2, pp. 95~113.

〔2〕 任庚坡：《基于市场机制的能源总量控制和节能量交易制度分析》，载《上海节能》2011年第6期，第23页。

〔3〕 董溯战：《论中国节能证书交易法律制度的构建》，载《中国地质大学学报（社会科学版）》2013年第5期，第14~16页。

〔4〕 参见《山东省节能量交易管理暂行办法》（鲁经信资字〔2013〕569号）、《山东省能耗指标收储使用管理办法》（鲁政办字〔2022〕100号）。

〔5〕 陈志峰：《论碳中和背景下我国用能权交易市场规则之完善》，载《北方法学》2022年第2期，第38页；刘明明：《论构建中国用能权交易体系的制度衔接之维》，载《中国人口·资源与环境》2017年第10期，第217页。

该种白色证书可以在市场上进行交易。在不同国家，节能量交易市场的活跃性和流动性悬殊。在美国得克萨斯州等州，节能量交易制度表现为能效配额制度（Energy Efficiency Portfolio Standard, EEPS）。[1]在我国，2011年国务院发展和改革委员会提出要研究和探索建立"万家企业节能量交易制度"，但是其进展较为缓慢。在全国范围内，山东省于2014年率先制定了全国首个省级节能量交易制度。[2]

可再生能源证书交易制度系与碳排放交易制度紧密相关的另一制度，又称绿色证书交易制度，属于可再生能源配额制度（Renewable Energy Portfolio, RPS）的辅助性或延伸性制度，是政府为促进可再生能源发展要求发电企业的可再生能源发电量达到某一最低水平的强制性法律制度。[3]该两项制度的相同之处在于，两者旨在通过调整能源结构来降低温室气体排放。两者的不同之处在于，前者重在通过控制化石能源消耗来减少温室气体排放，后者则是通过利用市场机制促进可再生能源在能源消费结构中的比重来控制温室气体排放。[4]

上述分析表明，应对气候变化法并非独立的法律部门而是属于典型的领域法和绿色发展法的范畴，[5]由专门以应对气候变化为目的的法规范以及法解释或者附随效应发挥应对气候变化效果的部门环境法规范和其他部门法的相关规范等三个部分组成。[6]而且，从国际法视角看，"双碳"目标作为"国家自主贡献"的实体性核心内容，是国家自愿作出的国家单方面行为，而非

---

〔1〕　唐方方等：《中国的节能量交易机制设计》，载《节能与环保》2010年第12期，第26页。

〔2〕　参考《关于印发万家企业节能低碳行动实施方案的通知》（发改环资〔2011〕2873号）、《山东省节能量交易管理暂行办法》。目前，节能量交易制度已经发展成为用能权交易制度。

〔3〕　李艳芳：《我国〈可再生能源法〉的制度构建与选择》，载《中国人民大学学报》2005年第1期，第135页。

〔4〕　秦玠衡、杨謖：《绿色证书交易机制对可再生能源发展的积极作用分析》，载《金融经济（下半月）》2009年第3期，第93页。

〔5〕　徐祥民、姜渊：《绿色发展理念下的绿色发展法》，载《法学》2017年第6期，第14页；于文轩：《绿色低碳能源促进机制的法典化呈现：一个比较法视角》，载《政法论坛》2022年第2期，第44~46页。

〔6〕　秦天宝：《习近平法治思想关于生态文明建设法治保障的重要论述：整体系统观的视角》，载《政法论坛》2022年第5期，第12页；余耀军：《"双碳"目标下中国气候变化立法的双阶体系构造》，载《中国人口·资源与环境》2022年第1期，第89页。

国际法上的强制性国家义务,[1]因此其实施也不应存在强制性的国际核查和制裁机制。[2]

第二节　碳排放交易制度在代际规制体系中的坐标

尽管碳排放交易制度能够增加被纳入该制度监管的排放单位的减排选择,使其能够以最低成本实现减排目的,但单靠该制度不能实现对所有温室气体排放的控制,难以推动经济社会实现深度减碳。但是,实现"双碳"目标,需要进行经济社会系统性变革。所以,在控制碳排放视角下,准确把握碳排放交易制度在代际发展之环境规制体系中的作用,明确该制度在温室气体排放控制规制体系中的地位,准确把握该制度的优点和劣势,有助于以符合效率与效能的方式最大限度地发挥该制度在实现"双碳"目标过程中的作用。

一、碳减排法律制度的主要类型

从广义上而言,温室气体排放控制法律制度包括直接以控制温室气体排放为目的的法律制度、以增加碳汇为目的的法律制度,以及以促进可再生能源开发利用、控制化石能源消耗为目的,但在客观上能起到控碳作用的法律制度,比如可再生能源发展促进、能源效率、能源消费总量控制等制度。[3]这里,从环境规制代际发展的角度看,笔者将重点围绕碳排放标准制度、碳排放交易制度、碳税、碳排放信息公开等直接以控制温室气体排放为目的的法律制度进行简要分析。[4]

第一代环境规制即命令型规制(the prescriptive regulation)法律制度,主要是基于技术的或标准的环境规制。比如,《英国2013年能源法》针对新建电厂规定了碳排放绩效标准(Emissions Performance Standard,EPS)。再如,

---

[1]　陈贻健:《〈巴黎协定〉下国家自主贡献的双重义务模式》,载《法学研究》2023年第5期,第206页。

[2]　柳华文:《"双碳"目标及其实施的国际法解读》,载《北京大学学报(哲学社会科学版)》2022年第2期,第18~20页。

[3]　OECD, *The Economics of Climate Change Mitigation*: *Policies and Options for Global Action Beyond 2012*, OECD Publishing, 2009, pp. 58~73.

[4]　Romain Duval, "A Taxonomy of Instruments to Reduce Greenhouse Gas Emissions and Their Interactions", *OECD Economics Department Working Papers*, No. 636, OECD Publishing, 2008.

2010 年美国联邦环保局和美国国家高速交通安全局联合制定了针对新移动源的"机动车温室气体排放标准与公司平均油耗标准"。[1]较之其他类型环境规制，命令型规制的突出特点在于，政府在遵守正当程序的基础上，在规制中起着决定性的主导作用，而被规制主体则通常只能被动接受。问题在于，它对被规制主体采取了不合理的"一视同仁"，而未能充分顾及规制对象之间可能存在的差异性，以及因此而生的差异化规制的必要性，对那些本可超越规制要求而作出更优表现的被规制主体也难以提供激励，很难促使被规制主体产生环境守法的内生动力。换言之，较之市场型规制、商谈型规制重在促进政府与被监管主体之间的激励相容，命令型规制则以威慑理念为其底层逻辑。值得注意的是，尽管市场型规制、企业自我规制等反身性规制似乎日渐更受欢迎，但是命令型规制在整个环境规制体系中仍然居于旨在发挥最后兜底作用的基座地位。

第二代环境规制即基于市场型法律制度。其基本的规制结构是"政府-市场-企业（被规制主体）"。在控制碳排放领域，它主要表现为碳税、碳排放交易等针对高碳排放行为的压力型制度和针对低碳排放行为的补贴等激励性诱导性制度。碳税和碳排放交易制度都旨在通过市场机制实现碳排放行为外部成本的内部化，因此又被统称为碳定价制度。[2]除碳税、碳排放交易制度外，基于市场型控碳制度还可能表现为押金、补贴等激励性制度措施。从公共规制之知识基础的角度看，命令型规制在将管制决策权全部赋予规制者的同时，也对其进行规制的知识基础（即对作为决策依据的信息的收集与分析）提出了富有挑战性的要求，[3]而这也是命令型环境规制备受诟病的重要原因之一。批评者主张，由于存在信息不对称等问题，实现规制目标的能力首要地被掌握在被规制者而非规制者手中，因此更为有效的规制应关注被规制主

---

[1] 李艳芳、张忠利：《美国联邦对温室气体排放的法律监管及其挑战》，载《郑州大学学报（哲学社会科学版）》2014 年第 3 期，第 42 页。

[2] Romain Duval, "A Taxonomy of Instruments to Reduce Greenhouse Gas Emissions and Their Interactions", *OECD Economics Department Working Papers*, No. 636, OECD Publishing, 2008.

[3] 靳文辉教授认为，在公共规制中，规制者占有的规制对象、规制目标、规制方式、规制工具以及规制手段等方面知识的多寡，是决定公共规制能否产生预期结果的关键要素。靳文辉：《公共规制的知识基础》，载《法学家》2014 年第 2 期，第 91 页。

体的自我治理能力，并且与其进行有效合作。[1]与命令型规制中政府独占规制权不同，在市场型规制、信息型规制等反身型规制中，规制者将部分规制决策权分配给被管制者和第三方机构乃至社会公众，在一定程度上降低了对自身作出规制决策的知识基础的要求。

第三代环境规制即信息型规制（如环境信息披露制度）、企业自我规制（如企业内部管理制度）、社会自我规制（如第三方核查制度）、商谈型规制（如自愿环境协议）等反身型规制。[2]其基本规制模式是"政府－企业（被规制主体）－市场/社会（如第三方、社会公众等）"。信息型规制是指通过信息公开和交流制度，来达到促使社会公众及排放主体等更加全面地认识和了解所排放的温室气体排放量等环境信息，以推动企业和社会公众自觉承担应对气候变化责任的法律制度。[3]目前，美、英、澳等国都已建立了碳排放信息披露方面的法律制度。早在2011年，美国联邦证券交易委员会就发布了上市公司披露与气候变化相关信息的指导意见（guidance）。[4]《英国2008年气候变化法》第85条规定，负责气候变化事务的国务大臣应依《英国2006年公司法》第416条第4款制定条例，要求公司董事会报告包含该条例规定的、由该公司所负责活动的温室气体排放信息。2013年8月英国政府据此颁布了《英国2006年公司法2013年战略报告和董事会报告条例》，要求上市公司就其所负责的化石燃料和任何设备运转产生的年度温室气体排放量，为该公司自身使用所购买的电力、暖气、冷气等所产生的年度温室气体排放量以及计算该排放量所使用的方法学进行报告。

至于商谈型规制，其在碳排放控制领域表现为政府机关通过与被监管主体就减排目标以及相应的经济激励措施等内容达成协议，从而引导其积极主动实现控碳目标的法律制度。比如，为降低能源消耗、提高能源效率以降低温室气体排放，英国政府从2001年开始依据《英国2000年金融法》和《英

---

〔1〕[英]科林·斯科特：《规制、治理与法律：前沿问题研究》，安永康译，宋华琳校，清华大学出版社2018年版，第205页。

〔2〕谭冰霖：《论第三代环境规制》，载《现代法学》2018年第1期，第122~124页。

〔3〕金自宁：《作为风险规制工具的信息交流：以环境行政中TRI为例》，载《中外法学》2010年第3期，第386~388页。

〔4〕Michael B. Gerrard, "Greenhouse Gas Disclosure Requirements Are Proliferating", *New York Law Journal*, April 1, 2010.

国 2001 年气候变化税条例》，决定对符合条件的企业征收气候变化税
（Climate Change Levy），但是为保护英国企业竞争力，英国政府又与被监管企
业达成气候变化协议，承诺为达到特定减碳目标的高耗能行业给予一定气候
变化税减免优惠。[1]

　　上述对控碳法律制度代际发展的分析表明，环境规制模式正在从命令型
规制下的"政府-企业"二元结构模式向现代环境治理体系下的"政府-企
业-市场/社会"的多元结构模式迈进，[2]而且碳排放交易制度并非环境规制
政策发展的终点，亦非控碳法律体系的全部，亦难谓控碳法律制度体系的核
心或基石。而且，上述对环境规制之代际发展的划分，更多的是对不同时期
环境规制的核心特征的分析，而非基于同一标准对环境规制的分类。实际上，
碳排放交易制度乃是一个制度体系，既包含诸如总量控制、监测和报告等命
令型制度，也包括配额交易等市场型制度，还包括第三方核证等社会自我规
制型制度。[3]

　　因此，将碳排放交易制度与命令型法律制度并列为两种控碳制度的做法并
不严谨，[4]实际上可将其视为命令型制度的碳排放总量控制的延长线，[5]因
此将其定位为一种混合型制度或许更为恰当。[6]这也说明，不应当将碳排放
交易制度视为一个封闭的制度体系，而应研究如何将命令型规制和反身型规制
中的内容或者元素融入该制度。而且，从实现"双碳"目标的时间紧迫性、任
务艰巨性和系统性脱碳角度而言，也应充分认识到碳排放交易制度不可能对全
部碳排放行为进行规制，从而需要充分发挥诸如命令型规制等其他环境规制在

---

　　〔1〕　廖健凯：《英国的碳减排法律制度》，载《世界环境》2011 年第 2 期，第 64~66 页。

　　〔2〕　王曦：《环保主体互动法制保障论》，载《上海交通大学学报（哲学社会科学版）》2012
年第 1 期，第 5 页。

　　〔3〕　汪劲：《环境法学》（第 3 版），北京大学出版社 2014 年版，第 175 页。

　　〔4〕　David M. Driesen, "Is Emissions Trading an Economic Incentive Program? Replacing the Command
and Control/Ecnomic Incentive Dichotomy", 55 Wash. & Lee. L. Rev. 289, 1998.

　　〔5〕　[日] 黑川哲志：《环境行政的法理与方法》，肖军译，中国法制出版社 2008 年版，第
140 页。

　　〔6〕　Jody Freeman & Charles D. Kolstad, "Prescriptive Environmental Regulations versus Market-Based
Incentives", in Jody Freeman & Charles D. Kolstad（eds.）, *Moving to Markets in Environmental Regulation*,
Oxford University Press, 2007, pp. 4~5.

控碳方面的作用，并与碳排放交易制度相互配合以避免"碳泄漏"，[1]而非试图以市场型规制完全取代其他类型的规制。而且，激励性减排手段（即基于市场型的法律制度）不可能完全取代命令性减排手段，因为激励性减排手段的建立和有效运行都有赖于命令性减排规制手段的建立和有效实施。[2]

从企业自主减排的角度看，相对于命令型规制明确要求被规制主体采取某种特定技术或遵守某种特定标准，碳排放交易制度赋予了被规制主体自主选择减排技术和设施及其更新时间，使得不同企业能够结合自身实际错时错峰减排。为此，在碳排放交易制度下，监管部门不应完全置身于减排技术选择之外，而是应发挥"助推"作用，即跟进减排技术发展并适时向被规制主体推荐，而此种也能促使绿色低碳技术的推广和应用。与此同时，被规制主体也应做好减排技术和设施更新的战略规划，而非仅仅满足于遵守按期清缴配额的义务。[3]对于那些碳排放大户而言，这种编制战略规划的要求能够吸引公司管理层对减排问题的注意力，整合公司内部资源，使公司管理层及其相关部门更加全面、深入地了解本企业的碳排放状况及其在实现低碳转型方面的目标与路径。换言之，必须强化被规制主体的内部管理型规制，[4]从而将减排目标和减排义务充分融入其中，实现市场型规制与内部管理型规制之于被规制主体的相互融合和相互支撑。如此，方可解决企业参与碳排放交易时注重"短期成本最小化"的问题，[5]使其将当下的履行配额清缴义务与长远的低碳转型持续努力吻合。

---

〔1〕 Michael Hanemann, "Cap－and－Trade: a Sufficient or Necessary Condition for Emission Reduction?", *Oxford Review of Economic Policy*, 2010, Vol. 26, No. 2, pp. 225~252; Also see Steven Sorrell, "Carbon Trading in the Policy Mix", *Oxford Review of Economic Policy*, 2003, Vol. 19, No. 3, pp. 420~437; Robert R. Nordhaus & Kyle W. Danish, "Assessing the Options for Designing a Mandatory U. S. Greenhouse Gas Reduction Program", *Boston College Environmental Affair Law Review*, 2005, Vol. 32, No. 1, pp. 97~163.

〔2〕 陈若英：《感性与理性之间的选择——评〈气候变化正义〉和减排规制手段》，载《政法论坛》2013 年第 2 期，第 123 页。

〔3〕 Joseph Kruger, "Companies and Regulators in Emissions Trading Programs", in Ralf Antes, Bernd Hansjürgens & Peter Letmathe（eds.）, *Emissions Trading: Institutional Design*, *Decision Making and Corporate Strategies*, Spring Press, 2007, pp. 5~11; David M. Driesen, "The Ends and Means of Pollution Control: Toward a Positive Theory of Environmental Law", *Utah Law Review*, 2017, Vol. 2017, No. 1, pp. 63~64.

〔4〕 谭冰霖：《论政府对企业的内部管理型规制》，载《法学家》2019 年第 6 期，第 19~85 页。

〔5〕 ［美］查尔斯·萨贝尔·威廉·H. 西蒙：《行政国家中的最小主义与实验主义》，董春晓译，载汪晖、王中忱主编：《区域》（2014 年第 2 辑·总第 4 辑），社会科学文献出版社 2015 年版，第 233 页。

二、碳排放交易制度的规制目的

对于碳排放交易制度，首先需明确其规制的目的到底为何。明确规制目的的意义在于，它实际上关系到规制实施效果的评价。比如，有学者提出，碳排放交易不仅是解决温室气体排放引发的气候变化"市场失灵"问题的市场化手段，更是以碳排放交易为核心建立的碳金融体系对低碳经济发展的贡献。[1]还有学者提出，在欧盟，"碳减排已经成了一种生意"，温室气体排放交易制度也被某些市场参与主体尤其是金融投资机构视为"点碳成金"的工具。该问题不仅关系到碳排放交易制度的体系定位问题，也关系到该制度的有效性评价问题，更关系到碳排放权的法律属性、碳排放许可制度设置的必要性等问题。

本书认为，碳排放交易制度的规制目的应当是一个由多层次的规制目的所组成的集合。其中，该制度的第一个层次（即该制度最根本、最核心、最直接）的规制目的应当是控制碳排放，进而与其他控碳制度合力实现碳中和目标，并与适应气候变化制度协力解决由碳排放导致的气候风险问题，并最终实现气候安全。[2]但是，不宜直接将实现碳中和目标确定为该制度第一个层次的目标，因为该制度不可能独担此任，而更宜将其界定为该制度的远期目标和进阶目标。

这意味着，碳排放交易制度作为市场型环境规制制度，显然属于旨在解决安全问题的社会性规制的范畴，而非属于旨在实现资源优化配置和公平分配的经济性规制的范畴。在分析欧盟碳排放交易市场（EU ETS）第二阶段（2013年至2020年）存在的问题及其解决方案时，英国非政府组织（Non-Governmental Organization）Sandbag曾明确指出："我们不能忘记控制温室气体排放才是讨论碳排放（交易）的首要原因。"施密特·阿斯曼指出："所有法律均以有效性为目标。"[3]但是，碳排放交易制度的实施及其效果评价过于依

---

〔1〕　郑少华、孟飞：《论排放权市场的时空维度：低碳经济的立法基础》，载《政治与法律》2010年第11期，第87页。

〔2〕　David M. Driesen, "The Ends and Means of Pollution Control: Toward a Positive Theory of Environmental Law", *Utah Law Review*, 2017, Vol. 2017, No. 1, pp. 57~114.

〔3〕　[德]施密特·阿斯曼：《秩序理念下的行政法体系建构》，林明锵等译，北京大学出版社2012年版，第20页。

赖单一的数据，很容易沦为"纸面上的数字游戏"，未必能切实起到控制碳排放、促进低碳经济发展和低碳技术创新的政策效果。因此，如何评估碳排放交易制度的有效性，[1]确保碳排放交易制度真正发挥实效，是碳排放交易制度在实施过程中必须认真面对的问题。[2]这不仅是确保碳排放交易制度的实施合目的性的需要，更是该制度作为政策试验能通过持续学习而不断完善的需要。[3]其次，市场机制（比如碳金融）之于碳排放交易制度（的第一层次的目的）乃是工具与目标的关系，所以市场机制相关问题的解决不能成为实现该制度之控碳目标的绊脚石，而是必须服务于该目标的实现。从逻辑上，只有明确该制度的首要目的是控制碳排放，才意味着该制度乃控碳法制体系的组成部分，才意味着该制度与碳税等其他控碳法律制度具有同质性与可比性。

碳排放交易制度第二个层次的规制目的是，通过市场交易的制度设计赋予被规制主体在履行控碳义务的路径和手段方面以灵活性，实现以最低成本履行其控碳法律义务。[4]这是该制度作为市场型制度有别于其他控碳制度尤其是命令型控碳制度的独特性和制度优势所在。正如有专家所言，总量控制型碳排放交易工具的优点在于，如果设计得当并且实施顺利，那么它就可以利用市场的分配权力，以最低成本实现减排任务。[5]若该目的或优点难以实现或者根本不存在，碳排放交易制度便会失去其作为"市场型"规制制度的存在价值。

〔1〕 比如，EU ETS 尤其是其第三阶段的有效性就广受质疑。See Wil Burns, "The European Union's Emissions Trading System: Climate Policymaking Model, or Muddle（Part 1）", *Tulane Environmental Law Journal*, 2017, Vol. 30, No. 2, p. 193.

〔2〕 张海军、段茂盛：《碳排放权交易体系政策效果的评估方法》，载《中国人口·资源与环境》2020 年第 5 期，第 17 页；窦晓铭、庄贵阳：《碳排放权交易政策评估及机制研究综述》，载《生态经济》2022 年第 10 期，第 45~52 页；王文军等：《中国碳排放权交易试点机制的减排有效性评估及影响要素分析》，载《中国人口·资源与环境》2018 年第 4 期，第 26~34 页；刘传明、孙喆、张瑾：《中国碳排放权交易试点的碳减排政策效应研究》，载《中国人口·资源与环境》2019 年第 11 期；沈洪涛、黄楠、刘浪：《碳排放权交易的微观效果及机制研究》，载《厦门大学学报（哲学社会科学版）》2017 年第 1 期。

〔3〕 [日]大桥洋一：《行政法学的结构性变革》，吕艳滨译，中国人民大学出版社 2008 年版，第 49 页。

〔4〕 Stefan E. Weishaar, *Emissions Trading Design: A Critical Overview*, Published by Edward Elgar Publishing Limited, 2014, pp. 39~48.

〔5〕 William Acworth, "Can the Market Stability Reserve Stabilise the EU ETS: Commentators Hedge Their Bets", https://www.diw.de/documents/publikationen/73/diw_ 01. c. 465929. de/diw_ roundup_ 23_ en. pdf, last visiting on 12-5-2023.

　　这意味着，如何增强碳排放交易市场的流动性，如何促使被规制主体能够充分利用市场机制以尽可能低的成本和符合自身规划的方式来履行控制碳排放义务，对于碳排放交易制度的建构至关重要。因此，建立碳金融服务体系，并使其在经济社会中发挥促进去碳化发展相关资源"黏合剂"的作用是非常必要的。[1]但是，该制度之以最低成本履行减排义务的规制目标及其市场机制的制度设计，必须服务和服从于上述第一层次的规制目标。但是，随着碳排放控制和气候变化问题之于碳排放交易制度的不断被抽象化，加之由于企业内部委托代理关系的存在，代表被规制主体的自然人在参与碳市场进行交易的想到的或许仅是当下如何完成企业的配额清缴履约义务，而非从企业长远发展视角去考虑如何透过碳排放交易市场机制有计划地稳步推进企业低碳转型，而那些纯粹的投资者参与碳市场交易本来就是为了从该市场中获取利益。所以，包括被规制主体在内，所有市场主体在参与碳排放市场交易时往往都是短视的，尤其是伴随大量金融投资机构加入和气候金融衍生品的产生，该市场很可能沦为交易主体"纸面上的游戏"，而与真实的控碳行为脱钩，并掩盖碳排放交易制度本应具有的控制碳排放这一根本目的。[2]而且，某一规制项目的生命力实际上取决于其潜在受众（被规制主体）是否认为他们能从中获益，无论其是否具有经济效率、产生同等效果、使用了基于市场的替代措施、促进技术创新的能力等理论优点。[3]所以，除非建立相应的碳排放交易制度实施效果评估机制，[4]否则碳排放交易市场很可能会在一片繁荣景象中迷失其推动经济社会实现低碳发展的根本使命。

　　之于碳排放交易制度，实现上述两个层次的规制目的是碳排放交易制度作为"市场型"控碳制度所必需的。实际上，即便是确保该两个层面的规制目的能够得到实现也已殊为不易，而且如何评价该两个规制目标能够在多大程度上得到实现也存在很大的难度，但这并不能因此否定该种评价的必要性

---

〔1〕　涂永前：《碳金融的法律再造》，载《中国社会科学》2012 年第 3 期，第 97 页。

〔2〕　David Layfield, "Turning Carbon into Gold: the Financialisation of International International Climate Policy", *Environmental Politics*, 2013, Vol. 22, No. 6, pp. 901～917; Gerd Winter, "The Climate is No Commodity: Taking Stock of the Emissions Trading System", *Journal of Environmental Law*, 2009, Vol. 22, No. 1, p. 21.

〔3〕　Rena I. Steinzor, "Reinventing Environmental Regulation: The Dangerous Journey from Command to Self-Control", *Harvard Environmental Law Review*, 1998, Vol. 22, No. 1, p. 151.

〔4〕　张海军、段茂盛：《碳排放权交易体系政策效果的评估方法》，载《中国人口·资源与环境》2020 年第 5 期，第 23 页。

及其价值。但是，诸如 EU ETS 等域外碳排放交易政策与立法却为其设定更多的规制目标。比如，通过碳排放交易市场传递的价格信号促进被规制主体行为模式的改变，通过碳排放交易市场促进碳金融的发展，以及通过该价格信息激励被规制主体实现低碳技术创新等。[1]姑且将其称之为第三个层次的规制目标。本书认为，这些目标是"双碳"目标的题中之义，但非单纯依靠碳排放交易制度所能实现。

建立碳排放交易制度的直接目的是控制温室气体排放，最终目的是实现经济和社会的低碳发展。碳排放交易制度仅是控制温室气体排放法律制度体系中的一个重要组成部分，从以最低成本实现温室气体排放控制到全面实现低碳社会还有很长的一段路要走。对于单纯依靠碳价格就能推动足以减缓气候变化技术的重大变革和经济结构的整体性重组的看法，很多人表示怀疑。[2]这是因为，控制温室气体排放更多的是从排放源角度而言，而实现经济和社会的系统性脱碳则是需要实现生产方式和消费方式的根本性变革。[3]全面实现低碳社会要求包括整个产业结构、能源结构的低碳化、公众消费行为低碳化等整个社会领域的低碳化，而这远非单靠碳排放交易制度所能实现。至于碳金融之于碳排放交易制度的关系，似乎更宜认为前者是后者的附随产物，而非其所追求的目标。

再者，碳排放交易制度被视为推动低碳技术投资和创新的重要举措，[4]但是实现该目标同样不能单纯依靠该制度。[5]在很多情形下，碳排放交易制度应当辅助其他环境保护政策工具的使用，而非完全取代这些政策工具，[6]因

---

〔1〕 Wil Burns, "The European Union's Emissions Trading System: Climate Policymaking Model, or Muddle (Part 1)", *Tulane Environmental Law Journal*, 2017, Vol. 30, No. 2, p. 197.

〔2〕 Brittany A. Harris, "Repeating the Failures of Carbon Trading", *Pacific Rim Law & Policy Journal*, 2014, Vol. 23, No. 3, p. 757.

〔3〕 周宏春、史作廷：《双碳导向下的绿色消费：内涵、传导机制和对策建议》，载《中国科学院院刊》2022 年第 2 期，第 192~195 页。

〔4〕 Luca Taschini et al., *System Responsivenss and the European Union Emissions Trading System*, Published by the Centre for Climate Change Economics and Policy, and Grantham Research Institute on Climate Change and the Environment, 2014.

〔5〕 Margaret R. Taylor et al., "Regulation as the Mother of Innovation: The Case of SO2 Control", *Law & Policy*, 2005, Vol. 27, No. 2, p. 348.

〔6〕 ［美］理查德·拉撒路斯：《环境法的形成》，庄汉译，中国社会科学出版社 2017 年版，第 213 页。

为该制度并不能解决超出效率方面的考虑而导致的所有市场失灵问题。[1]比如，低碳技术创新方面的市场失灵问题涉及知识外溢以及知识生产活动所带来的相关外部收益。为解决该问题，还需制定其他更有针对性的专门措施。例如，对低碳技术研发给予补贴等。另外，即便低碳技术能够得以创新，也仍需降低采用低碳技术的成本，促进其传播、推动和应用，这也并非单靠该制度所能解决。

三、碳排放交易制度的理性审视

对碳排放交易制度优劣势的分析，不仅要看针对该制度的现有理论研究成果，更要看该制度的实践表现，而后者对于完善和优化该制度而言尤为重要。

相较于命令型规制和碳税制度，碳排放交易制度在理论上的优势主要表现在下列方面。[2]第一，在碳排放交易制度下，基于追求个人利益最大化的理性经济人假设，被规制主体能利用其因信息不对称而掌握的对自身碳排放状况与控碳能力等方面的信息优势，结合自身实际自主选择履行减排义务的方式，实现减排成本最低化。第二，对于行政机关而言，碳排放交易制度不仅更容易管理，而且管理费用更低，同时该制度在环境保护中还会利用营利动机极大地降低实施成本。第三，碳排放交易制度能降低政府监管机关不堪重负的信息收集和处理任务，通过拍卖发放配额也能增加政府收入，能保障环境法律制度避免因为诉讼而无法得到及时、有效的执行，能强化监管机关对企业污染物排放的监测和执法，还能鼓励环境保护技术的创新。第四，该制度能够降低政府机关不堪重负的企业合规信息收集和处理任务，通过拍卖发放配额能增加政府收入，有利于避免环境法律制度因诉讼而无法得到及时有效执行，还能鼓励环保技术创新。第五，碳排放交易市场形成的价格信号能被传导至被规制主体生产的相关产品的终端消费者，促使终端消费者对自身行为模式作出调整，并最终反馈给被规制主体，使被规制主体对自身的生

---

〔1〕　Lawrence H. Goulder,"Markets for Pollution Allowances: What Are the (New) Lessons?", *Journal of Economic Perspectives*, 2013, Vol. 27, No. 1, pp. 87~102.

〔2〕　Richard Bruce A. Ackerman & Richard B. Stewart, "Comment: Reforming Environmental Law", *Stanford Law Review*, 1985, Vol. 37, No. 5, pp. 1333 ~ 1366; Also see Bruce A. Ackerman & Richard B. Stewart, "Reforming Environmental Law: The Democratic Case for Market Incentives", *Cloumbia Journal of Environmental Law*, 1988, Vol. 13, No. 2, pp. 1987~1988; B. Stewart, "A New Generation of Environmental Regulation?", *Capital University Law Review*, 2001, Vol. 29, No. 1, pp. 21~182.

产经营行为模式也做调整。第六,在《巴黎协定》采用以"自下而上"为主的国际气候治理模式后,各国碳排放交易制度中的"配额总量"(cap)可能成为比较各国应对气候变化贡献的重要指标,它使得建立碳排放交易制度的国家或地区在其控碳方面的努力更具有可比较性。较之碳税制度,碳排放交易制度在理论上的优势则在于减排结果的确定性与减排方式的灵活性,即企业能通过自主选择减排方式实现减排成本最小化。[1]

碳排放交易制度虽然在理论上具有诸多优势,但在实践中受诸多因素影响,这些优势要么无法得到充分实现,要么是"似是而非",经不起推敲和检验,该制度还存在一些其支持者往往避而不谈的"隐性"劣势和弱点。这些因素包括:现实社会的复杂性、多变性以及不可预测性,被监管企业行业对政府的游说,各国在经济发展和应对气候变化(即控制碳排放)间的艰难抉择,以及由于"公共物品"问题而导致的各国在控碳领域的"逐底竞争"等。[2]

首先,西方学者在论及碳排放交易制度时往往强调该制度在履约成本方面的优势,却避而不谈建立和运行该制度需较长时间的前期准备,[3]其制定、实施和监管也都需要较高成本。[4]而且,随着碳排放交易"市场"的发展,第三方核查行业逐渐发展壮大,在承认配额构成财产的情形下,配额融资担保市场也会发展起来,使得该市场在很大程度上并不是受减排目标驱动,而是受金融资本驱动,容易导致该制度在实施过程中偏离其根本的控碳目标,甚至可能会导致碳排放交易市场面临"尾大不掉"的问题。其次,基于信息不对称问题的存在,企业虽然对自身碳排放状况和控碳能力更加了解,但是受有限理性、企业并非"铁板一块"而是存在多层次委托代理关系、对该信息的充分利用也需投入大量成本等因素的影响,企业未必就能充分利用其信息优势和该制度赋予它的减排自主权作出明智的减排决策。再次,碳税具有

〔1〕 Robert N. Stavins, "A Meaningful U. S. Cap – and – Trade System to Adddress Climate Change", *Harvard Environmental Law Review*, 2008, Vol. 32, No. 2, pp. 293~371.

〔2〕 Sanja Bogojevic, *Emissions Trading Schemes: Markets, States and Law*, Hart Publishing, 2013, pp. 1~17; Also see Navraj Singh Ghaleigh, "Two Stories about E. U. Climate Change Law and Policy", *Theoretial Inquiries in Law*, 2013, Vol. 14, No. 1, pp. 43~82.

〔3〕 Lawrence H. Goulder, "Markets for Pollution Allowances: What Are the (New) Lessons?", *Journal of Economic Perspectives*, 2013, Vol. 27, No. 1, pp. 87~102.

〔4〕 王燕:《市场激励型排放机制一定优于命令控制型排放机制吗?》,载《中国地质大学学报(社会科学版)》2014年第1期,第24~25页。

制度设计简单、减排成本稳定、能够增加财政收入以及能够向污染企业传递明确的价格信号等优点,[1]但是其控碳的实际效果并不像碳排放交易制度的"总量控制"(即配额总量)那样具有显像化。同时,碳排放交易制度下的"总量控制"(即配额总量)本身其实并非减排目标,而是就未来若干年在较之没有该制度(即 Bussiness As Usual, BAU)情形下预测的碳排放量之下的数值区间中选定的,[2]并不能据此判断在该制度下该国家或地区的实际减排水平,因此所谓它能使建立该制度的国家或地区的控碳努力更具有可比较性的观点似乎并不成立。复次,关于碳排放交易制度通过价格信号改变被规制主体和终端消费者行为模式的主张乃是建立在传统经济学理论基础上的。但是,纳入该制度监管的被规制主体会在多大程度上将所缴纳的碳价格纳入其产品价格中并转移给消费者,以及该两者会在多大程度上因此改变其行为模式,尚待借助行为经济学理论进行实证分析。[3]最后,从传统经济学理论上讲,碳排放交易制度旨在实现碳排放行为外部成本内部化,但碳排放影响的全球性气候变化损害很难被准确、完整地计算和量化。[4]

因此,对碳税和碳排放权交易制度的优劣很难作出一般性判断,而需要结合具体情况进行具体分析。[5]实际上,建立一个有效的排放交易体系与建立一个同样有效的税收制度或命令型制度的要求并无太大区别,它们之间的区别更多的是形式方面的,因为所有这些制度都要解决如何分配减排成本、应当为排放源设定何种具体义务,以及如何确保排放源履行这些义务等一系列最基本的问题。[6]除非有令人信服的证据表明可供选择的多个制度完全或

〔1〕　Reuven S. Avi-Yonah & David M. Uhlmann, "Combating Global Climate Change: Why a Carbon Tax Is a Better Response to Global Warming Than Cap and Trade", *Stanford Environmental Law Journal*, 2009, Vol. 28, No. 3, pp. 3~50.

〔2〕　Michael Wara, "Instrument Choice, Carbon Emissions, and Information", *Michigan Journal of Environmental & Administrative Law*, 2015, Vol. 4, No. 2, pp. 264~269, 281~283.

〔3〕　Zygmunts J. B. Plater et al. (eds.), *Environmental Law and Policy: Nature, Law, and Society*, fourth edition, Published by Aspen Publishers, p. 611.

〔4〕　Brittany A. Harris, "Repeating the Failures of Carbon Trading", *Pacific Rim Law & Policy Journal*, 2014, Vol. 23, No. 3, pp. 755~793.

〔5〕　王慧、曹明德:《气候变化的应对:排污权交易抑或碳税》,载《法学论坛》2011 年第 1 期,第 110 页。

〔6〕　A. Denny Allerman, "Designing a Tradable Permit System to Control SO2 Emissions in China: Principles and Practice", *The Energy Journal*, 2002, Vol. 23, Iss. 2, pp. 1~26.

在很大程度上不具有可行性，否则立法机关最终选择何种环境规制制度并不完全取决于该制度本身，而常常是政治选择或相关利益集团博弈的结果。而且，按照历史制度主义的理论，一旦选择了某一制度，随着对建立该制度的论证、建构及其完善方面的不断投入，以及相关利益群体范围的扩大，除非发生重大事件表明实施该制度确实存在重大问题，否则试图全盘推翻该制度而"另起炉灶"构建其他崭新制度的做法既难以成功，也易导致资源浪费。比如，解决命令型环境规制制度缺乏灵活性的问题，既可选择弃之不用，亦可选择对其进行优化和完善。不断探索、尝试和创新本来就是社会不断向前发展的本质特征，而环境规制代际发展的整体方向也是向构建注重发挥多元主体在环境规制中作用的现代治理体系迈进。

任何环境规制制度的实施效果，不仅取决于该制度的设计，也取决该制度的执行，尤其是在多层次的政府背景下；[1]不仅取决于该制度本身，也取决于该制度所运行的社会系统的整体状况。[2]实际上，规制法的有效性（effectiveness）乃是一个程度问题而非全有、全无问题，也因此是一个可以持续改进的问题。目前，很多学者对碳排放交易制度的有效性表示怀疑，认为该制度并未取得预期减排效果，甚至主张应当选择其他更为有效的办法实现减排目的。[3]但是，从制度经济学和比较法学角度来看，无论是碳税制度还是碳排放交易制度，它们的有效运行都离不开其所处的既有的社会制度系统，只有与其所处的社会制度系统能够有效契合，碳税和碳交易制度才能有效地运行和实现减排目标。从法政策学的角度来看，无论是碳税制度，还是碳排放交易制度，为实现预期减排目标，需要不断经历"试错程序"，在循环往复的"规制目标—规制手段—效果评价—规制手段优化"过程中实现制度优化，从而更好地实现预期的规制目标。[4]

---

〔1〕 曹炜：《环境监管中的"规范执行偏离效应"研究》，载《中国法学》2018年第6期，第258页。

〔2〕 [荷] 斯特凡·E.魏斯哈尔：《排放权交易设计：批判性概览》，张小平译，法律出版社2019年版，第25~32页。

〔3〕 Gerd Winter, "The Climate is No Commodity: Taking Stock of the Emissions Trading System", *Journal of Environmental Law*, 2009, Vol. 22, No. 1, p. 16.

〔4〕 鲁鹏宇：《法政策学初探——以行政法为参照系》，载《法商研究》2012年第4期，第114~116页。

第二章

碳排放交易制度的构造基础

　　理论的价值在于阐释现实世界存在的问题或者对现实世界加以改造，所以理论之于现实世界必须具有解释力。因此，理论建构既要求简，也要求真。求真可以减少所获知识的误差损失，求简则可以降低获取知识的信息费用。求真的必要性则在于理论必须对现实世界具有解释力，否则就会失去存在的价值和意义。求简的价值在于它能使人类思维更加经济。所以，当两种理论具有相同解释力但简洁程度不同时，就应选择相对简洁的理论。理论的求简思维意味着，理论必然要对具体且复杂的现实世界进行抽象化处理，也即进行同一化和类型化处理。换言之，任何理论都是有假设的，都有其特定的时空背景。[1]因此，一旦某一理论的假设与客观现实不相匹配，就需要对其进行相应的修正或者改造。

　　叶俊荣教授曾提出过行政法案例分析的三个层次，即以传统的权利救济分析为第一个层次，并以制度与程序以及政策与策略分别为第二、三层次。第一个层次旨在分析相关当事人的合法权益是否因行政机关的违法或者不当行使职权而受到损害，进而探讨救济的可能性与途径。第二个层次以当事人主张权利救济背后的相关制度与程序为分析对象，注重从整体制度的内涵与程序角度，探究事件发展过程中各种权力部门的互动，以及事件发生的背景原因，进而思考建构与完善的方向。第三个层次则是超越制度层面的考量，探讨案例背后政治系统与民间部门的政策取向与策略思考。笔者认为，在该层次上进行分析时也应包括对某一制度背后的理论所赖以维系的假设和前提等深层次内容进行分析的环节。因此，上述分析方法实质上也是行政法律制

---

　　〔1〕　庄少勤：《新时代的空间规划逻辑》，载《中国土地》2019年第1期，第6页。

度建构及完善的研究方法。

在行政法视角下，桑斯坦曾指出，美国行政法在很长一段时间内是以裁判法为基础，以对行政的司法审查为核心内容，并以对行政裁量的司法控制为主要目标的，对管制项目的实体目的、实现该项目的路径选择、导致该路径选择的各种力量以及规制对真实世界的后果等问题缺乏扎实的理解，而这些行政法上的实体问题应当成为未来行政法的主要目标，这意味着法学研究关注的焦点从法院转向了立法机关和行政机关。[1]也有学者指出，现代行政国家的现实已经在很大程度上偏离了行政程序法背后的一系列假设以及依据该法对行政行为进行审查所作的各种经典司法判断，而且这种偏离呈现出不断扩大的趋势。[2]这意味着，我们不仅要把握行政法中的假设，更要基于社会现实对这些假设进行检验和修订。换言之，必须进行面向现实世界的行政法治研究，环境法学研究更是如此。

所以，在研究碳排放交易制度建构的过程中，应当"既见树木，也见森林"，应当进行"权利/救济—制度/程序—政策/理念"的进阶分析，洞见该制度背后的理论假设及其面对的客观世界的真实情况，如此方能深刻把握碳排放交易制度建构的原理并增强其解释力，构架符合中国国情且能发挥实效的碳排放交易制度。笔者认为，碳排放交易制度背后的理论假设主要包括三个方面：一是对人性基础的假设，即该制度对其中的"人"的预设是什么，而此所谓"人"又包括私人主体与政府部门；二是对制度存在状态的假设，该制度是否在真空中独立存在，如果是，那么其所规制的对象也是处于静止状态的，从而既无须考虑现有政策和法律基础，也无须考虑外部环境对该制度运行的影响；三是该制度决策基础的假设，即碳排放交易市场监管是否属于面向当下进行具有较大确定性的决策。

第一节　人性基础：经济人 v. 社会人

当今时代是市场经济的时代，市场在资源配置方面发挥着基础性乃至决

---

〔1〕 Cass R. Sunstein, "Administrative Substance", *Duke Law Journal*, 1991, Vol. 1991, Issue 3, pp. 607~609.

〔2〕 Daniel A. Farber & Anne Joseph O'Connell, "The Lost World of Administrative Law", *Texas Law Review*, 2014, Vol. 92, No. 5, pp. 1137~1190.

定性作用。但是，如果放任自由市场经济发展，必然会导致"市场失灵"问题。市场失灵是由市场的内在缺陷造成的，其后果是导致经济人之间的利益失衡。[1]有学者就曾深刻地指出："所有（社会）问题最终都归结于不同（主体或者集团的）社会利益、经济利益和政治利益之间的冲突。"[2]市场失灵一般表现为周期性经济危机、自由竞争发展导致的垄断、产能过剩、负外部性、公共物品或者服务供给不足、漠视弱势群体的利益保护等问题，而问题发生的原因则包括公共产品产权界定不清、权利主体缺位或监管不到位、交易主体交易实力不均衡、信息不完全或信息不对称、外部性问题和公共产品的本质等。[3]

生态环境问题是生态环境保护领域"市场失灵"的结果，其本质是经济利益与环境利益在不同主体之间分配上的失衡，即生态环境保护本应坚持"污染者付费"原则，但是由于法律制度缺位，导致私人主体在追求自身经济利益的同时，往往对作为公共物品的生态环境及其所代表的社会利益（公共物品）缺乏充分且有效的保护造成环境负外部性。它表现为各种经济社会活动所致的环境保护成本未能有效实现内部化，即由行为人本人承担，而被转嫁给社会。所以，解决生态环境问题的核心是，通过政府干预实现环境保护外部成本的内部化。

全球变暖是当前最大的全球性生态环境问题。IPCC 的研究报告已经表明，气候变化主要是由人为排放的温室气体所导致的。因此，《联合国气候变化框架公约》明确："将大气中温室气体的浓度稳定在防止气候系统受到危险的人为干扰的水平上。"《巴黎协定》则进一步明确提出，"须努力将全球平均温升控制在工业化前水平以上低于 2℃ 之内，并努力将温升限制在工业化前水平以上 1.5℃ 之内"，为此缔约方"旨在尽快达到温室气体排放的全球峰值"，并在"本世纪下半叶实现温室气体源的人为排放和汇的清除之间的平衡"。因此，各国应当建立碳排放交易制度等控碳法律制度，对温室气体排放

---

〔1〕 李昌麒、应飞虎：《论经济法的独立性——基于对市场失灵最佳克服的视角》，载《山西大学学报（哲学社会科学版）》2001 年第 3 期，第 26 页。

〔2〕 ［英］朱迪·丽思：《自然资源：分配、经济学与政策》，蔡运龙等译，蔡运龙校，商务印书馆 2002 年版，"序"部分第 1 页。

〔3〕 金太军：《市场失灵、政府失灵与政府干预》，载《中共福建省委党校学报》2002 年第 5 期，第 54~55 页。

行为进行规制，来解决气候变化领域的"市场失灵"。也应当认识到，碳排放交易市场本身也可能存在"市场失灵"问题。比如，欧盟碳排放交易市场就充斥着配额超发、利益集团游说、欺诈以及获取"暴利"等问题。因此，碳排放交易市场同样需要政府监管。所以，围绕碳排放交易制度实际上存在两个"市场失灵"问题。

一切社会科学的理论化，暗含地或明确地，都建立在人类行为概念的基础上。[1]换言之，一切社会科学都是关于人的学问，即人性假设是一切社会科学研究的基本逻辑起点。[2]碳排放交易制度作为社会性规制的制度表达，其背后的人性假设应如何定位，即是具有完全理性并以追求个体利益最大化为目标的经济人，还是仅具有有限理性且既追求经济利益也兼顾其他非经济利益的社会人。该问题既关系到碳排放交易制度如何建构，也关系到该制度的实施效果。

一、理论基础的人性假设：完全理性之经济人

从环境科学的角度而言，人类社会的任何经济和社会活动都可能会导致环境污染。所以，环境污染行为的存在并不必然会导致环境负外部性问题的产生。只要污染行为不超过环境本身的承载能力，那么这些环境污染行为就不会对环境本身以及经由环境要素对公众造成危害。[3]所以，环境污染行为的存在并不直接等于环境负外部性问题的发生。从这个意义上讲，环境法规制的对象是过度利用环境的行为，环境法存在的意义在于：通过对过度利用生态环境的行为进行规制，将环境污染行为产生的影响控制在不足以引发环境负外部性问题的范围内，以保护公众免受环境侵害，而非彻底或者完全消灭环境污染行为。

20 世纪 70 年代之前，不管是在美国，还是在欧洲国家，对环境污染的治理均采用的是表现为"政府-企业"二元监管模式的命令性规制工具，但是由

---

〔1〕 ［美］道格拉斯·C. 诺斯：《制度、制度变迁与经济绩效》，杭行译，韦森译审，格致出版社、上海三联书店、上海人民出版社 2014 年版，第 20 页。

〔2〕 夏志强：《人性假设与公共行政思想演变》，载《四川大学学报（哲学社会科学版）》2015 年第 1 期，第 121 页。

〔3〕 冯嘉：《负载有度：论环境法的生态承载力控制原则》，载《中国人口·资源与环境》2013 年第 8 期，第 148 页。

于命令性规制工具缺乏灵活性而一度成为经济发展的重要障碍。进入20世纪70年代之后，受当时自由市场环境保护主义思潮的影响，很多经济学家开始主张运用基于市场型规制（如排污收费或者征税制度、补贴制度等）来矫正市场体系下生产经营活动可能会导致过度污染的倾向。这一思想得到了很多经济学家、法学家的支持，如汤姆·蒂滕伯格、理查德·斯图尔特（Richard B. Stewart）、凯斯·桑斯坦（Cass R. Sunstein）等。[1]加拿大学者戴尔斯提出"污染权市场"（markets in pollution rights）的理论。[2]两种不同类型规制的区别在于，前者通常是基于技术的规制（technology-based regulation），对不同规模和类型的企业之间的差异缺乏关注，其管制结果往往是一种"零和博弈"，[3]即污染者与环境团体针对有限资源进行争夺，而且污染者的法律义务从一开始就是具体确定的，导致其在履行环境义务方面缺乏灵活性。因此，欲要该种类型的环境规制有效发挥作用，就必须要求监管部门须及时发现环境违法行为，即监管部门之于国家环境保护任务和生态环境执法承担的是履行责任。后者则利用市场机制发挥价格信号在调整监管对象行为模式方面的作用，其法律义务通常表现为企业按照其实际排污量缴纳相应的排污费（或税）或提交相应数量的配额，而且监管部门通常会引入第三方社会主体对企业的排放报告进行核查，因此企业履行义务的方式更加灵活，而政府之于国家环境保护任务和生态环境执法承担的则主要是担保责任。[4]

但是，不管是命令型规制，还是基于市场型规制，都属于环境规制的表现形式，归根结底都是以现代微观经济学的核心即"理性选择"（rational choice）理论为根基的。该理论系法经济学学者从经济学中引入的关于人们如

---

〔1〕 Bruce A. Ackerman & Richard B. Stewart, "Reforming Environmental Law: The Democratic Case for Market Incentives", *Columbia Journal of Environmental Law*, 1988, Vol. 13, No. 2, pp. 171~200; Richard B. Stewart, "A New Generation of Environmental Regulation?", *Capital University of Law Review*, 2001, Vol. 29, No. 1, pp. 21~182.

〔2〕 J. H. Dales, *Pollution, Property & Prices: An Essay in Policy-Making and Economics*, Edward Elgar Publishing Limited, 2002, the Foreword by Wallce E. Oates, p. 1.

〔3〕 Jeffrey M. Hirsch, "Emissions Allowance Trading under the Clean Air Act: A Model for Future Environmental Regulations?", *New York University Environmental Law Journal*, 1999, Vol. 7, No. 3, p. 352.

〔4〕 ［德］施密特·阿斯曼：《秩序理念下的行政法体系建构》，林明锵等译，北京大学出版社2012年版，第162~164页。

何对各种激励作出反应的一系列假设。[1]该理论基本上等同于"经济人"假设，主张行为主体具有充分、有序且稳定的偏好，完备的信息和无懈可击的计算能力和分析能力，能够评估各种可能行动方案的成本与收益，从中选择那个净收益最大的行动方案。该理论具有下列特征：一是坚持个人主义方法论，从个体视角理解其所在的社会；二是主张行为主体是"理性人"，即行为人具有完全的意志能力、充分的计算能力和完全的记忆能力；三是行为主体所作决策与环境并不相关，即行为主体在作出决策时不受既往选择的影响，其所作选择也是孤立的，而且与制度并不相关；四是主张社会追求的目标是实现个人利益最大化的资源配置效率，坚持市场至上的效率价值观，认为允许行为人自主决策的自由市场价格体系是实现资源配置效率的最佳途径。[2]因此，在上述"理论选择"理论下，行为主体乃是全智全能之人，他不仅能够充分预测未来所发生的一切，在作出决策时也不会受喜、怒、哀、乐等非理智因素的影响，并且其所作决策无论从短期来看还是从长期来看都能实现个人自身利益的最大化。但是，该种"经济人"对人的智力作出了极为苛刻的假定，在现实世界中这种"人"显然是不存在的，而是只存在于神坛之上，即他是"神"而非活生生、有血有肉且感情丰富的"人"。

相比之下，西蒙对"经济人"的描述似乎稍显客观。他认为，这种人具备关于其所处环境有关各方面的知识，这些知识即便不完备，至少也相当丰富、相当透彻；这种人具备一种很有条理的、稳定的偏好体系，并拥有很强的计算技能；凭借此种技能，这种人可以在其备选行动方案中，选择出可以达到其偏好尺度上最高点的最优方案。[3]但是，即便上述对"经济人"的假设，也具有超强的预测未来和分析判断能力，完全不受或者几乎不受任何其自身之主观情绪与外部之客观环境的影响，但是这种人虽然走下神坛，在很大程度上也属于那种"前知五百年后知五百载，仰知天文俯察地理"的不世出之"圣人"或者"天才"。在现实社会中，这种"经济人"即便不是世所

---

〔1〕 David B. Spence, "The Shadow of the Rational Polluter: Rethinking the Role of Rational Actor Models in Environmental Law", *California Law Review*, 2001, Vol. 89, No. 4, pp. 919~925.

〔2〕 魏建：《理性选择理论与法经济学的发展》，载《中国社会科学》2002年第1期，第103~104页。

〔3〕 〔美〕赫伯特·西蒙：《现代决策理论的基石》，杨砾、徐立译，北京经济学院出版社1989年版，第6页。

罕见，也仍然属于凤毛麟角。换言之，西蒙所谓的"经济人"同样不符合现实世界中的芸芸众生相。[1]

实际上，学者们对"理性选择"概念的具体内涵并未形成完全一致的共识，不同学者对该概念内涵的不同认识更像是一种光谱式存在。位于光谱最左端的"理性选择"概念对人的认识较为抽象和概括。比如，波斯纳将"人"界定为"追求个人需求最大化的理性主体"，而不论其需求是什么，又采取何种方法加以实现。位于光谱最右端的"理性选择"概念对"人"的设想则更为具体和明确，即将"人"界定为追求个人财富利益最大化的主体。几乎所有关于商业组织的法经济学文献，在遵循关于企业的新古典经济理论的同时，均或明或暗地植根于关于企业致力于实现其经济利益最大化的理论假设。尽管对"理性选择"有不同认识，追求个人利益最大化仍然是它们的最大公约数。[2]而且，"理性选择"不仅是现代微观经济学的核心思想，也是环境法律制度设计的重要思想基石。

二、制度设计的实然基础：有限理性之社会人

问题在于，上述关于"经济人"的假设对于现实社会中的各种问题并不总是具有很强解释力，经常会出现一些该假设无法解释的"反常"现象或者问题。美国学者丹尼尔·卡尼曼（Daniel Kahneman）、阿莫斯·特沃斯基（Amos Tversky）从认知心理学、行为科学等角度所作的实证分析表明，人的决策行为明显偏离了"理性选择"理论。[3]这种问题在环境保护领域更是如此，因为环境规制的对象乃是具有不同社会认知基础、社会角色、社会地位和经济能力与兴趣偏好的自然人，以及具有不同规模、类型和组织架构的法人或非法人组织，而能够真正解决现实问题的环境法也应当是"面向真实世界的环境法"。[4]

因此，立足于行为科学的新制度经济学应运而生，并且主张经济学应当

---

[1] 李永军：《民法上的人及其理性基础》，载《法学研究》2005年第5期，第16~17页。

[2] Russell B. Korobkin & Thomas S. Ulen, "Law and Behavioral Science: Removing the Rationality Assumption from Law and Economics", *California Law Review*, 2000, Vol. 88, No. 4, pp. 1060~1066.

[3] ［德］温弗里德·哈斯默尔、乌尔弗里德·诺伊曼、弗兰克·萨利格：《当代法哲学和法律理论导论》（第9版），郑永流译，商务印书馆2021年版，第530页。

[4] 陈海嵩：《绿色发展中的环境法实施问题：基于PX事件的微观分析》，载《中国法学》2016年第1期，第71页。

探讨现实世界中的现实问题。作为新制度经济学的代表性人物，科斯主张当代制度经济学应该从人的实际出发来研究人。另一位代表性人物诺斯则提出，制度经济学的目标是研究制度背景下人们如何在现实世界中作出决定和这些决定又如何改变世界。[1]也有学者明确指出，具有"完备知识"的"经济人"在现实中并不存在，因为知识的不足乃至无知是人类存在的必要组成部分。[2]而且，从实证分析角度看，在现实世界中也确实存在个体的行为方式及其决策与"理性选择"理论不符的大量情形，即该理论实际上对诸多社会问题缺乏解释力。

鉴于此，最近数十年来，众多制度经济学或者法经济学领域的学者主张，在公共政策和法律制度制定和实施过程中，应当引入认知心理学、社会学等行为科学领域的知识，以客观世界中现实的、具体的人为出发点，对"理性选择"理论不合实际的相关内容进行修正，对人的行为进行更加精细化的理解，并基于此进行公共政策和法律制度的设计、修改和完善，以提高其实施的有效性。当然，这并非对"理性假设"理论的彻底否定，该理论无疑仍然是"人"的图像中最深层次的底色，而这种对人的更加精细化的研究则是该底色上一个新的图层，从而使得对"人"的形象的理解更加完善、立体和趋于客观真实。

这种对"理性选择"理论的修正主要体现在以下方面：

第一，行为主体仅具有"有限理性"而非"完全理性"。"有限理性"最初由赫伯特·西蒙提出，旨在用一种真实世界中的理性行为，即符合人在其生存环境中所实际具备的信息收集和处理能力的一种理性行为，来取代"经济人"假设中那种全智全能的理性行为。[3]现实生活中作为个体的人，其对社会的认知能力总是有限的，不可能做到全智全能。任何人通常只会从个人自身利益出发考虑问题，对问题的分析和考量存在短视问题，很难主动从宏观层面思考、分析和预测未来可能发生的整体性问题，尤其是诸如气候变化这种原因行为和结果行为涉及今世后代的问题。而且，对于需要采取集体行

---

[1] 卢现祥：《西方新制度经济学》，中国发展出版社1996年版，第10～14页。

[2] ［德］柯武刚、史漫飞：《制度经济学：社会秩序与公共政策》，韩朝华译，商务印书馆2000年版，第61页。

[3] ［美］赫伯特·西蒙：《现代决策理论的基石》，杨砾、徐立译，北京经济学院出版社1989年版，第7页。

动的问题，个体往往会选择"搭便车"，而不会选择主动作为，或者认为因为问题的解决需所有相关主体共同努力，而其他人未必会像他本人那样采取同样的努力，而最终选择放弃。[1]"可得性启发"（availability heuristic）表明，如果某一问题容易被想起，可能会导致对该问题的过度规制，气候变化问题则可能会面临"不可得性启发"（unavailability heuristic）问题，从而导致规制不足。"代表性启发"（representative heuristic）告诉我们，如果某一既定行为与某一原因看上去有逻辑关联，人们就容易区分该问题的原因与结果，但是气候变化面临的问题则是其原因与结果之间的因果关系链条过于复杂，所以人们很难会意识到自己的行为是导致气候变化的原因。[2]

第二，有限注意力。正如西蒙所言，任何生物要使自己的能力察觉到有限的现实，就必须要具有集中注意力的本领，即在一定时间内应当避免分神，而是把心思集中在需要关注的事情上。[3]信息爆炸时代，对于同时面临多项行为决策的行为主体而言，最宝贵的资源是注意力而不是信息。无论是自然人还是法人等组织团体，抑或是政府部门（及其官员）和企业（及其负责、管理人员乃至具体工作人员），均是如此。这意味着，无论是对于企业，还是对于政府部门而言，其所要处理的所有问题，不可能被在同一时间内都提上议程，而只能一时干一事，如此对不同问题而言就面临着注意力竞争的问题。这使得注意力分配成了决策研究的核心关切。[4]行为主体优先处理何种事务，取决于其注意力集中其上的议题和答案，而他所关注的议题取决于其所处的特定时空背景。[5]因此，某一问题能否吸引企业负责人及其管理人员的注意力，能否吸引政府部门及其官员的注意力，在很大程度上也就决定了该问题能否被高度重视，并获得充分资源支持，以及能否得到及时、充分的解决，

---

〔1〕〔美〕埃莉诺·奥斯特罗姆：《应对气候变化问题的多中心治理体制》，谢来辉译，载《国外理论动态》2013 年第 2 期，第 80~87 页。

〔2〕Richard J. Lazarus, "Super Wicked Problems and Climate Change: Restraining the Present to Liberate the Future", *Cornell Law Review*, 2009, Vol. 94, No. 5, pp. 1153~1234.

〔3〕〔美〕赫伯特·西蒙：《现代决策理论的基石》，杨砾、徐立译，北京经济学院出版社 1989 年版，第 120 页。

〔4〕孙柏瑛、周保民：《政府注意力分配研究述评：理论溯源、现状及展望》，载《公共管理与政策评论》2022 年第 5 期，第 156 页。

〔5〕代凯：《注意力分配：研究政府行为的新视角》，载《理论月刊》2017 年第 3 期，第 108 页。

而这又是政府部门间的协调问题以及政府部门与私人组织的公私合作治理问题。[1]同时，企业也不是铁板一块，其内部的组织结构、决策和协调机制、资源分配方案等，[2]都关系到企业与其管理人员以及后者与具体工作人员之间的委托代理关系能否激励相容，能否实现短期利益与长期利益的协调，对某一问题能否获得企业内部各层级充分且协调一致的注意力，对解决问题起着关键作用。[3]比如，在碳排放交易制度中，被监管对象关注如何实现以最小的成本来履行遵约义务，但是实现"双碳"目标意味着整个社会要实现结构性脱碳，如何在前者基础上构建控碳的强化机制值得思考。

第三，有限信息与有限激励。在碳排放交易制度下，企业的合规决策仍然由现实的具体的人作出的，他们可能身处不同部门、承担不同角色、掌握不同资源，对应对气候变化、实现"双碳"目标、碳排放交易政策和制度及其市场的运行的认知程度也不尽相同。问题还在于，企业内部存在着多个层级的委托代理关系，以及相应的激励不相容和信息不对称问题。[4]这意味着，他们作出碳排放交易市场的合规决策时，乃是在非常有限的时间范围内，基于自身在企业内岗位角色和所掌握的工作资源所获取的有限信息进行的。这就意味着，其在作出决策时，可能仅会从自身职责要求和所掌握的部门资源出发，旨在实现碳排放交易制度下最低限度的合规要求而作出，却不会立足于企业的长远发展规划，并且充分调动企业的所有资源，来实现最大限度的最优合规安排。尤其是，在企业内部，合规部门未必能参与企业的核心决策，未必能将企业面临的控碳法律义务之要求纳入企业的整体发展战略，尤其是企业各种中长期投资安排，导致企业在履行控碳法律义务方面往往是被动地作出响应，而非积极主动地以事前规划的方式将其纳入公司发展战略。因此，应当在企业层面推动实现绿色低碳发展的主流化（mainstreaming）。比如，将应对变化纳入公司董事及其管理人员信义义务（fiduciary duty），使其承担在公司履行应对气候变化责任和推动绿色低碳发展方面的监管义务（the duty of

---

〔1〕 宋华琳：《论政府规制中的合作治理》，载《政治与法律》2016 年第 8 期，第 14 页。

〔2〕 参见谭冰霖：《环境规制的反身法路向》，载《中外法学》2016 年第 6 期，第 1519~1534 页。

〔3〕 Timothy F. Malloy, "Regulating by Incentives: Myths, Models, and Micromarkets", *Texas Law Review*, 2002, Vol. 80, No. 3, pp. 532~533.

〔4〕 郁建兴、刘殷东：《纵向政府间关系中的督察制度：以中央环保督察为研究对象》，载《学术月刊》2020 年第 7 期，第 70 页。

oversight）并配置相应的法律责任。比如，碳排放交易的相关理论通过会假设减排主体了解其采取各种方式（比如采取通过改良技术选择自我减排的方式或者购买配额的方式）控制温室气体排放的成本，而不存在由信息不对称问题引发的信息收集成本以及交易成本问题。但是，事实并非总是如此。"因为将教科书中的各种预测转化为现实将会遇到各种夸张的和不切实际的期待，而且会忽视各种复杂的相互作用。"[1]

第二节　存在状态：还原论 v. 涌现论

理论研究是无国界的，是具有普适价值的，但是理论应用及其制度化所面对的社会背景在现有法律制度基础、人文社会基础和公众认知基础方面等社会背景方面都是不同的。因此，理论的普适性也总是相对的，它必须在实践中接受检验并进行必要修正。无论是从人类学、制度经济学制度，还是从比较法学角度来看，任何法律制度的建构及其运行都有其特定时空背景。从共时性角度看，正如格尔茨所言："法律和民族志都是地方性的技艺，它们都凭借地方知识来运作"，"法律是地方知识，而非不受地方局限的通则；还有其他法律是社会生活的建构性元素，而非其反映；或者无论如何不单只是反映"。[2]从历时性角度而言，在特定国家或地区范围内，任何法律制度的引入、建构和完善都不是在真空中进行的，都是以该国现有法律制度体系乃至社会控制系统为基础的，其有效发挥作用都必须以实现与制度体系乃至社会控制系统的融合与自恰为前提。在世界范围内，碳排放交易的建立和完善必然经历一个与其所处社会系统的其他要素相互磨合并不断调整、总结经验和持续改进的动态发展过程。[3]戴尔斯也指出："任何防治污染的政策就其本质而言都必将是一场社会实验（social experiment），既谈不上对，也谈不上错，而只是能否更加有效地引导社会公众以一种明智的和社会普遍认同的方式利

---

〔1〕　Clive L. Spash，"The Brave New World of Carbon Trading"，*New Political Economy*，2010，Vol. 15，No. 2，p. 176.

〔2〕　［美］克利福德·格尔茨：《地方知识——阐释人类学论文集》，杨德睿译，商务印书馆2016年版，第261、344页。

〔3〕　Michele Betsill & Matthew J. Hoffmann，"The Contours of 'Cap-and-Trade'：The Evolution of Emissions Trading Systems for Greenhouse Gases"，*The Review of Policy Research*，2011，Vol. 28，Iss. 1，pp. 83~106.

用我们的空气资源和水资源而已。"[1]

一、理论基础的状态假设：真空中静态的"独角戏"

碳排放交易制度是排放交易原理在应对气候变化领域的应用。从表面上看，该制度的基本原理易于被理解和掌握。为促进碳排放交易制度在全国范围内的传播、推广与应用，国际碳行动伙伴组织（International Carbon Action Partnership）也在2021年发布了《碳排放权交易实践手册：设计与实施》的第2版，对建立碳排放交易体系的10个步骤进行了讲解。[2]在国内，有学者在对碳排放权交易的理论和域外实践进行分析后，对建立碳排放权交易体系的15个基本要素进行了解析，主要包括法律依据、总量控制目标、管控范围、配额初始分配方法、被监管对象的碳排放监测、报告与核算等。[3]这种以"标准化"方式对碳排放交易体系所作的阐述，对于促进碳排放交易知识的传播和普及是必要的。从认识论角度来看，作为碳排放交易研究和学习之初级阶段的必要内容，这当然符合由浅入深的学习规律，但是受众如果因此浅尝辄止就会陷入对碳排放交易制度认识的误区，既无法系统地掌握碳排放交易理论的精髓，更无法全面把握碳排放交易理论及其制度建构在实践中可能面临的问题与挑战。

同时，也应当认识到，哈丁的"公地悲剧"理论、科斯的"社会成本问题"、戴尔斯的"污染权"理论等作为构建碳排放交易制度的重要理论来源，其本身的理论价值是不容置疑的。但是，为后者所提供的乃是理论启发，并不能代表碳排放交易制度及其理论的全部。毕竟，这些理论所依据的模型是对复杂社会系统的极大简化，这种简化本身当然是理论发展在特定阶段的必然要求，但是也应认识到其价值和意义必须接受实践的检验以及可能进行的修正，而不能直接将两者相等同。对于不求甚解的受众而言，将上述理论用

[1] J. H. Dales, *Pollution, Property & Prices: An Essay in Policy-making and Economics*, Edward Elgar Publishing Limited, 2002, p. 77.

[2] International Carbon Action Partnership, "Emissions Trading in Practice: A Handbook on Design and Impleme-ntation"（2nd Edition）, https://icapcarbonaction.com/en/publications/emissions-trading-practice-handbook-design-and-implementation-2nd-edition, last visiting on 2023-8-15.

[3] 段茂盛、庞韬：《碳排放权交易体系的基本要素》，载《中国人口·资源与环境》2013年第3期，第110页。

于碳排放交易制度，可能会错误地认为碳排放交易制度的建构及其运行是孤立的、静止（或者匀速）的、不受时空因素等外部环境影响的。[1]换言之，这些理论在很大程度上仍然是以新古典经济学理论为基础的，是基于对现实社会进行理论抽象后的理论假设，但是这些假设并不总是符合现实世界中的真实情形。尤其是，碳排放交易制度及其原理假设碳排放交易市场所置身的社会系统处于一种匀速渐变的存在和发展状态，注重对静态效率的追求，强调发挥市场上价格信号对碳排放交易市场主体的调控和引导作用，但对碳排放交易市场运行过程中可能面对的意外情形缺乏成熟的应变机制，即较难适用于充满不确定性和高度情境化问题，并因此需要对相应的法律制度进行持续调整和完善的情形。[2]

比如，有学者研究发现，《美国1990年清洁空气法》修正案第四章的"酸雨控制计划"之所以能够获得成功，在很大程度上得益于美国同一时期铁路行业放松监管、能源结构调整和能源技术革新。[3]也有学者在论及对基于财产权制度的环境规制工具进行选择时指出，任何此类环境规制工具都有明显的优点和缺点，所以不能脱离各种环境保护工具运作的制度有学者和技术背景，而孤立地探讨它们的比较优势。[4]还有学者指出，哪些排放源排放的何种温室气体以何种方式受到规制，将会影响将来的减排成本，但是即便是在某一特定时间点，这种影响到底是何种情形也尚不得而知，更不用说随着时间的推移以及在不同行业之间成本发生作用的整体情形，由于对控制成本的社会不确定性完全无知，因此静态的均衡模型无法捕捉前述这种动态变化。[5]另外，也有学者指出，欧盟碳排放交易市场方面的经验并不能直接适用于我国全国碳排放交易市场的建立，因为欧盟已经完成了能源市场自由化

〔1〕 Joseph Kruger & William A. Pizer, *The EU Emissions Trading Directive: Opptunities and Potential Pitfalls*, Resources for The Future, 2004.

〔2〕 Charles F. Sabel & William H. Simon, "Minimalism and Experimentalism in the Administrative State", *Georgeto-wn Law Journal*, 2011, Vol. 100, No. 1, pp. 53~94.

〔3〕 Holly Doremus & W. Michael Hanemann, "Of Babies and Bathwater: Why the Clean Air Act's Cooperative Federalism Framework is Useful for Addressing Global Warming", *Arizona Law Review*, 2008, Vol. 50, No. 3, pp. 799~834.

〔4〕 ［美］丹尼尔·H. 科尔：《污染与财产权：环境保护的所有权制度比较研究》，严厚福、王社坤译，北京大学出版社2009年版，译者序第3页。

〔5〕 Clive L. Spash, "The Brave New World of Carbon Trading", *New Political Economy*, 2010, Vol. 15, No. 2, p. 174.

改革，因此碳排放交易上的碳价格会经由市场机制传导给企业以及重点的消费，从而发挥价格信号在调整行为人行为模式方面的作用，但是目前我国能源行业仍然处在市场化改革过程而尚未完成。[1]所以，在任何国家，若要确保碳排放交易制度发挥其实效，在进行制度设计时就必须考虑碳排放交易市场所处的复杂社会系统对其市场运行的可能影响。[2]

二、制度设计的实然基础：体系中动态的"交响曲"

习近平总书记指出："万事万物是相互联系、相互依存的。只有用普遍联系的、全面系统的、发展变化的观点观察事物，才能把握事物发展规律。"[3]上述分析表明，在进行碳排放交易的法律制度设计时，必须坚持系统思维，运用复杂适应系统理论，以动态发展的眼光进行碳排放交易制度的建构和优化。

所谓复杂适应系统（Complex Adaptive System，CAS）理论，又称复杂性理论（the Complexity Theory）、混沌（the Chaos Theory）理论或者复杂性科学，是现代系统科学理论的新发展。[4]所谓复杂适应系统，也即相互作用的单位的宏观结合，这些单位被赋予了随着时间而进化的潜力。[5]1973年法国哲学家埃德加·莫兰（Edgar Morin）在其《迷失的范式：人性研究》一书中首次对复杂性思想进行了系统阐述，但是复杂性理论由美国学者约翰·亨利·霍兰德（John Henry Holland）在1994年正式提出。其后，比利时著名物理学家普利戈金首次提出了"复杂性科学"（Complexity Science）概念，主张物理学研究范式正在经历从"决定论的和可逆的过程"转向"随机的和不可逆的过程"，试图通过"复杂性科学"理论来超越经典物理学的研究范式，即假设其研究对象是静态的、简化的，无须考虑"时间"变量的，也是不受历史的、变化

---

〔1〕 Anatole Boute, "The Impossible Transplant of the EU Emissions Trading Scheme: The Challenge of Energy Market Regulation", *Transnational Environmental Law*, 2015, Vol. 6, No. 1, pp. 59~85.

〔2〕 郑少华、孟飞：《论排放权市场的时空维度：低碳经济的立法基础》，载《政治与法律》2010年第11期，第87页。

〔3〕 习近平：《高举中国特色社会主义伟大旗帜 为全面建设社会主义现代化国家而团结奋斗——在中国共产党第二十次全国代表大会上的报告（2022年10月16日）》，载《人民日报》2022年10月26日。

〔4〕 陈禹：《复杂适应系统（CAS）理论及其应用——由来、内容与启示》，载《系统辩证学学报》2001年第4期，第35页。

〔5〕 Peter Coveney & Roger Highfield, *Frontiers of Complexity: The Search for Order in a Chaotic World*, Publish-ed by Ballantine, 1995, p. 7.

着的自然因素影响的。[1]

复杂适应系统理论的精髓在于，主张运用动态的和整体的视角对研究对象进行分析，重视对研究对象之外部背景的研究，反对简单地将其从系统中剥离出来进行孤立研究，反对片面地在封闭系统中追求完满认识，主张系统的有效运行有赖于整体和部分的有效配合，主张整体具有部分加总所不具备的特性，主张用系统科学中的涌现论（the emergence theory）来代替传统科学中的还原论（reductionism），用关于世界的基本性质是有序性和无序性有机统一的理念批判机械决定论（Mechanical Determinism）。[2]此所谓还原论是和系统论、涌现论相对应的。其中，还原论主张整体信息等于局部信息之和；系统论认为局部不包含整体中的信息，拒绝通过局部信息了解整体信息；涌现论则认为，整体信息大于局部信息之和，而且局部信息中必然包含整体中某些方面的信息，但又包含其全部信息。因此，与其说还原论与系统论相对应，毋宁说与涌现论相对应。[3]

复杂适应系统理论认为，系统演化的动力来源于该系统本身，其研究的重点在于从整体出发揭示系统生成及其演化的过程以及导致各种问题产生的系统性根源。[4]该理论认为，复杂适应系统的复杂性主要源于两个方面：一是源于作为系统构成要素的个体的适应性，这些个体相互之间及其与所处环境之间的互动，不仅不断改变着这些个体自身，也改变着其所处的环境，[5]此乃导致复杂性的基础条件但非充分条件。二是源于特定系统的规模庞大与结构复杂、人类的理性或非理性、社会和历史发展的不确定性和非线性等特征。[6]复杂适应系统都具有下列五个属性：一是某一特定系统乃是由众多部分组成的集聚（aggregation）；二是环境、信息和其他介质通过环境进行的耗散性流动（dissipative flow）；三是系统进化遵循非线性路径；四是系统组成部分及其行为具有多样性；五是系统具有趋向于作为稳定的非平衡态系统状态

---

[1] 陈一壮：《复杂性理论：科学方法的第三个梯级》，载《学习时报》2005年7月4日。

[2] 陈一壮：《试论复杂性理论的精髓》，载《哲学研究》2005年第6期，第108页。

[3] 苗东升：《论系统思维（六）：重在把握系统的整体涌现性》，载《系统科学学报》2006年第1期，第1~5页。

[4] 侯宁等：《中国碳交易研究综述及展望》，载《安徽农业科学》2009年第36期，第18347页。

[5] 谭跃进、邓宏钟：《复杂适应系统理论及其应用研究》，载《系统工程》2001年第5期，第1页。

[6] 苗东升：《论复杂性》，载《自然辩证法通讯》2000年第6期，第88~90页。

的自我批判行为。[1]可见，复杂性理论所要解决的系统性问题是系统中的共时性问题和历时性问题的叠加与交错，而且这里所谓的系统也具有多层次和多维度的特点。同时，从行为主体角度来看，该系统性问题既是不同层级政府（尤其是央地政府）之间的问题，也包括同级政府内部不同部门之间的问题，包括政府部门与市场和社会主体之间的问题。从国土空间和生态系统治理角度来看，该系统性问题既包括生态环境要素和自然资源要素的问题及其相互之间的问题，也包括生态系统层面的问题，还包括两者如何统筹的问题，还涉及生态安全与资源安全（或经济安全）协调的问题。

复杂适应系统理论虽然最早产生于自然科学领域，但其研究范式后来也被广泛应用于解决诸如人类学、经济学、法治建设等社会领域的问题。在法学领域，复杂性理论表明，从长远来看，某一系统如果希望成功地避免来自外部环境的干扰，就必须具备上述这些特征。但是，实际上我们现有法律在进行设计时并未（充分）考虑上述特征。有学者认为，法律和社会的相互作用使得它们之间形成了一个动态的非线性"法律-社会"系统，主张应当以复杂性理论作为其研究范式，而且任何法律都应按复杂性理论进行设计。[2]也有学者认为，复杂性理论所提供的隐喻和机制能够用来评价现行行政法是否具有较好的适应能力。[3]

复杂适应系统理论意味着，对某一问题的研究或者某一对象的调整首先必须寻找其在某一特定系统中的坐标，以整体系统观[4]和动态视角分析该问题或该研究对象与该系统中其他要素或组成部分的互动关系。结合上述关于决策主体有限理性的论述，不难发现对于决策主体而言，其在某一特定时点

---

[1] J. B. Ruhl, "Thinking of Environmental Law as a Complex Adaptive Management: How to Clean Up the Environment by Making a Mess of Environmental Law", *Houston Law Review*, 1997, Vol. 34, No. 4, p. 939.

[2] J. B. Ruhl, "Complexity Theory as A Paradigm for Dynamical Law-and-Society System: A Wake-up Call for Legal Reductionism and the Modern Administrate State", *Duke Law Journal*, 1996, Vol. 45, No. 5, p. 860.

[3] Donald T. Hornstein, "Complexity Theory, Adaptation, and Administrative Law", *Duke Law Journal*, 1996, Vol. 54, No. 4, p. 930.

[4] 代表性成果包括秦天宝：《习近平法治思想关于生态文明建设法治保障的重要论述：整体系统观的视角》，载《政法论坛》2022年第5期；刘卫先：《生态法对生态系统整体性的回应》，载《中国海洋大学学报（社会科学版）》2018年第5期；邓海峰：《生态法治的整体主义自新进路》，载《清华法学》2014年第4期。

或期限内，受制于自身认知能力和注意力有限，作出决策的准备时间有限，用于收集作出决策所需信息的时间、手段和资源有限等束缚，对该问题或者调整对象、其所在的系统及其与相关要素的互动等方面所掌握的信息也很可能是有限的。所以，从长远视角和最优决策角度看，决策主体对某一问题或者调整对象所作的决策显然既非最优的也不应是终局的，而更宜将其定位为存在优化空间或者调整空间的次优决策和阶段性决策。正是基于此，《环境影响评价法》中的"环境影响评价"不仅包括事前性质的"对规划和建设项目实施后可能造成的环境影响进行分析、预测和评估"，还包括事中事后性质的"进行跟踪监测"，而且对规划环评和建设项目环评都提出了环评审批通过后的"跟踪评价"要求。[1]

　　但是，现行环境行政法律制度的设计总体上仍是以均变论（uniformitarianism）为其理论假设，在作出行政决策时依赖事先收集的信息，认为有充分的能力预测和评价决策作出后产生的各种影响或者结果，并在此基础上作出终局性决策，而非认为其调整对象是由一系列动态的适应性系统所组成，也不愿承认其预测能力的有限性及其所作决策的阶段性，亦缺乏相应的基于该有限性和阶段性问题而进行后续对决策进行优化和调整的制度设计。[2]其中的典型代表是，命令控制型环境法律制度在设计及其实施时注重事先（frontend）的决策，而无视其后端（back-end）的决策优化和调整，对其实施过程中面临的意外情形则仅是以例外方式基于个案进行处理，而缺乏制度化和常规性的应对策略和程序设计。复杂性理论启示我们，不确定性和不可预测性是对法律体系充分控制和规制其客体的能力的内在限制。[3]不确定性之所以存在，一个重要原因就在于受决策主体之有限理性的限制，其不可能穷尽对决策对象所处之外部环境的认识，尤其是不可能精准预测不同时间跨度内该外部环境之动态发展的认识。因此，透过复杂性理论视角，不难发现环境法

---

[1]　参见《环境影响评价法》（2018 年修正）第 2 条、第 15 条、第 27 条。当然，现实中我国环境影响评价法中的环评后跟踪评价制度实施效果较差，仍然需要对制度进行具体化和加以修正完善。

[2]　J. B. Ruhl, "Thinking of Environmental Law as a Complex Adaptive Management: How to Clean Up the Environment by Making a Mess of Environmental Law", *Houston Law Review*, 1997, Vol. 34, No. 4, p. 940.

[3]　Robin Kundis Craig, "Learning to Think about Environemntal Systems in Environmental and Natural Resource Law and Legal Scholarship: A Twenty-year Retrospective", *Fordham Environmental Law Review*, 2013, Vol. 24, Iss. 1, pp. 87~102.

所运行的外部环境显然是一个动态的、总是充满各种不确定性并且需要基于特定情形作出阶段性决策并保持其后对决策进行适应调整的世界。复杂性理论要求我们在面对环境保护领域的不确定性问题时，在方法论方面应实现从还原论[1]立场向涌现论的转变，要实现从原来的注重事先决策转向兼顾事后监管并强化随着时空变化调整决策的制度建构。[2]适应性管理是指由于我们对自然生态系统缺乏充分了解，因此需要对法律制度的运行和实施情况进行信息收集、评估（review）、分析并作出反应，并通过将所获得的信息纳入其后的决策，从而促使决策机构作出灵活的决策的过程。[3]

习近平总书记指出，实现碳达峰、碳中和目标是一场广泛而深刻的经济社会系统性变革。所以，应对气候变化显然是以整个经济社会这个复杂巨系统作为调整对象的。因此，应对气候变化面临的挑战当然可以被理解为复杂适应系统问题，因此应当运用复杂适应系统理论来加以解决。我国有学者指出，应对气候变化是一个非常复杂的系统设计和构建问题，应当从"复杂性"或者"复杂科学"的视角，认真探索气候变化这一"复杂问题"及其产生的"复杂背景"。[4]作为应对气候法律体系的重要组成部分，碳排放交易制度的建构、碳排放交易市场的运行及其监管所面对的都是复杂适应系统，因此应当考虑如何将复杂性理论运用于对碳排放交易制度的设计以及碳排放交易市场的监管。这既是对复杂性理论解释力的考验，也是对碳排放交易立法如何增强其适应性的挑战。

从复杂性理论角度来看，在进行碳排放交易的制度设计和碳排放交易市场监管过程中，必须充分考虑碳排放交易制度运行的外部环境及其对该市场运行的影响。不同国家或者地区的社会背景至少在下列方面会影响碳排放交易制度的制定和运行。第一，不同国家的环境、能源和应对气候变化管理体制不同，相应的法律体系也不同。美国以及欧盟的大部分国家均已经实现了

---

〔1〕［新西兰］克劳斯·鲍斯曼：《只见树木，不见森林：环境法上的还原主义》，张宝译，载《南京工业大学学报（社会科学版）》2019年第4期，第31页。

〔2〕Daniel A. Farber，"Probabilities Behaving Badly：Complexity Theory and Environmental Uncertainty"，*U. C. Davis Law Review*，2003，Vol. 37，No. 1，pp. 145~174.

〔3〕Robin Kundis Craig & J. B. Ruhl，"Designing Administrative Law for Adaptive Mangement"，*Vanderbilt Law Review*，2014，Vol. 67，No. 1，pp. 1~88.

〔4〕杨志、张洪国：《复杂性：低碳经济与生产方式的全球性转变》，载《经济思想史评论》2010年第2期，第107页；杨志：《认识发展低碳经济的复杂性》，载《低碳世界》2011年第1期，第29页。

能源市场的自由化，但是在欧盟也仍然有 15 个国家依然进行能源管制（规制），而包括中国、日本和韩国在内的东北亚国家的能源市场则较多地处于价格管制状态，[1]而这种不同将会影响碳价格能否传导至终端消费品。[2]第二，不同国家或者地区的经济发展阶段和水平不同，相应的能源结构、产业结构或者经济结构也各不相同。因此，域外碳排放交易市场建立及其运行监管的经验未必能够直接被适用于我国，所以在进行碳排放交易制度建构时必须进行"结构-功能"主义和人类学范式的比较法研究，[3]如此方能实现将碳排放交易制度有效融入我国现行法律制度体系，实现碳排放交易制度的中国本土化。

在我国，在碳排放交易制度与其他现行法律之间的相互关系方面，已经有部分学者进行了一定程度的研究。比如，段茂盛等学者对全国碳排放权交易体系与节能和可再生能源政策等其他减碳政策之间的关系及其协调进行了研究。而且，有关决策部门在进行中国全国碳排放交易制度设计时也已经意识到了该问题的重要性。[4]但是，从总体看来，该领域的研究成果仍然较为有限，而且上述研究仍然属于定性研究而缺乏量化分析，同时也属于阶段性研究成果而缺乏持续跟踪研究。但是，对于我国碳排放交易制度的建构及其运行而言，这种研究又是不可或缺的。尤其是，2022 年生态环境部等 7 部门联合发布了《减污降碳协同增效实施方案》，因此需要分析这种协同增效的安排是否会影响碳排放交易制度的运行及其实效的发挥。尽管当前我国碳排放交易制度并未实行总量控制，但是中央全面深化改革委员会已经颁布了《关于推动能耗双控逐步转向碳排放双控的意见》，意味着在我国实行总量控制型碳排放交易制度即将被提上日程，而其他减碳政策对碳排放交易制度运行的影

---

[1] Kim Yong-gun & Lim Jong-soo, "An Emissions Tradin Scheme Design for Power Industries Fcing Price Regulation", *Energy Policy*, 2014, Vol. 75, pp. 84~90；马俊驹、龚向前：《论能源法的变革》，载《中国法学》2007 年第 3 期，第 148~149 页。

[2] Pierre-Andre Jouvet & Boris Solier, "An Overview of Co2 Cost Pass-through to Electricity Prices in Europe", *Energy Policy*, 2013, Vol. 61, pp. 1370~1376.

[3] 郑智航：《比较法中功能主义进路的历史演进——一种学术史的考察》，载《比较法研究》2016 年第 3 期，第 1~14 页；王伟臣：《人类学范式的比较法研究：特点与启示》，载《世界社会科学》2023 年第 3 期，第 172~188 页。

[4] 参见张希良、马爱民：《中国全国碳市场总体方案与关键制度研究》，中国市场出版社 2023 年版，第 9~21 页。

响，将会直接反映在碳排放总量控制之配额总量的设定及其能否调整以及如何调整的问题上，[1]而后者又关系到碳排放交易市场配额的供需平衡问题，关系到碳排放交易制度能否发挥减排实效的问题。

第三节　决策机理：决策于可知 v. 决策于未知

拉德布鲁赫指出，法的价值理念有三：一为正义，二为合目的性，三为安定性。[2]因此，包括作为部门法的环境行政法在内，行政法在进行制度建构及其研究时，实际上都立基于两个核心点：一是法治国原则，二是"目的是全部法律的创造者"。其中，前者属于依法行政问题即"合法性"问题，其背后隐含的是司法中心主义，系针对行政行为本身的合法性进行分析，属于传统行政法范畴，也即面向司法的行政法，属于自由法治国家层面的问题；后者实质上是行政效能问题即"最佳性"问题，[3]其背后隐含的则是超越司法中心主义，在整个行政过程视域下观察行政行为的合理性、正确性和合目的性，[4]属于"新行政法"即面向行政的行政法，[5]属于社会国、环境国或文化国层面的问题。[6]

但是，在相当长的一段时间内行政法偏重对合法性、安定性、个案正义的追求和保障，行政法实践中的合目的性问题、实效性问题、预测性（不确定性）问题、广域性（比如中观和宏观层面的利益分配）问题、可接受性问题等则缺乏关注和保障。[7]大桥洋一就指出，传统行政法学过于关注行政的

---

〔1〕　Sascha Kollenberg et al.，"Emissions trading Systems With Cap Adjustments"，*Journal of Environmental Economics and Management*，2016，Vol. 80，pp. 20~36.

〔2〕　[德] G. 拉德布鲁赫：《法哲学》，王朴译，法律出版社 2005 年版，第 81 页。

〔3〕　沈岿：《论行政法上的效能原则》，载《社会科学文摘》2019 年第 11 期，第 5~25 页；朱新力等：《行政法基础理论改革的基本图谱："合理性"与"最佳性"二维结构的展开路径》，法律出版社 2013 年版，第 54~63 页。

〔4〕　李洪雷：《行政法释义学：行政法学理的更新》，中国人民大学出版社 2014 年版，第 209 页。

〔5〕　沈岿：《面对传统、现在和未来的行政法学》，载沈岿主编：《行政法论丛》（第 24 卷），法律出版社 2019 年版，卷首语；章志远：《行政法学总论》（第 2 版），北京大学出版社 2022 年版，第 47~68 页。

〔6〕　杜健勋：《国家任务变迁与环境宪法续造》，载《清华法学》2019 年第 4 期，第 181~196 页。

〔7〕　参见沈岿：《因开放、反思而合法——探索中国公法变迁的规范性基础》，载《中国社会科学》2004 年第 4 期，第 104~107 页；朱芒：《中国行政法学的体系化困境及其突破方向》，载《清华法学》2015 年第 1 期，第 12~15 页；王贵松：《作为利害调整法的行政法》，载《中国法学》2019 年第 2 期，第 91 页。

病理（即法律解释、法律的技术分析等），而忽视了行政法的合目的性、简易性、经济性等视角，因此有必要对传统行政法和行政学与立法学进行融合以重构行政法学。[1]在环境规制领域，对传统环境问题的法律规制以科学确定性为基础，但是伴随现代科技发展而来的新型环境问题则具有不确定性。[2]在碳排放交易市场的运行过程中，同样存在不确定性问题。它意味着，在进行碳排放交易制度设计时，须妥善处理"决策于可知（可预测论）"和"决策于未知（不可预测论）"之间的矛盾。其实质问题是，碳排放交易制度能否切实发挥控碳作用，取决于对碳排放交易市场上监管机关、被管控企业和投资主体的决策和选择过程的深入理解。[3]

一、理论基础的决策假设：面向当下决策于可知

理论产生于对特定事物的观察，理论也是由人提出的，而观察者的立足点也会影响其观察结果，[4]并且其对问题本身及其因果关系的理解也会影响其对问题解决之道的判断。因此，针对特定问题，必须从物理、事理和法理三个层面进行综合分析并探求其解决之道。所以，对"物"和"事"及其所衍生问题之本体论和认识论的不同选择和认识必然会导致对解决该问题之方法论的不同。

决策于可知（即认为未来可精准预测性）或者在解决问题时秉持确定性的思想，实质上源于对所要解决之问题及其调整对象的认识。此种关联性可从共时性和历时性两个角度深入展开。就共时性角度而言，坚持还原论立场，即认为决策的调整对象处于一个静态的封闭系统之中，而且认为系统是其内部各构成要素的简单加总即"1+1=2"，不承认整体具有超越局部的、为整体所独有的特征。从历时性角度而言，对于事物的发展遵循线性思维，认为事物是匀速或者渐进式前进和发展的，作出决策和决策执行的时间跨度是有限的，而且在该期间决策的调整对象及其所在的外部系统的变化是可以充分预

---

〔1〕　[日]大桥洋一：《行政法学的结构性变革》，吕艳滨译，中国人民大学出版社 2008 年版，第 263 页。

〔2〕　王明远、金峰：《科学不确定性背景下的环境正义——基于转基因生物安全问题的讨论》，载《中国社会科学》2017 年第 1 期，第 125~126 页。

〔3〕　Cass R. Sunstein, "Behavioral Analysis of Law", *The University of Chicago Law Review*, 1997, Vol. 64, No. 4, p. 1175.

〔4〕　[德]伯恩·魏德士：《法理学》，丁晓春、吴越译，法律出版社 2013 年版，第 10 页。

知或者其变化是可以忽略不计的，主张事物发展可以用简单的线性因果关系进行逻辑推论，缺乏对观察对象所在之外部整体或者系统对该观察对象的影响的关注，或者根本无需关注，因为该影响不存在或者可以忽略不计。所以，在解决问题时就会坚持确定性思想，[1]试图通过一次性努力来一劳永逸地终局性地解决问题。不难发现，在确定性思想的支配下，行政决策是线性的和单向度的，不存在事后调整的可能性。一旦行政决策作出，仅需毋庸置疑地执行该决策，而无需跟踪观察该决策的实施效果，并且基于该观察结果对之前作出的决策进行反思和修正。

理论和现实（实践）总是彼此引导、丰富和修正。理论的生命力在于其对社会现实的解释和预测能力，而理论又是对既往经验进行概括、抽象、归纳和一般化的结果。因此，它不能穷尽观察对象及其所伴随的问题，只能对该观察对象的诸多特征进行类型化取舍，所以理论应当是可以证伪的。在法学视域下，还原论及其所衍生的确定性思想（即可预测论）从根本上而言乃是源于经典物理学之世界观、认识论和方法[2]在作为社会科学之法学领域的延伸。但是，经典物理学在解释某些物理学问题的失灵，导致人们重新对研究对象之本体及其认识方法进行认识、反思和重构，也因此有了在某些复杂情形下或者针对某些复杂问题，我们无法准确为未来发展情况，亦无法准确预测当前所作之行政决策所可能产生之效果。坚持还原论立场所导致的问题是，它促使我们通过日渐复杂的规则和组织架构来追求绝对的对系统的可预测性，从而导致法律制度的日益复杂化。[3]所以，此时有必要从研究范式的底层逻辑入手对其进行反思和修正。

如果按照上述分析，就不难发现行政法上的"传动带"理论的问题在于，它不能较好地解决行政法面临的很多问题，尤其是复杂性系统领域的问题。因为立法也仅具有有限理性，其收集信息和作出预测的能力都是有限的，而法律文本的解释空间也是有限的，所以才有了法外"漏洞"的问题，而法院

---

〔1〕 赫磊、宋彦、戴慎志：《城市规划应对不确定性问题的范式研究》，载《城市规划》2012 年第 7 期，第 16 页。

〔2〕 蔡肖兵：《物理学的哲学分析》，中国社会科学出版社 2011 年版，第 11 页。

〔3〕 J. B. Ruhl, "Complexity Theory As a Paradigm for the Dynamical Law-and-Society System: A Wake-Up Call for Legal Reductionism and the Modern Administrative State", *Duke Law Journal*, 1996, Vol. 45, No. 5, p. 860.

进行点状判断的工作特征也决定了它不适合通过综合的、长期的和不断进行试验性质的方式来解决复杂性，因此也就只能由行政机关掌握主导权并且"决策于未知"。就我国而言，不难看出，无论是作为行政法基本内容的"行政三法"，还是环境法领域最为成熟的污染防治法，其深层次的理论基底都是还原论、可预测论的立场。但是，该种认识论和方法论立场在利用自然资源和应对气候变化时则是失灵的。

二、制度设计的决策实然：面向未来决策于未知

信息是行政决策的生命线。[1]有效的行政决策取决于全面、准确、及时、充分的信息支撑。所谓"不确定性"是指，决策主体面向未来据以作出决策的信息是不完备、不充分、不能及时获取的，以及决策对未来会产生何种影响，能否实现既定的目标也是无法准确预料的。[2]换言之，决策主体受其有限理性或资源有限等各种主客观因素的限制，导致其在作出某一决策时，由于作出决策的信息不够全面准确和及时获取，所以无法精准预测决策对象在决策作出后的发展方向和实际情形，而只能基于决策时的现有知识和经验以及对未来的预测与假设作出决策，即只能"决策于未知"，但是会导致决策后的实际状况与此前的预测并不相符的情形出现。不确定性思想意味着，在一个开放的系统中，事物的发展并不遵循清晰可见的前因后果的线性状态，其在时间观上也是不可逆的，所以在开发系统中未来的发展即便并非完全不可预测，但在很大程度上也是很难精准预测的。

导致信息不能全面、准确和及时获取的原因，至少包括两个方面：一是该信息在决策前实际上已经客观存在，但是受决策主体认知能力有限（有限理性）等主观因素的影响，或者受其能掌握的外部资源有限等客观因素的影响，导致其在决策作出后才获取此前已经客观存在的信息；二是由于决策对象是一个复杂系统乃至是复杂巨大系统的组成部分，决策主体无法准确把握该系统内部各构成要素之间的相互作用，以及其他构成要素对决策对象会产生何种影响。"不确定性"问题所隐含的是面向未来的视角。随着经济社会发

---

〔1〕　竺乾威主编：《公共行政学》（第2版），复旦大学出版社2000年版，第79页。

〔2〕　金自宁：《作为风险规制工具的信息交流——以环境行政中 TRI 为例》，载《中外法学》2010年第3期，第382页。

展和国家任务的变迁，人类社会面临的诸如气候变化、生物多样性、经济（金融）危机等问题的空间尺度越来越大，影响越来越深远，问题发生的原因越来越复杂，问题的解决难度越来越大，问题的波及面越来越广。[1]这意味着，未来本身充满了不确定性，虽然人们希望掌控未来，但是受限于主客观条件的限制又无法完全做到，进而只能努力控制和消解不确定性，使未来朝对自己有利的方向发展。这些不确定性问题也是导致环境监管的结果偏离环境规制的预期目标的重要原因。[2]

从行政法（规制法）的角度来看，风险社会最大的特征就是不确定性，[3]风险治理则是典型的需要"决策于不确定性之中"的活动。[4]危险防治是工业社会中法律的基本功能之一，而危险的古典控制模式则是基于还原主义的确定性思维，即要求因果关系的确定性和可预测性，但是在风险社会中，因果关系的非线性、系统的开放性、预测的不可能性、作用的不可逆性等都成了现代世界的重要特征。因此，必须通过持续学习来解决"决策于未知"问题中作为决策依据的信息不充分的问题以及决策本身需要持续优化的问题。[5]所以，在风险规制决策作出后，决策机关负有动态的跟踪评价义务，需要对风险规制的对象进行持续学习，并且根据获得的有关该风险问题的最新信息，对此前作出的决策进行相应调整和优化，而风险规制之立法保障也因此具有了试验

---

〔1〕 王兴成先生将一般系统论的研究方法归纳为整体性原则、相互联系原则、有序性原则和动态原则。钱学森先生强调系统具有开放性特征，指出一般系统理论的重要成果之一就是将生物和生命现象的有序性和目的性与系统的结构稳定性联系起来。参见王兴成：《系统方法初探》，载《哲学研究》1980 年第 6 期，第 35~42 页；钱学森：《系统科学、思维科学与人体科学》，载《自然杂志》1981 年第 1 期，第 3~4 页。

〔2〕 曹炜：《环境监管中的"规范执行偏离效应"研究》，载《中国法学》2018 年第 6 期，第 258~261 页。

〔3〕 美国经济学家奈特认为，"不确定性"（uncertainty）具有广义和狭义两种含义，以是否可度量（即量化）可将广义上的"不确定性"（uncertainty）区分为可度量的不确定性问题和不可度量的不确定性问题。其中，前者即"风险"（risk），后者即狭义上的"不确定性"（uncertainty）。[美] 富兰克林·H. 奈特：《风险、不确定性和利润》，王宇、王文玉译，中国人民大学出版社 2005 年版，第 172 页。

〔4〕 金自宁：《风险规制与行政法治》，载《法制与社会发展》2012 年第 4 期，第 66 页。

〔5〕 王绍光：《学习机制与适应能力：中国农村合作医疗体制变迁的启示》，载《中国社会科学》2008 年第 6 期，第 112~113 页；王贵松：《风险社会与作为学习过程的法——读贝克的〈风险社会〉》，载《交大法学》2013 年第 4 期，第 172 页；Alejandro E. Camacho, "Adapting Governance to Climate Change: Managing Uncertainty through a Learning Infrastructure", *Emory Law Journal*, 2009, Vol. 59, No. 1, pp. 49~50.

性立法的特点。[1]

但是，不确定性问题显然并非风险防范领域所独有。实际上，所有基于预测而进行的行政活动都存在一定的不确定性，[2]即所有面向未来的、以复杂系统（complex system）为调整对象的行政活动都存在着不同程度的不确定性问题。有学者指出，不确定性已经成为整合环境和自然资源领域行政决策的特征，而应对不确定性则已经成了这一领域行政决策的重要挑战之一。[3]这意味着，所有以复杂系统为调整对象，就系统中存在的不确定性问题进行的法律规制，虽然其所处领域有所不同，但其法律制度建构及背后的法理则存在相互比较、相互借鉴和相互启发的可能性。比如，在规划行政领域同样存在大量的不确定性问题。所谓"规划行政"是指，行政机关基于国家的形势任务，针对经济社会发展的特定领域面向未来作出预先安排的一种行政行为。[4]

从规划学的角度来看，规划的任务在于对未来无法捉摸的不确定性进行廓清和抵消，即通过提供有组织的信息，在对过往知识和经验进行总结的基础上，对未来可能发生的情形进行预测，对未来的发展方向进行引导和规制，降低决策者对未来发展的不可把握性。但是，受决策主体有限理性和外部环境复杂多变等主客观因素的影响，规划目标的实现乃是一个渐进的和连续的过程。所以，在规划实施过程中，需要结合实际情况对规划的目标本身进行调整和优化。因此，规划最重要的特征就是未来导向性，是以现有知识来引导未来的行动，是围绕普遍存在的未来不确定性而开展工作。[5]简言之，规划的重要任务之一就是发掘不确定性并寻找其解决办法。[6]与传统法律规范以"构成要件-法律后果"为基本模式不同，规划行政所采取的乃是"目标-手段"的基本模式。因此，"规划行政"在范围上不仅包括被命名为"规划"

---

[1] 靳文辉：《试验型规制制度的理论解释与规范适用》，载《现代法学》2021年第3期，第123~124页。

[2] 赵鹏：《风险、不确定性与风险预防原则》，载姜明安主编：《行政法论丛》（第12卷），北京大学出版社2009年版，第392页。

[3] Holly Doremus, "Precaution, Science, and Learning While Doing in Natural Resource Management", *Washingt-on Law Review*, 2007, Vol. 82, No. 3, pp. 547~548.

[4] 章剑生：《现代行政法总论》（第2版），法律出版社2019年版，第16页。

[5] 孙施文编著：《现代城市规划理论》，中国建筑工业出版社2007年版，第416页。

[6] 于立：《城市规划的不确定性分析与规划效能理论》，载《城市规划汇刊》2004年第2期，第39页。

"计划""方案"等文件或安排，还包括那些虽未使用"规划""计划""方案"字样，但在客观上实质地发挥着"规划"作用的安排。前者显然是规划行政中的核心部分，而后者则具有非典型性特征，但前者相关法律制度的建构及其法理对后者亦有启发意义。

有学者明确提出，城乡规划的编制应确立不确定性思想，其主要特征包括：一是在规划视野下，时间具有不可逆性，未来则是处于不确定的混沌状态；二是规划编制对系统发展仅能在有限的范围和程度内进行预测，即系统的短期行为对初始条件更具有敏感性，长期行为则逐渐减弱；三是作为规划对象的系统，其内部的结构具有非平衡性和不稳定性，而前者是结构有序和趋于稳定的来源；四是作为规划对象的系统具有复杂性、多样性和层次性，即某一系统往往是另一个更大的系统的组成部分。[1]还有学者提出，在空间规划视野下，不确定性包括结构性、行为性和结果性三个方面的不确定性。[2]还有学者指出，在空间规划视野下，不确定性问题包括规划人员对规划对象了解不充分、规划的制定和实施要落实哪些政策不明确、规划的编制和实施需要对不同决策制定者制定的政策进行协调。[3]这也就意味着，受各种主客观条件限制，空间规划在编制和实施过程中面临各种不确定性，导致规划在实施过程中可能会偏离事先设定的目标。所以，对空间规划的实施效果进行评估并基于评估结果对规划进行调整和优化是空间规划实施过程中必不可少的重要环节。[4]正是基于此，《土地管理法》《城乡规划法》分别对土地利用总体规划、城乡规划的实施评估及其修改作出了明确规定，[5]《中共中央、国务院关于建立国土空间规划体系并监督实施的若干意见》也明确要求，"建立国土空间规划定期评估制度，结合国民经济社会发展实际和规划定期评估结果，对国土空间规划进行动态调整完善"。从规划人员与审批机构仅具有有限理性，而规划对象又是一个开放和动态发展，并且其实施过程中必然会面临

---

〔1〕 赵珂、赵钢：《"非确定性"城市规划思想》，载《城市规划汇刊》2004年第2期，第33~34页。

〔2〕 汤海孺：《不确定性视角下的规划失效与改进》，载《城市规划学刊》2007年第3期。

〔3〕 于立编著：《城市规划的不确定性分析与规划效能理论》，载《城市规划汇刊》2004年第2期，第39页。

〔4〕 刘健枭：《论空间规划修改制度的刚性与弹性均衡》，载《城市规划》2022年第8期，第36~43页。

〔5〕 参见《土地管理法》（2019年修正）第25条、《城乡规划法》（2019年修正）第46条。

各种不确定性的角度来看，空间规划的评估及其修订制度实质上是一种旨在实现更优空间规划的动态学习机制。从行政决策角度看，空间规划的定期修订制度实质上是对规划决策的事后调整机制。

在环境规制领域，生态环境保护与自然资源管理面对的是一个动态发展的开放性、多层次复杂系统，而决策主体针对规制对象据以作出决策的信息、时间、财力和注意力都是有限的。所以，政府机关在环境规制过程中总是面临大量不确定性问题，它充斥在环境法的各个领域。[1]有学者指出，各种科技不确定性乃是制定、证成和形塑环境法律和政策的主要障碍。[2]更有学者指出，不确定性管理是一个在技术上令人生畏、在政治上缺乏吸引力的议题。[3]所以，在环境监管过程中，决策主体不得不在面临大量不确定性问题的情形下，作出在当时情形下的最优决策，但是这种决策在很大程度上属于阶段性决策，其据以作出决策的假设情形未必符合决策执行过程中的实际情形。这意味着，试图基于事前充分收集信息对相关问题作出一次性和终局性的决策之决策方式已无法适应行政规制的现实了，因此应当赋予行政机关在行政规制中的主导权，使其在决策作出后能够根据实际情况对决策内容进行调整，即环境法律规则的生成应更加灵活且更具有适应性。[4]此即对存在不确定性的情形进行适应性管理。

所谓适应性管理，就是指通过构建一种制度化和程序性的学习机制，使决策者在管制过程中能不断学习并据此对其最初作出的决策进行调整，以逐步消减最初决策时面临的各种不确定性，实现以渐进性方式提高行政决策法治化和科学化水平的目的。[5]其核心思想是"在干中学"（learning while doing），即决策主体对决策的实施效果进行持续和精心的观察，并根据该观察

〔1〕　Holly Doremus, "Constitutive Law and Environmental Policy", *Stanford Environmental Law Journal*, 2003, Vol. 22, No. 2, p. 297.

〔2〕　John S. Applegate & Robert L. Fischman, "Missing Information: The Scientific Data Gap in Conservation and Chemical Regulation", *Indiana Law Journal*, 2008, Vol. 83, No. 2, p. 400.

〔3〕　Dave Owen, "Probabilities, Planning Failures, and Environmental Law", *Tulane Law Review*, 2009, Vol. 84, No. 2, p. 269.

〔4〕　胡苑：《环境法律"传送带"模式的阻滞效应及其化解》，载《政治与法律》2019年第5期，第133页。

〔5〕　J. B. Ruhl, "Regulation by Adaptive Management – Is It Possible?", *Minnesota Journal of Law, Science & Technology*, 2005, Vol. 7, No. 1, pp. 38~39.

结果对其之前所作决策进行调整，如此不断循环往复以实现行政决策的渐进式优化。[1]从作为信息问题的角度来看，决策者进行适应性管理首先必须具备下列三个条件：一是在作出决策时必须存在信息缺口（information gap）；二是决策机关能在决策作出后通过学习尽快弥补该信息缺口；三是决策机关在作出决策后能有机会对其决策作出调整。[2]在美国，有学者研究发现，事实上，美国国会也已经在《清洁水法》《清洁空气法》《资源节约与回收法》《濒危物种法》《职业安全和健康法》等社会性规制的法律中授权行政机关对其之前作出的行政决策，依据规制过程中获取的最新信息进行相应的调整。[3]适应性管理虽然最早产生于自然资源管理领域，但是其精髓应当亦可为其他生态环境领域所吸收和借鉴。

在中国语境下，作为学习机制的适应性管理在很大程度上表现为通过试验制定政策和进行立法的做法。从这个角度来看，适应性管理在我国并非新生事物。从延安时期，到新中国成立，再到改革开放以来，尤其是党的十八大以来党中央全面深化改革，相关政策在全国范围内全面推广之前首先进行政策试点的做法始终贯穿其中。尤其是，从20世纪80年代至今，行政审批改革政策试验从地方到中央持续深入推进，并与事中、事后监管的政策实践相互叠加与配合，为优化营商环境并实现高质量发展发挥了重要作用，同时也驱动相关领域法治建设的跟进并发挥保障作用。[4]在环境和自然资源领域，目标责任制和考核评价制度、河长制、国土空间规划、碳排放交易等制度也都经历了从地方试点到全国推广并逐步强化其法律保障的过程。实际上，无论是西方语境下的适应性管理，还是中国语境下的地方政策试点，其在实质上都是一种"学习机制"，都旨在解决特定领域政策实施过程中可能面临的各

---

[1] Holly Doremus, "Precaution, Science, and Learning While Doing in Natural Resource Management", *Washingt-on Law Review*, 2007, Vol. 82, No. 3, p. 568.

[2] Holly Doremus, "Adaptive Management as an Information Problem", *North Carolina Law Review*, 2007, Vol. 89, No. 5, p. 1467.

[3] See Robert L. Glicksman & Sidney A. Shapiro, "Improving Regulation through Incremental Adjustment", *University of Kansas Law Review*, 2004, Vol. 52, No. 5, pp. 1179~1124.

[4] 卢超：《行政审批改革政策试验机制的法治化图景》，载《法学研究》2022年第6期，第57页。

种不确定性问题。[1]当前，全国人民代表大会常务委员会正在编纂《生态环境法典》，有必要抓住该机会在法典中植入"学习机制"，以消减法典施行后可能面临的各种不确定性问题。[2]

上述分析表明，环境风险等不确定性问题不仅存在于环境法典和法律层面，也存在于环境法律制度和环境行政行为等环境行政决策中。[3]在碳排放交易市场语境下，同样存在不确定性问题，需要在碳排放交易制度建构和碳排放配额相关行政决策中加以考虑。气候变化被公认为当今世界人类社会面临的"超级抗解问题"（super wicked problems）。[4]在 21 世纪中叶前后实现零碳经济转型乃是一个超级复杂的任务，它要求政治家就未来作出具有很高风险的决策，而未来又充满了政治和技术上的巨大不确定性和地理异质性。[5]就碳排放交易制度而言，碳排放交易市场运行面对的经济社会系统显然是一个包含多个层次的开放性的复杂巨大系统，因此任何空间尺度上的碳排放交易市场都将会面临来自外部世界的影响其稳健运行的各种不确定性。比如，在总量控制型碳排放交易制度建构中，如何应对该制度实施过程中可能发生的经济危机、极端天气等非常规事件，导致碳排放交易市场上配额严重供过于求或严重供不应求等各种不确定性问题。[6]另外，正如上文所言，其他减污降碳法律制度的实施也会给碳排放交易市场运行带来不确定性影响，但其影响程度事先难以准确预测，只能在制度运行过程中跟踪观察。更为重要的是：在总量控制型碳排放交易制度下，碳排放配额总量的确定具有明显的预测性和前瞻性，而且若配额的初始分配方法采取"祖父制"（grandfahtering）而非拍卖或者有偿购买，则该配额在初始分配过程中也存在预测性和前瞻性。但

---

〔1〕　刘然：《并非只为试验：重新审视试点的功能与价值》，载《中国行政管理》2020 年第 12 期，第 22~23 页。

〔2〕　周骁然：《体系化与科学化：环境法典化目的的二元塑造》，载《法制与社会发展》2020 年第 6 期，第 64 页。

〔3〕　吴凯杰：《论环境行政决策的调适模式及其法律控制》，载《华中科技大学学报（社会科学版）》2021 年第 1 期，第 97 页。

〔4〕　Richard J. Lazarus, "Super Wicked Problems and Climate Change: Restraining the Present to Liberate the Future", 2009, *Cornell Law Review*, Vol. 94, No. 5, pp. 1159~1161.

〔5〕　David B. Spence, "Naive Administrative Law: Complexity, Delegation and Climate Policy", *Yale Journal on Regulation*, 2022, Vol. 39, No. 2, p. 987.

〔6〕　Lesley K. McAllister, "The Overallocation Problem in Cap-and-Trade: Moving toward Stringency", *Columbia Journal of Environmental Law*, 2009, Vol. 34, No. 2, pp. 395~446.

是，有实证研究表明，将依据建模对未来年度碳排放的预测结果与相应年度实际情况进行对比后，可以发现该建模中包含很多偏见，预测结果与实际情况也存在很大偏差。[1]因此，针对碳交易市场运行面临的各种不确定性问题，构建针对该市场监管相关行政决策的事后调整机制非常必要。[2]

本书认为，总量控制型碳排放交易制度本质上也是一种碳排放控制规划，[3]因此在碳排放交易制度中构建应对不确定性问题的行政决策事后调整机制，应当而且也可以借鉴上述关于规划行政领域和风险规制领域的类似做法。这种调整的最终目的在于增强碳排放交易制度在实现控碳目标方面的实效性，直接目的则在于为碳排放交易市场配额总量的管理提供灵活性，即为解决碳排放交易市场上的配额总量供过于求的问题，而不必求诸启动修法程序对碳排放交易立法进行修改。在碳排放交易制度下，行政决策事后调整机制至少包括两个方面：一是碳排放配额总量的确定；[4]二是碳排放配额的初始分配。[5]问题的关键在于，这两个方面是直接相关的，即若对预设确定的配额总量进行削减，可能需要对已经初始分配私人主体的配额进行调整。问题的复杂之处还在于，若将碳排放配额定性为财产（权），上述事后调整则可能会引发对作为配额之财产（权）的征收问题，并需要因此进行政府补偿。这种事后调整机制可能会造成碳排放交易制度的减排有效性（公共利益）与法的安定性和信赖保护（私人利益）两者之间的张力。[6]正如上文的分析，碳排放交易制度具有行政计划的特征，后者就其实质而言"始终处于稳定性和灵活性的紧张关系之中"。[7]信赖利益保护的背后实质上是对私人利益保护

---

〔1〕 Michael Wara, "Instrument Choice, Carbon Emissions, and Information", *Michigan Journal of Environmental & Administrative Law*, 2015, Vol. 4, No. 2, pp. 276~279.

〔2〕 Jochen Diekmann, *EU Emissions Trading: The Need for Cap Adjustment in Response to External Shocks and Unexpected Developments?*, German Federal Enviromental Agency Publishing, 2012, pp. 12~24.

〔3〕 Dave Owen, "Probabilities, Planning Failures, and Environmental Law", *Tulane Law Review*, 2009, Vol. 84, No. 2, p. 312.

〔4〕 Lawrence H. Goulder, "Marktes for Pollution Allowances: What Are the（New）Lessons?", *Journal of Economic Perspectives*, 2013, Vol. 27, No. 1, pp. 87~102.

〔5〕 在我国部分地方碳排放交易试点中就存在对初始分配的配额进行调整的做法。参见杨解君：《碳排放权的法律多重性——基于分配行政论的思考》，载《行政法学研究》2024年第1期，第99页。

〔6〕 季晨濛、肖泽晟：《论信赖保护原则在城乡规划变更中的适用》，载《南京社会科学》2017年第2期，第105页；郭庆珠：《论行政规划变更的正当性及其法律规制——兼及〈城乡规划法〉中规划修改制度的反思》，载《河北法学》2009年第4期，第66~71页。

〔7〕 ［德］哈特穆特·毛雷尔：《行政法学总论》，高家伟译，法律出版社2000年版，第413页。

的期待可能性问题，在不同领域，由于其事物本质的不同，法律对私人利益保护的期待可能性应当也是有所差异的。因此，为解决配额初始分配对象对其利益受保护的期待可能性问题，可借鉴上海市环境能源交易所要求碳排放交易市场主体签署《碳排放交易风险揭示书》的做法，在初始分配时即明确告知特定情形下可能会对初始分配的数额进行事后调整。[1]

由于碳排放交易市场在运行过程中会面临各种不确定性，因此应当通过向碳排放交易的市场主体（包括被监管对象和依法被允许进行市场交易的投资主体）进行风险告知来适当降低其对其合法利益受法律保护的期待可能性。建立此种事后调整机制，意味着实际上赋予了碳排放交易市场监管机关更多的裁量权。但是，也应当防止市场监管机关滥用其裁量权。为此，应当在立法层面对政府机关行使裁量权的情形及其应当遵守的行政程序作出明确规定。在自然资源管理领域已得到广泛应用的适应性管理或许可以为我们提供一定的启示。适应性管理属于行政国家中实验主义治理的表现形式，而实验主义治理的核心又被认为是给予一线监管人员尽量多的行政裁量权，使其能够因地因时作出符合实际情况的管制决定，而碳排放交易制度基于市场的政府规制实现标准化管理，尽量压缩一线监管人员的行政裁量权的做法，与前者似乎截然相反。[2]但是，在多层级政府管理体制下，政策试验其实并非只能在地方层面进行，中央政府同样可掌握政策试验的主动权和主导权。[3]所以，即便是在碳排放交易制度中，也可以在中央层面将适应性管理的理念融入碳排放交易的制度设计。

---

〔1〕　参见《上海环交所发布关于签署〈全国碳排放权交易风险揭示书〉及〈全国碳排放权交易用户服务协议〉的通知》。

〔2〕　Charles F. Sabel & William H. Simon, "Minimalism and Experimentalism in the Administrative State", *Georgeto-wn Law Journal*, 2011, Vol. 100, No. 1, p. 53.

〔3〕　贺东航、孔繁斌：《公共政策执行的中国经验》，载《中国社会科学》2011 年第 5 期，第 61 页。

第三章

碳排放交易制度的核心概念

一般认为，"碳排放权"概念是碳排放权交易制度的理论基础与核心。[1]但是，"碳排放权"的法律构造及其法理逻辑却并未获得普遍接受的阐释。最为突出的问题是，国内外社会各界在"碳排放权"的法律属性问题上至今未能达成共识。[2]事实上，从20世纪80年代美国环保署推行"泡泡政策"开始，[3]到美国国会制定《美国1990年清洁空气法》第四章"美国酸雨控制计划"，再到20世纪90年代我国开始推行排污权交易试点，及至2010年中央政府提出要"建立和完善碳排放权交易制度"，对"排污权"或者"碳排放权"法律属性问题的争论和研究始终贯穿其中。[4]但是，在研究该问题的过程中，诸多研究成果对于为何要研究该问题、碳排放权的不同法律定性会产生何种影响等问题并未给予充分说明，这本应是研究碳排放权法律属性问题需要解决的前提性问题。笔者认为，研究碳排放权法律定性问题的意义与需求主要体现在下列方面。

第一，碳排放权的法律性质关系到碳交易市场的稳定性和流动性。[5]对

〔1〕 秦天宝：《双阶理论视域下碳排放权的法律属性及规制研究》，载《比较法研究》2023年第2期，第122页。

〔2〕 Jillian Button, "Carbon: Commodity or Currency? The Case for an International Carbon Market Based on the Currency Model", *Harvard Environmenal Law Review*, 2008, Vol. 32, No. 2, pp. 572~596.

〔3〕 Robert W. Hahn & Gordon L. Hester, "Where Did All the Markets Go? An Analysis of EPA's Emissions Trading Program", *Yale Journal on Regulation*, 1989, Vol. 6, pp. 109~153; Larry B. Parker et al., "Clean Air Act Allowance Trading", *Environmetal Law*, 1991, Vol. 21, No. 4, pp. 2038~2042.

〔4〕 陈骁、张明：《碳排放权交易市场：国际经验、中国特色与政策建议》，载《上海金融》2022年第9期，第22~33页。

〔5〕 Sabina Manea, "Defining Emissions Entitlement in the Constitution of the EU Emissions Trading System", *Transnational Enviromntal Law*, 2012, Vol. 1, Iss. 02, pp. 303~323.

碳排放权的法律性质缺乏明确规定可能会影响碳排放交易市场的稳定性，进而影响减排企业或者碳市场投资者的投资信心。[1]对碳排放权法律性质的明确界定不仅能够给监管机关和私人实体（包括减排企业和其他投资主体）以法律上的安全感和确定性，也能提高碳排放交易市场的透明度，增强碳排放交易市场主体对市场的信心。[2]早在 20 世纪 80 年代便有学者就注意到，针对美国环保署在大气污染防治领域推行的排放交易政策，由于作为交易对象的减排信用法律性质不明确，减排主体担心其存储的减排信用被征收、贬值、法律制度修改或者对减排信用的存续期间给予限制，导致减排主体存储配额的信心明显减弱。而且，由于企业在进行投资时非常注重投资收益回报的稳定性，而减排信用的法律性质的不确定，使得排放交易更多地在企业内部而非在企业之间进行。[3]

第二，碳排放权的法律性质关系到监管机关的灵活性。如果将碳排放权的法律性质确定为普通财产，那么很有可能会限制监管机关对碳交易市场监管的灵活性。这是因为在将碳排放权的法律性质界定为财产或者财产权的情形下，如果碳排放交易市场上配额过量供应，那么监管机关将在通过征收配额或者直接将部分碳排放权注销来达到减少多余配额的目的，这些做法将面临依法应当给予赔偿或者造成国有资产流失的问题。[4]这意味着，若将碳排放权定性为财产，就需要考虑如何破解配额的此种定性可能引发的征收难题或者国有资产流失的质疑。

第三，碳排放权的法律性质关系到由哪些政府机构对碳排放交易进行监管，关系到碳金融市场的发展，关系着碳金融衍生品交易平台的选择，[5]还

---

〔1〕　Financial Markets Law Committee（FMLC），"Emission Allowances：Creating Legal Certainty"，Issue 116，from www. fmlc. org/uploads/2/6/5/8/26584807/116e. pdf，last visited on 2023-06-25.

〔2〕　李仁真、曾冠：《碳排放权的法律性质探析》，载《金融服务法评论》2011 年第 1 期，第 140~141 页。

〔3〕　Robert W. hahn & Gordon L. Hester，"Where Did All the Markets Go? An Analysis of EPA's Emissisons Trading Program"，*Yale Journal on Regulation*，1989，Vol. 6，pp. 109~153

〔4〕　Jillian Button，"Carbon：Commodity or Currency? The Case for An International Carbon Market Based on the Currency Model"，*Harvard Environmenal Law Review*，2008，Vol. 32，No. 2，pp. 572~596.

〔5〕　M. J. Mace，"The Legal Nature of Emissions Reductions and EU Allowances：Issues Addressed in an International Workshop"，*Journal for European Environmetal and Planning Law*，2005，Vol. 2，No. 2，pp. 123~134.

关系到"碳排放权"相关争议的请求权基础及其救济路径的选择。[1]比如，在配额或减排信用上能否设定抵押权或质押权，实现利用配额或减排信用进行融资的目的。[2]若将碳排放配额视为货币，那么碳排放交易将被纳入金融法的监管范畴。在企业破产或清算时，配额是否作为破产财产进行处置等，在进行配额转让或者交易时，是否应征收增值税，[3]以及私人所持配额能否纳入遗产、夫妻共同财产等。配额或减排信用的不同定性，还会影响碳金融衍生品的发展情况。[4]配额或者减排信用的法律性质还可能涉及诸如刑法相关问题的解决、国际贸易协议中的法律适用问题以及配额或有关配额的金融衍生品是否或者在多大程度上作为投资而应受监管的问题。[5]比如，配额是否构成盗窃罪以及其他财产犯罪的客体，若私人所持配额因碳排放交易系统遭受网络攻击而被盗，受害人将如何寻求民事法上的救济，司法机关如何追究违法主体的刑事责任。有学者认为，主权国家之间的碳排放交易与一级市场以履行减排义务为目标的碳排放交易不适用 WTO 规则，但是由于配额或者减排信用具有市场价值，并且能够在二级市场上自由转让，因此可能被视为服务贸易总协定（GATS）"金融服务"定义下的"可让渡的工具"（negotiable instruments）或者"金融资产"（financial asset）。[6]对碳排放权（配额/减排信用）的法律属性界定不同，也可能会影响不同国家或者地区之间碳排放交易市场的连接，进而影响国际统一碳排放交易市场的形成。

---

[1] 杨临萍：《论司法助力碳达峰碳中和目标实现的方法和路径》，载《法律适用》2021 年第 9 期，第 6 页。

[2] George M. Padis, "Carbon Credits as Collateral", *Journal of Technology Law and Policy*, 2011, Vol. 16, No. 2, pp. 343~366.

[3] 李仁真、曾冠：《碳排放权的法律性质探析》，载《金融服务法评论》2011 年第 1 期，第 140~141 页。

[4] Matthieu Wemaere et al. , "Legal Ownership and Nature of Kyoto Units and EU Allowances", in David Freestone & Charlotte Streck（eds. ）, *Legal Aspects of Carbon Trading：Kyoto, Copenhagen, and Beyond*, Oxford University Press, 2009, pp. 35~58.

[5] Financial Markets Law Committee（FMLC）, "Emission Allowances：Creating Legal Certainty", Issue 116, from http://fmlc. org/wp-content/uploads/2018/02/Issue-116-Emission-allowances-1. 10. 2009. pdf, last visited on 2023-06-25; Also see Margherita Colangelo, *Creating Property Rights：Law and Regulation of Secondary Trading in the European Union*, Martinus Nijhoff Publishing, 2012, pp. 1~32, 168~169.

[6] Wen-chen Shih, "Legal Nature of the Traded Units under the Emissions Trading Systems and Its Implication to the Relationship Between Emissions Trading and the WTO", *Manchester Journal of Inernational Economic Law*, 2012, Vol. 9, No. 2, pp. 112~141.

基于上述分析，结合界定碳排放权的法律属性，既关系到控碳之公法任务的实现，也关系到私人利益的保护。笔者认为，要准确把握"碳排放权"的法律属性，首先须将其置于碳排放交易制度体系下进行理解，对该制度的法律构造进行全面透视，回答作为碳排放权定性问题研究对象的"碳排放权"是什么，并在此基础上再回答"碳排放权"的法律属性应当是什么，否则既容易导致研究方向发生迷失，也容易使该概念成为伦理学等其他学科的批评对象。[1]

第一节　中国碳排放交易制度的核心概念追问

一、碳排放权法律属性研究的启示

主张碳排放权是以环境容量为客体之权利的观点（以下简称"环境容量利用权说"）是碳排放权法律属性研究成果中最早的学说，至今仍保持着较强影响力。尽管后来的很多研究成果对该说的某些方面提出了质疑和批评，但是该说仍然在潜移默化地发挥着作用。"在手持锤子的人看来，一切看上去都像是钉子。"该说的最大问题在于，它实质上是将民法物权的思维用来解决碳排放权的法律属性问题。问题在于：首先，环境容量是否属于自然资源的范畴，即便属于自然资源的范畴，它是否就属于国家所有自然资源的范畴？其次，由于自然资源具有财产价值、生态价值、社会价值等多元价值，环境容量是否必须对应自然资源的财产价值，以及对自然资源财产价值和生态价值的法律保护和规制是否秉持同一思维方式和制度建构路径？换言之，对自然资源生态价值的保护是否必须遵循物权法思维的路径选择？答案显然是否定的。因为法律对自然资源之生态价值和经济价值的保护和规制的方法论显然不同。[2]前者坚持的是整体主义方法论，目标是改善生态环境质量，维护生态系统的完整性。后者坚持的则是还原主义方法论，目标是实现自然资源要素利用的效益最大化。但是，该说对自然资源生态价值的保护和规制采取了与其经济价值相同的保护方式。但是，所谓环境容量，意指人类生存和自然生态不受危害的前提下，某一环境所能容纳污染物的最大负荷量，它因地

---

〔1〕　Simon Caney, "Markets, Morality and Climate Change: What if Anything is Wrong with Emissions Trading?", *New Political Economy*, 2010, Vol. 15, No. 2, pp. 197~224.

〔2〕　焦艳鹏：《自然资源的多元价值与国家所有的法律实现——对宪法第9条的体系性解读》，载《法制与社会发展》2017年第1期，第128、136页。

域的不同、时间的变化、环境要素的差异以及对环境质量要求的高度而不同。[1]所以，环境容量概念从根本上而言，所要解决的是生态安全问题。从法教义学角度而言，"适用一个法条，就是运用整部法典"。[2]以环境容量为客体的"自然资源利用权说"试图以民法物权思维解决自然资源开发利用相关的所有问题，却并未充分注意到《行政许可法》第12条第1项、第2项规定在自然资源开发利用方面的差异。

部分学说反对以环境容量作为碳排放权客体，主张应将碳排放权定性为无形财产权（以下简称"无形财产权说"）。该学说有利于使对碳排放权法律属性问题的研究跳出物权法思维，而更加全面地观察和分析该问题。但是，其部分研究成果主张以生态系统服务或数据作为碳排放权的客体，但对于该客体与配额之间的关系似乎缺乏深入研究，而所谓生态系统服务或数据在很大程度上乃是配额的内在功能或特征的体现。因此，该学说对于碳排放交易相关的行政监管与司法裁判问题，似乎缺乏指导意义。另外，借助美国法上的"新财产"理论解决配额法律属性问题之观点也存在不足。主要表现为：该理论在美国法上虽有众多支持者，但美国联邦最高法院却坚持认为此"新财产"仅受《美国宪法第五修正案》正当程序条款的保护，而不受该修正案之财产权征收条款的保护。[3]所以，无论碳排放权构成何种财产权，都须考虑因政府对碳排放交易市场进行监管而可能引发的财产权征收及补偿问题，以及进而可能影响政府对碳排放交易市场进行灵活监管，从而影响碳排放交易制度实施的实效性问题。

主张"碳排放权"与"碳排放配额"是两个不同概念，并应分别研究其法律属性的观点（以下简称"权额分立说"）有利于深化对碳排放权法律属性问题的研究，尤其是有利于廓清该问题的研究对象，有助于深化对碳排放交易制度法律构造的研究。但是，该说的现有成果要么是为解决作为"权"之"碳排放权"的法律属性而展开，要么是对该问题的研究主要停留在概念分析层面。

---

〔1〕 封志明编著：《资源科学导论》，科学出版社2004年版，第350页。

〔2〕 "刘广明诉张家港市人民政府行政复议案"，最高人民法院［2017］最高法行申第169号行政裁定书。

〔3〕 See Thomas W. Merrill, "The Landscape of Constitutional Property", *Virginia Law Review*, 2000, Vol. 86, No. 5, pp. 969~982.

　　主张碳排放权源于行政许可的观点（以下简称"行政规制说"）主要是从应然层面展开，在论证碳排放权的过程中顺带提及，对其背后的诸多问题缺乏深入的关注。比如，何以碳排放权源于行政许可，其背后的法理是什么。再如，现行中央和地方碳排放交易立法是否已在客观上建立了碳排放许可制度，若未建立则该碳排放权从何而出？从法教义学角度看，若不解决上述问题，则很难从根本上解决碳排放权的法律属性问题，尤其是准确界定该问题的研究对象。其中，主张碳排放权源于行政特许，并基于道德层面和征收法层面的考量反对将碳排放权定位为财产权之观点，忽视了各国财产法本身的差异对在该国之碳排放权定性可能产生的影响，对域外国家在其法治实践中在碳排放权之财产权定性问题上的不同做法也未作深入剖析，对何以已经多个国家在其立法或者司法实践中承认了碳排放权（配额）构成财产（权）的现象虽有论及但却缺乏说服力。而且，该种观点虽将碳排放权定性为基于《行政许可法》第12条第2项所生之对大气资源的行政特许权，却反对将其定性为财产权，与自然资源特许权系财产权的通说相悖。[1]在我国"双碳"目标被提出后，碳排放权融资担保业务在地方层面呈现积极发展态势，最高人民法院等部门也对此表达了谨慎支持的立场，[2]"特许权说"却无异于彻底为其关上了大门，恐难被接受。[3]

　　部分研究成果直接将"碳排放权的法律属性"问题的研究对象锁定为"碳排放配额"（以下简称"配额属性说"）的做法不仅减少了研究该问题的工作量，而且避免了在该问题上看似论证非常严谨却在很大程度上"答非所

　　〔1〕　王克稳：《自然资源特许使用权之论》，载《公法研究》2012年第1期，第1~7页。

　　〔2〕　2021年中国人民银行发布《动产和权利担保统一登记办法》第2条规定："纳入动产和权利担保统一登记范围的担保类型包括：……（七）其他可以登记的动产和权利担保……"该规定为将碳排放权纳入"动产和权利担保统一登记范围"提供了可能。《最高人民法院关于审理森林资源民事纠纷案件适用法律若干问题的解释》（法释〔2022〕16号）第16条提出："以森林生态效益补偿收益、林业碳汇等提供担保，债务人不履行到期债务或者发生当事人约定的实现担保物权的情形，担保物权人请求就担保财产优先受偿的，人民法院依法予以支持。"《最高人民法院关于完整准确全面贯彻新发展理念 为积极稳妥推进碳达峰碳中和提供司法服务的意见》（法发〔2023〕5号）在"18. 依法审理碳排放配额、核证自愿减排量担保纠纷案件"部分提出："担保合同当事人或者利害关系人以碳排放配额、核证自愿减排量不是可以设立担保的财产为由，主张担保合同无效的，从严认定合同无效情形，依法最大限度维护合同效力……"参见潘晓滨、薛碧洁：《我国碳排放权质押融资发展存在的问题及对策》，载《资源节约与环保》2023年第5期，第131页。

　　〔3〕　邓若翰：《"双碳"背景下碳排放权担保融资的法律困境及完善路径》，载《中国人口·资源与环境》2023年第3期，第47~57页。

问"的尴尬。但是，该说对中国法上的"碳排放权"概念的使用及其背后的法理缺乏深入研究，限制了其研究成果对中国碳排放交易立法的启发价值。

基于德国法上的"双阶理论"对碳排放权法律属性问题所作的研究（即"双阶理论说"），对于碳排放市场运行所面临的行政监管和司法审判问题更具现实价值。但是，该说也存在一些不足之处。首先，即便不通过"双阶理论"，配额初始分配（一级市场阶段）与其市场流转（二级市场阶段）分属行政行为和民事行为的特征也非常明显。换言之，在司法审判过程中，在分析碳排放权相关法律问题时，必然需要结合该问题发生所处之具体阶段进行综合考量。其次，"双阶理论"在结构上属于先"行政"后"民事"的线性过程，与碳排放配额的封闭型生命周期并不完全匹配，即碳排放交易制度的核心义务是控碳义务主体须依法按时提交与其实际碳排放量相等的配额，因此在碳排放交易制度下配额总量中的每一个配额都将经历"配额总量设定—配额初始分配—排放履约报告—配额清缴履约—依法注销配额"的闭环运行过程。再次，"双阶行为"的一方主体均为政府机关，但在碳排放交易制度中政府机关仅在配额的初始分配阶段属于一方主体，在配额市场流转阶段政府机关却并非其中一方行为主体，另外配额清缴履约具有强制性，而其市场流转则是自愿性的。最后，该说承认碳排放权在其使用和流转阶段具有财产权属性，[1]但对由此可能引发的财产权征收问题却未及给予充分讨论，对监管部门在一级市场阶段的所作之举措对二级市场的潜在影响似乎也缺乏关照。比如，在第一阶段初始分配给私人主体的碳排放权完成登记后，该初始分配行为是否可以撤销，尤其是在以无偿方式进行初始分配时，撤销之后是否需要给予该私人主体相应的补偿。

从比较法视角来看，"碳排放权"乃我国碳排放交易政策和立法上独有的概念。研究碳排放权的法律属性，首先需回答何谓"碳排放权"。有学者认为，碳排放权本质上是依《行政许可法》第 12 条第 2 项设立的行政特许。也有学者认为，碳排放权系以配额为客体的权利。还有学者认为，作为定性研究对象的"碳排放权"实质上就是配额。上述观点启发我们，研究碳排放权的法律属性问题，首先须厘清"碳排放权""碳排放配额"和"行政许可（碳排放

---

[1]　参见秦天宝：《双阶理论视域下碳排放权的法律属性及规制研究》，载《比较法研究》2023年第 2 期，第 131~133 页。

许可）"三者之间的逻辑关系，进而回答"碳排放权的法律属性"问题的研究对象到底是"碳排放权"，还是"碳排放配额"，抑或是"碳排放许可"。基于上述分析，笔者认为，上述各种学说之间的核心争点主要包含下列方面。

第一，碳排放权法律属性问题的研究对象到底是"碳排放权"还是"碳排放配额"。分析该问题的意义在于，它将会导致对碳排放权法律属性问题的研究路径和结论产生明显不同。该问题实际上也关系到法律制度建构中相关概念的选择问题。此时，正如黄茂荣教授所言："在法律概念的建构上，必须考虑到拟借助与该法律概念所达成之目的。"[1]若以"碳排放权"为研究对象，则研究碳排放权的法律属性问题，自然需回答该权利的主体、客体和内容分别是什么，这样容易导致对该问题的研究脱离碳排放交易制度乃至控碳法律制度的语境，或者说，使该项研究在不经意间跳出控碳法律制度的框架约束，而转变成以属于自然资源范畴的环境容量概念为跳板，进而进入自然资源法（即自然资源权属及其使用法/物权法）的范畴。问题在于，研究碳排放权定性问题的内生动力及其需求，归根结底源于碳排放交易制度的生成及其运行，即碳排放交易市场运行过程中面临的行政监管和司法裁判方面的问题。若以环境容量作为碳排放权的客体，并对该权利的定性问题进行研究，其结论显然会指向所有碳排放主体，而非仅限于纳入碳排放交易制度监管的碳排放主体。再者，对以环境容量为客体的碳排放权之法律属性进行研究，也会因为"环境容量"概念的引入而横生枝节，即不仅需回答该权利的主体、客体、内容分别是什么，还会涉及环境容量是否属于自然资源以及是否属于国家所有等问题，也容易导致对该问题研究的泛化，并使得对该问题的研究结论与其研究需求发生错配。在碳排放交易制度建构中，"碳排放权""环境容量"两个概念的使用显然是舍近求远之举。相对于将以环境容量为客体的碳排放权为研究对象，直接以配额为研究对象，既能满足研究需求，也符合思维经济原则。

第二，环境容量是否可以或者应当被纳入自然资源的范畴并因此确定法律上的权属问题。将环境容量纳入自然资源，以环境容量作为碳排放权的客体，并且以该碳排放权作为碳排放交易制度的核心概念，容易导致该制度在法体系中的实然坐标与其应然坐标相偏离，使该制度的实然功能与应然功能相偏离。碳排放交易制度作为控碳法律制度的重要表现形式，显然应当属于

---

[1] 黄茂荣：《法学方法论与现代民法》（增订7版），作者自版2020年版，第166页。

社会性规制的范畴，[1]因此应当以维护生态安全为根本价值取向，其根本目标是实现危害防止和风险预防，其在兼顾规制效率的同时更注重追求规制效能即管制目标的实现。从自然资源权属和利用法（物权法）的基本法理来讲，以环境容量作为碳排放权的客体的思维路径，显然是将该权利置于自然资源产权体系之中，意味着它是以促进发展为根本价值取向，其所追求的是利用有限的自然资源实现更大产出的效率（而非效能）即物尽其用的目标，从体系坐标角度看，它显然应当是经济性规制和自然资源产权法（或者物权法）体系的组成部分。若将环境容量纳入自然资源的范畴，并以环境容量作为碳排放权的客体，会导致碳排放交易制度在价值取向、目标取向方面的异化，使得碳排放权成为属于社会性规制范畴之碳排放交易制度体系建构中的"怪胎"，与法律体系的融贯性要求不符。[2]退一步讲，即便将环境容量归于"自然资源"的范畴，也须意识到并非所有自然资源都需回答其是否属于国家所有的问题。构建碳排放交易制度，旨在通过减少温室气体排放以减缓气候变化，实现将全球温升控制在 2℃ 并致力于实现 1.5℃ 的温控目标，将大气中温室气体的浓度稳定在防止气候系统受到危险的人为干扰的水平上，最终达到有效应对气候风险，从而实现气候安全的目标。[3]

第三，行政许可在碳排放交易立法中是否存在以及应否存在。其中涉及两个层面的问题：一是实然与应然的问题；二是立法论与解释论的问题。总体来看，学者们普遍认为，至少从应然意义上而言，在碳排放交易立法中应当建立碳排放许可制度。问题在于，在实然意义上，在我国现行碳排放交易立法中，碳排放许可制度是否已然建立。在回答该问题时，首先应避免的是不能将在理论上而言应当设立碳排放许可制度与该制度客观上已经设立相混同。实际上，在我国，国家、省、市、县四级行政许可清单中均未发现有碳排放许可的内容。

---

[1] 张宝：《从危害防止到风险预防：环境治理的风险转身与制度调适》，载《法学论坛》2020年第1期，第22~26页。

[2] 雷磊：《融贯性与法律体系的建构——兼论当代中国法律体系的融贯化》，载《法学家》2012年第2期，第3页。

[3] 《联合国气候变化框架公约》第2条。

　　而且，不能将行政许可等同于分配行政。[1]碳排放许可制度亦非碳排放配额初始分配规则所能替代，[2]两者应当为同一制度中上下游的两个不同环节。[3]一是前者系依申请行政行为，只能面向控碳义务主体；后者系依职权行政行为，为促进碳排放交易市场流动性，可能会允许控碳义务主体和私人投资主体同时参与配额初始分配。二是配额经初始分配后，既可用于履行清缴义务，也可在二级市场上进行自由转让，甚至可由私人主体自愿将其依法注销，碳排放许可证则具有明显的一身专属性，原则上不得转让。三是理论上，碳排放许可制度可被定位为固定碳排放源执法监管体系的核心，不仅可嵌入碳排放交易制度体系与配额初始分配规则结合，亦可与碳税和环评等制度配合使用，发挥收集合规信息、准入控制、行为监管等功能，[4]配额分配及其使用和流转制度则旨在通过市场机制赋予控碳义务主体在履行控碳义务方面更多灵活性。另外，在碳排放交易制度下，碳排放许可非行政确认所能替代。行政确认本质上是对既存的法律事实和法律关系进行审查、认定并宣示其法律效力的行政行为，并不直接形成或者处分相对人的权利和义务，因此既非行政赋权行为，亦非行政限权行为，且有时可被行政许可或者行政裁决所吸收。[5]但是，将排碳企业纳入碳排放交易制度监管则意味着其所承担的权利义务状态显然发生了变化。

　　上述分析表明，在碳排放交易制度下，"碳排放权"的法律属性研究问题的研究对象应当是"配额"。[6]正是由于"配额"的法律属性不确定，且直接关系到相关主体的利益及其纠纷处理，理论和实务界才迫切希望在其定性

　　[1] [日] 太田匡彦：《行政分配的构造与程序》，鲁鹏宇译，载《公法研究》2016 年第 2 期，第 233~248 页。

　　[2] 陈惠珍：《许可抑或备案：我国碳排放准入监管的法制进路》，载《法学评论》2016 年第 5 期，第 160 页。

　　[3] 鉴于碳排放许可与排污许可具有同质性，本书在论述碳排放许可时借鉴了现行排污许可相关政策与立法。

　　[4] [美] Colin Scott：《作为规制与治理工具的行政许可》，石肖雪译，载《法学研究》2014 年第 2 期，第 40~42 页。

　　[5] 胡建淼：《行政法学》（第 4 版），法律出版社 2015 年版，第 134、269~270 页。

　　[6] 参见张红、陈敬林：《论碳交易市场中的碳排放权》，载《贵州师范大学学报（社会科学版）》2023 年第 3 期，第 113 页；曹霞、郓宇杰：《基于"权额分立"理念的碳排放权性质与相关概念审视》，载《中国环境管理》2022 年第 5 期，第 128 页；曹明德：《中国碳排放交易面临的法律问题和立法建议》，载《法商研究》2021 年第 5 期，第 43~44 页。

问题上获得更为科学、合理的答案，此乃研究该问题的真正社会需求和动力所在。唯如此才能在问题上更好地与域外碳排放交易立法及其理论研究进行交流对话。

二、碳排放权制度的应然逻辑起点

众所周知，环境法是人类社会的（发展尤其是工业化大生产）的结果。人类社会在通过经济发展来提高公众福祉的同时，也因为促进经济发展和提高公众福祉的生产行为和消费行为导致环境污染和生态破坏，从而危害公众身体健康和生命财产安全。正如有学者所言，"一般而言，各国（环境法）都将保障人体健康作为最终目的"，并且认为"安全是环境法追求的首要价值"。[1]在20世纪六七十年代，以世界八大公害为代表的环境公害（public nuisance）事件的大量发生导致以事后救济为主要手段的侵权法无法有效地发挥充分保护公众免受环境侵害的作用，从而促使以事先预防为主的、作为部门法的环境法应运而生。所以，从发生学意义上而言，环境法是为了更好地保护公众健康免受经由环境发生的侵害而产生的。所以，从立法论角度而言，为了更好地保护公众的生命健康和财产权益免受环境侵害，最佳选择是在宪法上实现公民实体环境权之规定的成文化，[2]并且明确该实体环境权包括两个层面：一是每个人都享有不损害其健康或者福利的环境的权利；二是有权为今世后代利益，通过立法及其他措施使生态环境本身得到保护的权利。[3]环境权入宪意味着，国家必须承担环境保护的积极义务（即国家环境保护义务），以保护公众免受环境侵害。但是，即便是在2018年修宪之前，有学者大力呼吁应借本次修宪之机实现环境权入宪，[4]该目标最终却仍未能实现，可见环境权入宪并非易事。因此，退而求其次的做法就是，只能通过解释论的方法为国家环境保护义务寻找宪法规范依据。这又包括两种解释路径：一是从环境保护国策条款中推出国家环境保护义务；[5]二是从基本权利条款中推出国家环境保护义务，

---

〔1〕 胡静：《环境法的正当性与制度选择》，知识产权出版社2009年版，第20~21页。

〔2〕 吴卫星：《环境权入宪的比较研究》，载《法商研究》2017年第4期，第180页。

〔3〕 Eric C. Christiansen, "Empowerment, Fairness, Integration: South Africa Answers to the Question of Constitutional Environmental Rights", *Stanford Environmental Law Journal*, 2013, Vol. 32, No. 2, pp. 242~243.

〔4〕 吕忠梅：《环境权入宪的理路与设想》，载《法学杂志》2018年第1期，第28页。

〔5〕 陈海嵩：《国家环境保护义务的溯源与展开》，载《法学研究》2014年第3期，第62页。

而此处的基本权利在各国宪法上可能有所不同，比如生命权、健康权条款抑或是概括性人权条款等。笔者认为，应以上述两种路径相结合的方式为国家环境保护义务寻找宪法规范依据。

　　上述分析表明，无论如何，国家在宪法上都负有环境保护的积极义务。[1]国家的环境保护义务应当包括政府保护公众免受经由环境所受侵害的义务和保护环境本身的义务两个方面。从部门环境法的发展史可发现：环境问题具有复杂性，单靠传统民法以事后救济为主的措施无法有效应对日益加剧的、充满不确定性的环境风险，更无法及时和有效地保障公民环境权的实现，而应综合采取环境法、民法、行政法、经济法等制度措施。国家为履行其环境保护义务，首先须通过环境立法赋予政府环境监管权，使其有权对生产和消费活动所生之"环境负外部性"进行规制。其次，有赖于在环境立法中赋予一切单位和个人以环境保护的义务，并且通过具体的制度建构实现该环境保护义务的具体化。最后，政府机关应当采取各种措施，将污染物排放控制在生态环境承载能力范围内。[2]

　　之所以应当赋予一切单位和个人环境保护义务，根本原因在于人类社会的任何生产活动和消费活动都会产生某种"环境负外部性"。[3]若任其发展，会导致生态环境承载能力超载，造成环境污染和生态破坏，危害公众生命健康和财产安全。因此，必须通过环境立法课以生产者和消费者以环境保护义务，实现环境外部成本的内部化，否则就会导致拿纳税人的钱来为生产者和消费者的环境污染和生态破坏买单，显然有违社会正义。该环境保护义务首先是从环境伦理学角度而言，但是也必须通过环境法治来提供保障。[4]正是基于此，现行2014年《环境保护法》第6条明确规定，"一切单位和个人都

---

〔1〕　蔡守秋：《从环境权到国家环境保护义务和环境公益诉讼》，载《现代法学》2013年第6期，第3~21页；陈慈阳：《环境法总论》（2003年修订），中国政法大学出版社2003年版，第194~204页。

〔2〕　冯嘉：《负载有度：论环境法的生态承载力控制原则》，载《中国人口·资源与环境》2013年第8期。

〔3〕　陈慈阳：《环境法总论》（2003年修订），中国政法大学出版社2003年版，第297~298页。

〔4〕　Richard Toshiyuki Drury et al. , "Pollution Trading and Environmental Injustice: Los Angeles' Failed Experiment in Air Quality Policy", *Duke Environmental Law & Policy Forum*, 1999, Vol. 9, No. 2, pp. 231~290；徐祥民：《告别传统，厚筑环境义务之堤》，载《郑州大学学报（哲学社会科学版）》2002年第2期；徐祥民：《荀子的"分"与环境法的本位》，载《当代法学》2002年第12期；徐祥民：《极限与分配——再论环境法的本位》，载《中国人口·资源与环境》2003年第4期。

有保护环境的义务"。[1]

但是，该第 6 条所规定的环境保护义务显然是抽象概括的，缺乏可操作性的，因此也是无法强制执行的。结合上述分析，可以将生态环境立法中的环境保护义务区分为"一般法律义务（抽象义务）"和"具体法律义务（具体义务）"。[2]两者的区别在于：前者的义务主体是不特定的，义务的内容也是不具体和不确定的，相应的违法责任是缺失的，因而是无法通过强制执行来实现的；后者的义务主体则是特定的，义务的内容也是具体明确的，相应的法律责任也是完整的，因此是可以强制执行的。[3]该第 6 条规定的意义在于，为立法机关通过制定具体法律制度，为私人主体设定具有可操作性的环境保护义务提供正当性。但是，按照"法不禁止即自由"和"法无明文规定即可为"的基本法理，[4]除非立法或者行政机关基于该第 6 条规定，依照法定权限和程序制定了具体的法律制度，并为不同类型主体设定了具体的环境法律义务，否则 2014 年《环境保护法》第 6 条规定的抽象义务就无法转化为具体义务，就是"无牙的老虎"。

2014 年《环境保护法》被官方定位为"环境保护领域的基础性、综合性法律"，并未获得众望所归的环境保护领域"基本法"的地位。[5]尽管如此，实际上从立法者以及环境法学者的期望来看，该法在很大程度上应当属于"环境法典"之"总则"的法律定位，或者称各环境专项法的"母法"，即该法应当成为解决所有环境问题的法律依据，统领环境保护领域的所有环境法律制度。从这个角度而言，气候变化作为全球性环境问题则属于特殊环境问题，按照"特别法优于一般法"的基本法理，除非将来制定的《应对气候变化法》或者其他专门应对气候变化的立法中另有规定，否则 2014 年《环境保护法》的所有规定都应当适用于应对气候变化领域。那么，由于作为排放空间

---

〔1〕 吕忠梅主编：《中华人民共和国环境保护法释义》，中国计划出版社 2014 年版，第 42~45 页。

〔2〕 曹炜：《环境法律义务探析》，载《法学》2016 年第 2 期，第 96~103 页。

〔3〕 胡中华：《论我国〈环境保护法〉第六条之真意——基于法律解释论的立场》，载李恒远主编：《中国环境法治》（2008 年卷），法律出版社 2009 年版，第 204~206 页。

〔4〕 易军：《"法不禁止皆自由"的私法精义》，载《中国社会科学》2014 年第 4 期，第 121~146 页。

〔5〕 刘洪岩：《从文本到问题：有关新〈环境保护法〉的分析和评述》，载《辽宁大学学报（哲学社会科学版）》2014 年第 6 期，第 19、23~24 页。

的大气资源属于公共物品，加之温室气体排放行为具有负外部性特征并导致气候变化这一"市场失灵"问题的发生，所以按照 2014 年《环境保护法》第 6 条的规定，一切单位和个人都有控制温室气体排放的义务。也就是说，在尊重公民生存权、保障公民基本生存条件的前提下，不仅包括企业的温室气体排放行为，也包括公共领域的温室气体排放行为，更包括社会公众的温室气体排放行为。但是，该控制温室气体排放义务仅仅是"一般法律义务"，要想实现其向"具体法律义务"的转化，则需制定相应的具体法律制度。这意味着，包括企业、社会团体和社会公众等在内的一切单位和个人，都应当承担温室气体排放控制的义务，也即控制温室气体排放的"一般法律义务"和"具体法律义务"。

在将温室气体排放控制的"一般法律义务"转化为"具体法律义务"方面，可以采取碳排放交易制度、碳税制度、命令型法律制度等多种法律制度。针对特定的温室气体排放行为和排放源选择何种法律制度进行规制，也涉及多种因素的综合考量，比如控碳规制工具本身的优缺点、政治家的意向、对监管的要求、被规制对象的接受程度、可能产生的规制影响等。但是，应当看到，上述任何一种温室气体排放控制法律制度都很难将所有温室气体排放主体纳入其规制范围，而仅能控制部分温室气体排放主体。因此，实现减缓气候变化目标，不仅涉及控碳法律制度的选择问题，[1]而且，涉及控碳规制工具的组合以及如何发挥其合力与效能的问题。[2]同时，在对生产领域固定源进行规制的同时，随着消费领域碳排放比重的增加，在对其生存性排放进行豁免规制的同时，[3]如何对消费领域非生存性排放进行规制，也是控碳制度建构的重要考量。[4]

在立法机关或者政府机关决定通过碳排放交易制度控制温室气体排放之后，必然经历一个将"一般法律义务"转化为"具体法律义务"的过程。因

---

〔1〕 朱新力、唐明良：《现代行政活动方式的开发性研究》，载《中国法学》2007 年第 2 期，第 44~49 页。

〔2〕 鲁鹏宇：《法政策学初探——以行政法学为参照系》，载《法商研究》2012 年第 4 期，第 114~116 页。

〔3〕 Henry Shue, "Subsistence Emissions and Luxury Emissions", *Law and Policy*, 1993, Vol. 15, No. 1, pp. 39~60.

〔4〕 张忠利：《气候变化背景下〈节约能源法〉面临的的挑战及其思考》，载《河南财经政法大学学报》2018 年第 1 期，第 133 页。

此，对于排碳主体而言，纳入碳排放交易制度监管，首先意味着它须承担控碳法律义务。问题在于，在碳排放交易制度下，"碳排放权"又从何而出。笔者认为，在碳排放交易立法中，正是由于碳排放许可制度的存在，才实现了控碳企业从承担控碳法律义务向依法享有"碳排放权"的转化。所以，中国碳排放交易立法文本中"碳排放权"概念的使用，不仅无法取代碳排放许可制度在碳排放交易制度体系的枢纽装置地位，还会导致"喧宾（权利）夺主（义务）"的问题，即"碳排放权"概念的使用容易向社会传导错误的价值判断。该概念的使用不恰当地凸显了"权利"话语在碳排放交易法制中的地位，掩盖了碳排放交易立法本应凸显的"义务"底色，[1]增加了解决碳排放权法律属性问题的难度。

因此，在碳排放交易立法中，在监管机关按照法定标准将某些排碳企业纳入监管时，该排碳企业首先就应依法申请获得碳排放许可证。通过该排放许可证明确规定减排企业应当承担的义务（即笔者在上文已经分析过的碳排放交易制度下的纳入碳排放交易制度监管的企业应当承担的义务）以及履行义务的时间与方式等内容。监管机关通过依法向排碳企业发放碳排放许可证，一方面赋予其碳排放资格，另一方面也明确了该排碳企业所应承担的各项义务及其内容、履行方式以及相应的法律责任等，从而实现了排碳企业在排碳方面"一般法律义务"向"具体法律义务"的转化。对于应纳入排放交易监管的排碳企业而言，除非其依法获得碳排放许可证，并且按证上履行排碳义务，否则就要承担相应的法律责任。在碳排放交易立法中，符合纳入该制度监管条件的排碳企业应主动及时申报，否则就应当承担相应的法律责任，此举旨在防止造成"碳泄漏"并实现平等规制，即那些本应纳入该制度监管的排碳企业都被纳入监管。

三、碳排放权定性问题的本真提法

在中国语境下，在碳排放交易官方政策的话语体系中，"碳排放权"显然已经成了碳排放交易制度的核心概念，其合理性无需置疑抑或不容置疑。但是，与中国的做法不同，作为核心概念，"碳排放权"概念则从未在其他立法

---

[1] Jonathan Remy Nash, "Framing Effects and Regulatory Choice", *Notre Dame Law Review*, 2006, Vol. 82, No. 1, pp. 313~372.

文本中出现过。而且，无论是《美国1990年清洁空气法》第四章关于"酸雨控制计划"的规定，还是欧盟碳排放交易指令，域外碳排放交易立法均将"碳排放许可证"作为其碳排放交易立法中的枢纽性制度装置，但是在我国现行碳排放交易立法上却并不存在这一制度装置。那么，该制度之于碳排放交易立法是否可有可无？其价值何在？背后的法理逻辑为何？

在我国现行中央和地方碳排放交易立法中，有些碳排放交易立法文本虽然在立法文件的标题与正文中使用了"碳排放权"概念，但是并未对该概念的内涵给出明确定义；[1]也有些立法文本虽然同时使用了"碳排放权"和"配额"两个概念，但却仅对前者给出了定义，[2]或者仅对后者给出了定义；[3]也有些碳排放交易立法文本似乎意识到了使用"碳排放权"概念可能存在的问题，因此其立法文本的标题与正文均未使用"碳排放权"概念。[4]国内外立法在核心概念使用及其定义方面的差异引发了诸多问题，却未能在碳排放权定性研究中获得重视。

首先，在中国碳排放交易立法中，"碳排放权"和"（碳排放）配额"两个概念是否可以直接画等号？大多数学者在对"碳排放权"定性问题进行研究时，往往会对这两个概念不加区分而交替使用。但是，上述对国内不同碳排放交易立法本文的梳理分析表明，在不同立法者或立法机关看来，对该问题的回答或者理解显然是不同的。从在碳排放交易立法文本中同时使用这两个概念，并同时给出两者的定义或仅给出其中一个概念的立法例来看，答案显然是否定的。若答案为肯定，在同一个立法文本中显然没有必要交叉使用两个完全同义的概念，这样显然不符合立法行为的严肃性和严谨性，容易引发守法主体的误读，也不符合思维经济原则。由此衍生的问题是，对于同时

---

〔1〕　参见2014年深圳市人民政府颁布的《深圳市碳排放权交易管理暂行办法》，2022年深圳市人民政府颁布的《深圳市碳排放权交易管理办法》。

〔2〕　参见生态环境部2020年颁布的《碳排放权交易管理办法（试行）》第42条；2014年北京市人民政府颁布的《北京市碳排放权交易管理办法（试行）》第25条；2014年重庆市人民政府颁布的《重庆市碳排放权交易管理办法（试行）》第40条；2023年重庆市人民政府颁布的《重庆市碳排放权交易管理办法（试行）》第33条；2016年湖北省人民政府颁布的《湖北省碳排放权管理和交易暂行办法》第52条。

〔3〕　参见2016年福建省人民政府颁布的《福建省碳排放权交易管理暂行办法》第40条。

〔4〕　参见2013年上海市人民政府颁布的《上海市碳排放管理试行办法》；2014年广东省人民政府颁布的《广东省碳排放管理试行办法》。

使用这两个概念的碳排放交易立法文本而言，既然这两个概念之间不能直接画等号，那么它们之间的应然逻辑关系是什么？使用"碳排放权"概念的正当性和合理性何在？[1]在碳排放交易立法过程中，这本应是在立法起草说明加以解释的问题，却常常被人为地选择性忽视，似乎因该概念已经被长期使用且已被写入党中央的政策文件就可以获得自动证成。但是，这显然非法教义学研究所应当持有的立场。

其次，在碳排放交易文本中，"碳排放权"概念是否必须使用、可以使用抑或是不宜使用？如果答案是必须使用，该如何解释域外碳排放交易立法文本均未使用"碳排放权"概念，而且在我国某些地方碳排放交易立法文本中也未使用"碳排放权"概念的立法现象，其碳排放交易市场运行也未因此表现出明显差异。由此来看，"碳排放权"概念之于碳排放交易立法文本似乎并非不可或缺之概念。那么，在碳排放交易立法中，"碳排放权"概念使用与否的考量有哪些？使用"碳排放权"概念的正当性可否作为"地方性知识"而证成？

最后，"碳排放权"在权利体系的坐标何在，是自然权利还是法定权利？所谓自然权利，是指人之为人所拥有的平等、自私、自主、自尊、自卫之类的自然本性，即人之作为人的基本规定，也即人权。[2]有学者从作为人权之环境权的角度，认为碳排放权属于环境权的范畴并因此属于人权。也有学者从国际法（尤其是国家间碳减排责任分配）的角度，主张碳排放权属于发展权，[3]其最终目标是为国家争取更多的减排空间，使国家在承担减排责任的同时能够继续实现经济社会发展，是以《京都议定书》建立的国家间自上而下碳减排责任分配模式为背景的。但是，目前《京都议定书》已经被《巴黎协定》所取代，后者建立的则是以国家自主贡献为核心内容、以自下而上治

---

[1] 参见 2014 年国家发展和改革委员会颁布的《碳排放权交易管理暂行办法》第 47 条；2018 年天津市人民政府颁布的《天津市碳排放权交易管理暂行办法》第 38 条、第 39 条；2020 年天津市人民政府颁布的《天津市碳排放权交易管理暂行办法》第 30 条、第 31 条。

[2] 陈林林：《从自然法到自然权利——历史视野中的西方人权》，载《浙江大学学报（人文社会科学版）》2003 年第 2 期，第 83 页。

[3] 王明远：《论碳排放权的准物权和发展权属性》，载《中国法学》2010 年第 6 期，第 95~97 页；杨泽伟：《碳排放权：一种新的发展权》，载《浙江大学学报（人文社会科学版）》2011 年第 3 期，第 40~49 页。

理机制为主、兼有部分自上而下内容的混合性治理机制。[1]因此，将碳排放权论证为发展权的必要性随之减弱。而且，在国内法上，对"碳排放权"法律属性问题研究需求终究是以碳排放交易制度为隐性背景的，因此不能脱离该制度而泛化地研究该问题，否则其研究结论纵然正确也无助于解决碳排放交易市场运行中面临的问题。而且，也不宜将国际法语境下对"碳排放权"法律属性的定位直接用于解决国内碳排放交易立法中"碳排放权"的法律属性问题，因为两者所处法治体系不同，适用对象也不同。[2]换言之，在国内法上，对碳排放交易立法中"碳排放权"法律属性额研究，无论是采取立法论方法，还是采取解释论方法，都须立足现行环境法制体系开展法教义学的研究。因此，在碳排放交易制度下，"碳排放权"显然应属于法定权利而非自然权利。而且，国内多个碳排放交易立法文本也将"碳排放权"定义为"依法取得的向大气排放温室气体的权利"。[3]但是，所谓"依法取得"到底是所依何"法"、如何"取得"却并未获得充分关注。

正如有学者所言，一种法律权利是合法的，并不意味着它就具有规范性，除非该权利要么本身就是道德权利，要么能够获得道德权利的辩护。在碳排放交易之下的"碳排放权"，其本身显然并非道德权利，至于其能否获得道德权利的辩护也需要探讨。[4]温室气体排放导致全球变暖，因此从道德上而言，对其施加的应当是限制而非鼓励，但是"碳排放权"概念则显然暗含鼓励之意，因此它当然无法获得道德权利的辩护。桑德尔也指出，"碳排放权"及所谓的碳排放交易机制意味着，"我们只需付钱，就无须对我们原有的习惯、态度和生活方式作出更为根本性的改变，而这些改变对于解决气候问题来说可能是必需的"。但是，正如习近平总书记所言，实现碳达峰、碳中和乃是一场广泛而深刻的经济社会系统性变革。换言之，实现碳中和目标，必然需要深度脱碳（deep decarbonization）。因此，如果不强化"减排义务"及其制度化

〔1〕　何晶晶：《从〈京都议定书〉到〈巴黎协定〉：开启新的气候变化治理时代》，载《国际法研究》2016 年第 3 期，第 80~81 页。

〔2〕　杨解君：《碳排放权的法律多重性——基于分配行政论的思考》，载《行政法学研究》2024 年第 1 期，第 99~100 页。

〔3〕　参见 2014 年国家发展和改革委员会颁布的《碳排放权交易管理暂行办法》第 47 条；2020 年天津市人民政府颁布的《天津市碳排放权交易管理暂行办法》第 30 条。

〔4〕　［美］迈克尔·桑德尔：《金钱不能买什么：金钱与公正的正面交锋》，邓正来译，中信出版社 2012 年版，第 77 页。

保障机制，而将"碳排放权"作为核心概念加以凸显，显然不仅无助于对我们原有的习惯、态度和生活方式作出的根本性改变，也无法推动实现"广泛而深刻的经济社会系统性变革"，甚至还容易向社会传达一种错误的价值判断。[1]换言之，"碳排放权"话语的主流化不利于引导全社会形成对碳排放行为的负面评价。[2]因此，之于碳排放交易制度，乃至整个控碳法律制度体系，首先需要强调的仍然应当是"减排义务"的承担及其法律制度化，而在法理逻辑上，"碳排放权"概念则是基于"减排义务"法律制度化的产物，[3]即碳排放交易制度建构的产物，属于碳"排放义务"的下位概念，系排碳主体依法获得碳排放许可后的结果。综上所述，碳排放交易制度建构应当是"义务"重心的，将"碳排放权"确定为碳排放交易立法的核心概念则会与碳排放交易制度的上述整体气质不符。

纳入碳排放交易制度、碳税制度和命令控制型法律制度监管的企业都应当承担控碳法律义务，[4]不同的只是该企业在不同制度下所承担控碳义务的内容及其实现方式有所不同。碳排放交易制度的特殊之处在于，"配额"概念的创设及其相关制度构造，而其首要功能则在于为控碳企业履行控碳义务提供灵活性。换言之，创设该概念的首要功能在于实现碳排放管控之公法目的。[5]所以，在分析配额法律性质时，应清醒地认识到"配额"概念属于法律制度路径依赖或者说制度建构的产物，[6]其本身有明显的工具性和制度依附性特征，即若无碳排放交易制度则无"碳排放配额"之概念，当然亦无需研究其法律属性问题。

因此，碳排放权法律属性研究的核心问题应当是：配额作为有经济价值

〔1〕 刘卫先：《对"排污权"的几点质疑——以"排污权"交易为视角》，载《兰州学刊》2014年第8期，第125页；邱本：《如何提炼法理?》，载《法制与社会发展》2018年第1期，第10页。

〔2〕 王燕：《市场激励型排放机制一定优于命令型排放机制吗?》，载《中国地质大学学报（社会科学版）》2014年第1期，第25页。

〔3〕 王慧：《个人环境保护义务的实现进路》，载《法商研究》2023年第5期，第144页。

〔4〕 Carol M. Rose, "Expanding the Choices for the Global Commons: Comparing Newfangled Tradable Allowance Schemes to Old-fashioned Common Property Regimes", 10 Duke Envtl. L. & Pol'y, 45, 1999~2000.

〔5〕 胡炜：《法哲学视角下的碳排放交易制度》，人民出版社2014年版，第141页。

〔6〕 魏庆坡：《碳排放权法律属性定位的反思与制度完善——以双阶理论为视角》，载《法商研究》2023年第4期，第27页。

的公法产物，能否属于一国宪法财产权征收条款的保护范围。[1]若答案是肯定的，如何确定其在《民法典》财产权体系中的坐标？如何对其进行法律保护与规制，以统筹实现控碳公法目标和私益保护的双重任务？立足全球视野，对该核心问题的研究可循下列思路展开。首先，从比较法角度看，分析域外国家在配额的财产定性问题上做法各异的合理性所在，总结影响各国法治在将配额定性为受宪法和民法保护之财产问题上作出不同选择的共通因素。其次，研究在我国配额能否被定性为受宪法征收条款保护的财产，其在《民法典》中的坐标为何，是否会因其作为公法上制度建构的产物而应受到某种限制。[2]最后，若将配额定性为财产（权），如何应对因碳排放交易市场监管及其政策调整可能引发对配额的征收及其补偿，进而影响政府对碳排放交易市场灵活监管的问题。如此，方能实现配额财产权定性问题研究在整体上的融贯性，而非仅着眼于对该定性问题本身的研究，对与该定性问题相关的其他衍生问题却缺乏深入的分析。

表 1　我国现行碳排放交易立法中"碳排放权"与"配额"概念的使用

文件名称	"碳排放权"概念	"碳排放配额"概念
2021 年《碳排放权交易管理暂行条例（草案修改稿）》	第 33 条：碳排放权：是指分配给重点排放单位的规定时期内的碳排放配额。	第 33 条：碳排放配额：1 个单位碳排放配额相当于向大气排放 1 吨的二氧化碳当量。
2020 年《碳排放权交易管理办法（试行）》	第 42 条：碳排放权：是指分配给重点排放单位的规定时期内的碳排放额度。	无

---

　　[1]　严格来讲，"财产权"和"财产"两个概念的内涵与外延当然不同，即前者由主体、客体和内容三要素构成，后者则仅指权利的客体。本书在行文时亦尽量加以区分。但是，如维特根斯坦所言，"语言对于世界的真相，在揭示的同时也进行了遮蔽"。即便仅论及作为客体的"财产"概念，其背后也必然隐含着财产权的主体及其权利内容，脱离"财产权"语境讨论财产是没有意义的。所以，"财产权"和"财产"如影随形，因此本书在个别情形下亦交替使用。

　　[2]　中国现行碳排放交易政策、立法与实践并不成熟和完善。因此，在中国语境下对于"碳排放权"法律属性问题的研究，不满足于对中国现行碳排放交易政策和立法的合理性进行证成，而应当具有必要的反思性、建构性和前瞻性。

文件名称	"碳排放权"概念	"碳排放配额"概念
2014年《碳排放权交易管理暂行办法》	第47条：碳排放权：是指依法取得的向大气排放温室气体的权利。	第47条：排放配额：是政府分配给重点排放单位指定时期内的碳排放额度，是碳排放权的凭证和载体。1单位配额相当于1吨二氧化碳当量。
2023年《重庆市碳排放权交易管理办法（试行）》	第33条：碳排放权：是指分配给重点排放单位的规定时期内的碳排放额度。	无
2022年《深圳市碳排放权交易管理办法》	无	无
2020年《天津市碳排放权交易管理暂行办法》	第30条：碳排放权，是指依法取得的向大气排放二氧化碳等温室气体的权利。	第31条：碳排放权配额，是指市生态环境局分配给纳入企业指定时期内的碳排放额度，是碳排放权的凭证和载体。
2016年《湖北省碳排放权管理和交易暂行办法》	第52条：所称碳排放权是指在满足碳排放总量控制的前提下，企业在生产经营过程中直接或者间接向大气排放二氧化碳的权利。	无
2014年《北京市碳排放权交易管理办法（试行）》	第25条：碳排放权，是指碳排放单位在生产经营活动中直接和间接排放二氧化碳等温室气体的权益。包括二氧化碳排放配额和经审定的碳减排量。	第25条：二氧化碳排放配额，由市发展改革委核定的，允许重点排放单位在本市行政区域一定时期内排放二氧化碳的数量，单位以"吨二氧化碳（tCO$_2$）"计。
2014年《广东省碳排放管理试行办法》（2020年修订）	无	第41条：碳排放配额，是指政府分配给企业用于生产、经营的二氧化碳排放的量化指标。1吨配额等于1吨二氧化碳的排放量。

续表

文件名称	"碳排放权" 概念	"碳排放配额" 概念
2013 年《上海市碳排放管理试行办法》	无	第 44 条：碳排放配额是指企业等在生产经营过程中排放二氧化碳等温室气体的额度，1 吨碳排放配额（简称 SHEA）等于 1 吨二氧化碳当量（$1tCO_2$）。

第二节 域外碳排放交易制度核心概念的定性

一、域外法治在定性问题上的立场

本书认为，配额在一国法上能否被定性为受宪法征收条款保护的财产，实质上是该国财产法如何回应不断涌现之新型的有经济价值之"公法上权利"的定性问题。此"财产法"系广义上的基于宪法财产权条款而建立的法律规范的总和，并不限于物权法或传统私法上的财产法制度。所谓"公法上权利"系欧陆法上的用法，其与英美国法上"法定权益"（entitlement）基本同样，其在立法中通常以许可证（licence）、许可（permit）、配额（allowance）、分配（allocation）、额度（quota）、资源许可（resouce consent）或者特许（concession）等形式出现，其作用在于授权私人主体从事原本被禁止的活动。它们主要有三种表现形式：一是使其获得某种自然资源或者通过占有取得某种权利的许可；二是允许进行某种活动、生产或者出口某种产品的权利；三是允许其排放一定污染物的许可。[1]上述所谓"许可"显然是从广义上来讲的。若从法教义学角度而言，取得许可证（permit）与获得配额（allowance）显然应属于两种不同的"许可"，两者之间的关系类似民事权利能力和民事行为能力之间的关系，即前者是行为资格，后者是行为能力（数量），而不应将其直接混为一谈。

因此，上述所谓"公法上权利"实质上可以被区分为两种情形：一是旨在授予某种资格的公法上权利，比如行政特许、给付请求权等；二是作为前

---

[1] Sharon Christensen et al. , "Statutory Licences and Third Party Dealings：Property Analysis v Statutory Interpretation", *New Zealand Law Review* , 2015, No. 4, pp. 585~616.

述公法上权利的客体，比如碳排放配额等。两者虽然在法律构造和功能方面有所差异，但均属基于规制法而生之"规制性财产"（regulatory property），因此在很大程度上具有同质性。因此，本书虽然以作为"公法上权利"之客体的配额为研究对象，但在研究过程中也会参考其他类型"法定权益"的研究成果和立法资料。

总体来看，域外不同国家之间或者一国内部的立法机关与司法机关之间，在配额等"公法上权利"的定性问题上存在明显分歧。比如，同为具有普通法传统的英联邦国家，美国在该问题上持保守立场，澳大利亚、新西兰和英国的立法或司法则持开放立场。[1]同样，尽管在欧洲一体化背景下欧盟各成员国的私法日渐融合与趋同，但是各国在该问题上同样存在较大分歧。[2]其中，法国、荷兰两国对此持开放立场，德国的立场则趋于保守。那么，这些分歧的正当性何在？笔者认为，首先须立足一国财产法之整体，以体系化和动态化视角分析各国在该问题上所持立场的合理性。其次，在一国财产法上，配额定性问题并不是孤立存在的，它是该国财产法在处理类似问题时所持立场的延伸和缩影。

（一）保守立场：美国、德国等国

《美国 1990 年清洁空气法》第 403 条第（f）款明确规定，"配额是按照该法规定排放一定量的 SO_2 的有限授权"，并且还规定"配额不构成财产权，并且该法中的任何规定均不得被理解为对监管机关对排放的授权的终止或者限制予以限制"。[3]但是，配额一旦被分配给个人，其持有人就可以依法取得、持有、暂时性地或永久性地转让给他人，所以不容否认的是，配额上负载着财产性利益，因此应当属于准财产（quasi-property）。尽管《美国 1990 年清洁空气法》并没有赋予排放配额以财产权的法律地位，排放交易市场监管机关由此可以对排放交易市场进行干预（如"没收"配额），但是这种风险似乎并没有影响美国 SO_2 排放配额交易市场的发展。这主要归功于，美国环保署明确表示，将配额视为（as if）财产权，并且除非在例外情形下，将

---

[1] Hope Johnson et al., "Statutory Entitlements as Property: Implications of Property Analysis Methods for Emissions Trading", *Monash University Law Review*, Vol. 43, No. 2, 2017, p. 445.

[2] Milieu Ltd, *Legal Nature of EU ETS Allowances Final Report*, European Union, 2019, pp. 47~49.

[3] See § 7651b (f), 42 U. S. C. § 7651 (2012), p. 250.

不会进行诸如"没收"配额这样的市场干预。也就是说，在现实中"没收"配额这种风险发生的可能性很低。[1]

美国加利福尼亚州碳排放交易立法也明确规定，由空气资源委员会发放的履约工具（compliance instruments，即指配额和抵消信用）代表的是"排放 1 立方吨 CO_2 当量第 95 810 条规定的任何温室气体的有限授权"（limited authorization），并且不得违反加利福尼亚州温室气体排放交易立法规定的所有应当适用的限制规定；美国加利福尼亚州排放交易制度的任何规定均不得被理解为对终止或者限制该排放授权的限制。并且，这些履约工具不构成财产权。[2]美国东部九州"区域温室气体减排行动"（Regional Greenhouse Gas Initiative，RGGI）颁布的《温室气体排放交易示范规制》也规定："本条例的任何规定均不得被理解为对监管机关对排放的授权的终止或者限制予以限制，该有限授权不构成财产权。"[3]《美国 2009 年清洁能源与安全法案》虽然最终并未成为正式法律，但是该法案同样规定减排信用和排放配额不构成财产权，从而延续了美国联邦和州气候法立法一贯的做法。

正是基于美国联邦和州立法的上述规定，美国联邦法院在关于排放配额的判例判决中明确拒绝认定排放配额为财产权。[4]但是，也在判决中明确指出，当配额在私人主体之间进行交易时，它已经具备了很多财产权的特征，即配额持有人对于该配额除不能对抗政府机关之公权力外，可对抗其他任何第三人。[5]这被认为是在私人主体间构成了"事实上的财产权"（de facto Property Rights）。

针对美国立法的上述做法，有学者解释道：这是为了使得配额发放机构在认为应当强化环境政策以确保环境质量目标能够得以实现，而有必要没收

---

〔1〕　Sabina Manea,"Defining Emissions Entitlement in the Constitution of the EU Emissions Trading System",*Transnational Enviromntal Law*,2012,Vol. 1,Issue 02,pp. 303~323.

〔2〕　California Code Register,Article 5,Subarticle 4,§ 95820（c）.

〔3〕　RGGI,"the Model Rule of Part XX CO2 Budget Trading Program 2013",XX-1. 5 Standard Requirements,（c）（9）.

〔4〕　Ormet Primary Aluminium Corp v. Ohio Power Co.〔98 F. 3d 799（4th Cir. 1996）〕,Clean Air Markets Group v. Pataki〔194 F. Supp. 2d. 147（NDNY 2002）〕.

〔5〕　Markus W. Gehring & Charlotte Streck,"Emsisions Trading：Lessons From SOx and NOx Emissions Allowance and Credit Systems Legal Nature,Title,Transfer,and Taxation of Emissions Allowances and Credits",*Environmental Law Reporter*,2005,Vol. 35,Issue 4,pp. 10 219~10 235.

私人所持配额时，不必像没收财产那样对其给予补偿。[1]而且，上述做法也可以避免，若将配额认定为财产权，在法律变动或者修改时所可能引起的麻烦，从而使国家在大气污染防治或气候治理方面保有相当权力。[2]从财产法角度看，美国立法机关的上述做法与其联邦最高法院在其财产权相关判决中的立场直接相关。在1970年的"Goldberg v. Kelly案"判决中，美国联邦最高法院首次承认公法上权利属于此种意义上的财产权，但拒绝承认其构成《美国联邦宪法第五修正案》之财产权征收条款意义上的财产权，也即后者在范围上限于传统财产权。因此，"配额不构成财产（权）"实质上是指，配额不构成受《美国联邦宪法第五修正案》之征收条款保护的财产权。[3]所以，美国国会或政府在进行碳排放交易市场监管与政策调整时，无须考虑其可能引发的财产权征收及其补偿问题。

欧盟碳排放交易指令本身并未规定碳排放配额的法律属性，而是将其留给各成员国自行处理，[4]而各成员国立法或者司法机关在配额定性问题上的立场并不一致。与美国的做法相似，德国制定法在配额定性问题上一直保持沉默，这与德国联邦宪法法院在德国基本法征收条款保护范围问题上日趋保守的立场密切相关。在早期，德国联邦最高法院曾认为财产权保障应扩及国民享有之任何具有财产价值的权利，但是后来德国联邦宪法法院开始逐渐收窄公法上权利受基本法征收条款保护的范围。在经历了多次发展后，德国联邦宪法法院在相关判决中指出，"受益人获得权利须是基于、至少是部分基于其个人的相当之投入"，且授予其该权利目的是"通过保障参加者的经济地位以促进其个人自治时"方受保护。[5]所以，德国在该问题上的沉默，暗含否定配额构成财产（权）之意。

〔1〕 Jeanne M. Dennis, "Smoke for Sale: Paradoxes and problems of the Emissions Trading Program of the Clean Air Act Amendments of 1990", *UCLA Law Review*, 1993, Vol. 40, No. 4, p. 1137.

〔2〕 Bo Miao, *Emissions, Pollutants and Environmental Policy in China: Designing a National Emissions Trading System*, Routledge Taylor & Francis Group, 2013, p. 72.

〔3〕 Loretto v. Teleprompter Manhattan CATV Corp., 458 U. S. 419, 435 (1982).

〔4〕 欧盟在起草该欧盟碳排放交易指令的过程中曾将配额定义为"行政授权"（administrative authorization），但被欧盟委员会法律服务部所否定。See Joanna Perkins, "Response to the EU ETS Stakeholder Consultation Survey dated 15 October 2013", www. fmlc. org/uploads/2/6/5/8/26584807/116. pdf, last visited on 2023-05-25.

〔5〕 Gregory S. Alexander, "Property as a Fundamental Constitutional Right—The German Example", *Cornell Law Review*, 2003, Vol. 88, No. 3, pp. 733, 739, 767.

（二）开放立场：英国、荷兰等国

在配额之财产权定性问题上，澳大利亚、英国、法国和荷兰等国家的立法或司法机关持开放立场。其特点在于，这些国家首先均跳出传统私法财产权的窠臼，不再努力将配额纳入传统财产权的保护范围，而是将配额视为财产权的客体或者表现形式，从公法上权利的角度分析配额是否属于财产权的范畴。[1]

英、澳两国均将配额视为公法上的许可证（license/permit）[2]，也即公法上创设的财产性权利，并且基于两国关于许可证的判例来解决配额相关的法律争议。对于公法上创设的财产性权利是否属于宪法财产权征收条款保护的范围，即是否构成受征收条款保护的宪法财产权，两国的立法或者司法机关持明显的开放立场。主要表现为：逐渐弱化排他权（right to exclude）要求在该问题中的作用，而更加注重具有经济价值和可转让性这两项要求的作用。英国上议院的威尔伯福斯法官认为："某一权益在被承认为财产权或具有影响财产权效力的权利之前，它须是可定义的，能够为第三方所识别，本质上能为第三人所承继，且须具有某种程度的持久性或稳定性。"[3]其中，"在本质上能为第三人所承继"意指，某一权益若要构成财产权须满足有财产价值和可被转让等两项特征，"某种程度的稳定性或持续性"则是指该权利非因法定事由不能撤销。在"雷凯尔特提炼公司案"（Re Celtic Extraction Ltd）中，英国上诉法院莫里特法官提出，某一许可证构成财产权须同时满足下列三个条件，即存在一个对符合一定条件的人赋予权利的法定框架、该豁免须可转让、该许可或豁免有经济价值。[4]

正是在上述判例法背景下，《澳大利亚清洁能源法》第 103 条明确规定，"碳单位"（carbon unit）属于"动产"（personal property），且可通过转让、遗

---

〔1〕　比如，法国、荷兰和德国等国家的法律将配额作为财产权的客体，英国和匈牙利法则倾向于仅将排放配额认定为个人许可证（personal licenses），而其后者还规定配额不得进行信托或者其他处分，芬兰则将排放配额认定为类似于知识产权的无形财产。See Krzysztof Gorzelak, "The Legal Nature of Emission Allowances Following the Creation of a Union Registry and Adoption of MiFID Ⅱ-Are They Transferable Securrites Now?", *Capital Markets Law*, 2014, Vol. 9, Issue 4, pp. 373~387.

〔2〕　Eveline Ramaekers, "Classification of Objects by the European Court of Justice: Movable Immovable and Tangible Intagibles", *European Law Review*, 2014, Vol. 39, No. 4, pp. 447~469.

〔3〕　黄泷一：《英美法系的物权法定原则》，载《比较法研究》2017 年第 2 期，第 91~92 页。

〔4〕　See Barry Barton, "Property Rights Created under Statute in Common Law Legal Systems", in Aileen McHarg（eds.）, *Property and the Law in Energy and Natural Resources*, Oxford University Press, 2010, pp. 88~89.

嘱和法定继承方式承继，而联邦政府若实施构成基于联邦宪法之公正条款的征收，则应提供合理补偿。[1]有学者认为，该做法不符合世界碳排放交易立法的趋势，其他国家倾向于反对将其定性为财产，从而使其能够在撤回配额时避免构成对财产权的征收，而澳大利亚的此种选择似乎是针对后任政府可能作出的废止碳排放交易制度和撤销配额的决定，以增加其政治难度和潜在成本。[2]

同样是基于上述判例，英国高等法院法官斯蒂芬·莫里斯在"Armstrong DLW GmbH *v.* Winnington Network Ltd 案"（以下简称"Armstrong 案"）的判决中明确提出，碳排放配额属于"其他类型的无形财产"。[3]该案原告 Armstrong DLW GmbH（以下简称"Armstrong 公司"）是一家在德国登记注册并在德国碳排放交易登记注册处设立账户的公司，被告 Winnington Network Ltd（以下简称"Winnington 公司"）是一家在英国登记注册并在英国碳排放交易登记注册处设立账户的公司。2010 年 1 月 28 日，原告 Armstrong 公司原本持有 22 000 个配额，网络黑客通过"网络钓鱼"的方法获知该公司在德国碳排放交易登记注册处的账户和密码等信息后，进入该账户并将其中的 1000 个配额转移到位于丹麦一家公司在丹麦碳排放交易登记注册系统的账户，并将剩余的 21 000 个配额转让给被告即英国的 Winnington 公司。之后，该 21 000 个配额又迅速被 Winnington 公司转让给第三方当事人。Armstrong 公司基于合同受让方不当得利和在交易中应负"尽职调查"等善意的"注意义务"等理由将 Winnington 公司诉讼至英国高等法院。该法院判决 Winnington 公司在受让配额过程中负有"尽职调查"等"注意义务"，却并未善尽该义务，其受让配额的行为构成不当得利，因此 Winnington 公司须向 Armstrong 公司赔偿损失。但是，该判决并未明确具体属于何种类型的无形财产，而且法官认为该问题无关本案的裁决。

新西兰的立法机关和司法机关在碳排放配额等法定权益（entitlement）的财产权定性问题上表现出了较为明显的差异。主要表现为：虽然立法机关在

---

〔1〕 "动产"是指除不动产之外的一切财产，包括有形财产和无形财产。参见薛波主编：《元照英美法词典》（精装重排版），潘汉典总审订，北京大学出版社 2017 年版，第 1050 页；See section 300 of the Carbon Credits (Carbon Farming Initiative) Act 2011, C2017C00076; section 94 of the Australian National Registry of Emissions Units Act 2011, C2016C00155.

〔2〕 Jacqueline Peel, "The Australian Carbon Pricing Mechanism: Promise and Pitfalls on the Pathway to a Clean Energy Future", *Minnesota Journal of Law, Science and Technology*, 2014, Vol. 15, Iss. 1, p. 460.

〔3〕 Armstrong DLW GmbH v. Winnington Network Ltd, [2012] EWHC 10 (Ch), para. 38, 58~61.

法定权益（entitlement）的财产权定性问题上较为保守，但是司法机关的做法却较为务实和灵活。比如，与上述《美国1990年清洁空气法》明文规定配额不构成财产权的做法相似，《新西兰1991年资源管理法》也明确规定"资源许可"（resource consent）不构成财产。而且，新西兰也有其他类似立法有明文规定有关"法定权益"不构成财产的情形。尽管如此，在解决法定权益相关法律纠纷时，新西兰法院却并非单纯和直接地适用上述立法中的明文规定，而是倾向于结合具体情形，将相关法定权益视作财产（权），至少是在解决私人主体之间的法律争议并且为适用财产法之法律规范时。[1]换言之，在新西兰法上，传统的财产权概念已经崩溃，导致财产权概念并没有统一的、适用各种情形的标准定义，而是视情形而定，即在某些情形下"法定权益"属于财产，但在另外一些情形下则未必。[2]

法国和荷兰在公法创设上的财产性权利能否构成财产（权）的问题上持开放立场，主要表现为传统财产权并非该两国财产法的全部，从而为将有经济价值的公法上权利纳入宪法和民法财产权的保护范围提供了可能性。法国民法采广义财产理论，主张财产包括一切具有财富价值的权利，财产权则是指具有金钱价值、能通过金钱方式确定其价值大小、能将其投入流通的主观权利。[3]所以，在垄断、批准和许可等领域，各种各样的情况为在法国民法上创造无形财产提供了条件，在欧盟法或法国环境法里实行的"配额"制度就是一个典型例子。[4]此外，《法国环境法典》也明确规定，配额为"有形化的专属性动产"。[5]《荷兰民法典》明文规定："财产权包含物质利益性和可

〔1〕 Sharon Christensen et al., "Statutory Licences and Third Party Dealings: Property Analysis v Statutory Interpretation", *New Zealand Law Review*, 2015, No. 4, pp. 585~616.

〔2〕 [美]托马斯·C. 格雷：《论财产权的解体》，高新军译，载《经济社会体制比较》1994年第5期，第21~26页。

〔3〕 参见张民安：《法国民法总论》（Ⅱ），清华大学出版社2020年版，第137、142、144页。

〔4〕 [法]弗朗索瓦·泰雷、菲利普·森勒尔：《法国财产法》（上），罗结珍译，中国法制出版社2008年版，第110页。

〔5〕 《法国环境法典》第L229-15条规定："向授权其排放温室气体的设施之运营者或航空器运营者发放的配额，属于因登记于第L229-16条规定的国家登记簿中的持有人账户下而有形化的专属性动产。"参见《法国环境法典》（第1、3卷），莫菲、刘彤、葛苏聃译，安意诗、周迪牧，法律出版社2018年版，第263页；See Milieu Ltd, *Legal Nature of EU ETS Allowances Final Report*, European Union, 2019, pp. 47~49. 本书引用时结合Milieu Ltd的研究报告对莫菲等译文的表述略作调整。

转让性两个构成要素。"〔1〕所谓"物质利益性"是指构成财产权须具有金钱价值,"可让与性"则是指财产权可以独立让与或附随其他权利而被转让。而且,某一权益不论其是否具有"可转让性",只要其具有"物质利益性"就构成财产。所以,与法国相同,配额在荷兰财产法中当然能够构成财产(权),并且属于专属性权利(proprietary right),但是不得用于设定担保物权(collateral)。上述分析表明,尽管部分国家法治实践承认配额属于财产权的保护范围,但其处分权显然会受到更多限制。

各国财产法在配额定性问题上所持做法,首先是该国财产法自身发展的结果,它表明各国财产法尤其是物权法乃是一种地方性知识,〔2〕具有突出的固有法和本土法色彩。〔3〕此外,在该问题上之选择上,应当对一国财产法,从"固本"和"开新"两个维度加以辩证理解,而非一味立足于某些国家的"固本"立场对其他国家的"开新"做法完全加以否定。正如有学者所言:"现代各国从各自的历史发展过程中走来,虽处在同一空间下,但各自具有不同的特性;相应的,各国财产权制度的构建,就不在于对哪一个法治发达国家的盲目学习、移植,而必须首先致力于找准本国的时代特性。"〔4〕在一国法上,欲回答配额能否被定性为财产权,不仅要分析配额本身的法律构造,还要分析该国财产法的价值理念与制度体系、历史传承和现实需求、法律文化与社会背景。所以,在一国法上,配额的定性选择应当立足于该国本土法治资源,各国本土资源的差异意味着不同国家即便针对该同一问题,也可能会选择不同解决路径和制度建构方式。

---

〔1〕《荷兰民法典》第3编第6条规定:"财产权利是指可以单独或与另一权利相结合而转让的权利,抑或指在使其持有人获得物质利益而设立的权利,或者为获得现实的或者预期的物质利益而通过交换取得的权利。"参见王卫国主译:《荷兰民法典(第3、5、6编)》,中国政法大学出版社2006年版,第5~6页。

〔2〕[美]克利福德·格尔茨:《地方知识——阐释人类学论文集》,商务印书馆2016年版,第272、344页。

〔3〕参见王利明:《经济全球化对物权法的影响》,载《社会科学》2006年第2期,第133~135页。

〔4〕冉昊:《中国当代财产法的多重建设》,载《中国社会科学报》2017年11月15日;谢鸿飞:《〈民法典〉制度革新的三个维度:世界、中国和时代》,载《法制与社会发展》2020年第4期,第63页。

二、影响域外法上定性的共通因素

但是，正如有学者所言，无论人和人的关系多么复杂，无论是来自哪一个国家，总有一些底层逻辑是共通的、是可确定的、可测量的，相应的一些制度安排也可能共享且必须共享。[1]从比较法视角来看，在一国法上分析配额能否定性为受宪法和民法保护的财产（权），不仅要分析配额本身的法律构造，更需要在该国财产法之"法思想+法感情+法技术+特定背景"的框架下系统分析。[2]

所谓"法感情"（又称"法感或者法律感情"），是被人类用来掌握并实现在法律秩序中的"目的"之机关，它超乎所有法律形式概念之上而作为最高事物，引导着整个实证法的实际运用（即适用与续造）。[3]它并非是对错问题，而是公众对某一法制度、法决定的接受程度，其背后隐藏的是某种朴素的法理念。在立法过程中，起主导作用的力量会借助立法将法感情予以制度化，以反映当时的主流法理念。比如，美国法以会导致公众共有之环境资源私有化为由反对配额构成财产权，就是罗马法的公共信托原则之法理念的体现，即诸如水流、海滨、空气等资源应为人民共有且由主权国家托管而不能为私人所有，而且该理念已深入美国民众内心。但是，这种法感情在澳大利亚、新西兰、法国、荷兰等国家的法治中则影响微弱，[4]所以二者在某些财产权问题上会表现出差异。

所谓"法思想"，是指某一法律编纂或法制度设计的指导思想或价值理念。美国、澳大利亚、新西兰、英国作为普通法系国家的代表，其财产法均以洛克的财产权理论为基础，[5]主张财产权是先于政治国家而存在的自然权

---

〔1〕　何艳玲：《好研究是当下公共管理研究的大问题——兼论"中国"作为方法论》，载《中国行政管理》2020年第4期，第59页。

〔2〕　本分析框架系受孙宪忠教授文章的启发。孙宪忠：《打开民法典宝藏的三把钥匙》，载《旗帜》2020年第6期。

〔3〕　参见吴从周：《概念法学、利益法学与价值法学：探索一部民法方法论的演变史》，中国法制出版社2011年版，第490页。

〔4〕　See Karl S. Coplan, "Public Trust Limits on Greenhouse Gas Trading Schemes: A Sustainable Middle Ground", *Columbia Journal of Environmental Law*, Vol. 35, Issue 2 (2010), p. 288.

〔5〕　王铁雄：《布莱克斯通与美国财产法个人绝对财产权观》，载《比较法研究》2009年第4期，第133~134页；易继明：《评财产权劳动学说》，载《法学研究》2000年第3期，第96~107页。

利，而且受宪法征收条款保护之财产权须具有对抗公权力之绝对排他性的特征。[1]但是，当这些国家面临社会变迁时，这种法思想的稳固程度就会表现出差异，进而导致这些国家在某些财产权问题上可能会作出不同选择。比如，美国联邦立法机关和司法机关继续坚持其原有立场，拒绝承认配额构成受《美国联邦宪法第五修正案》之财产权征收条款所保护的财产，但是诸如澳大利亚、法国等其他国家的立法机关或司法机关的立场则趋向缓和，所以会承认配额属于受宪法财产征收条款保护的范围。再如，德国、法国等欧陆国家均以黑格尔的财产权理论为基础，主张财产来源于主观的占有行为，财产是个体人格的延伸。[2]但是，随着时代发展和各国财产法在发展过程中面临不同的社会情势，法国已在其环境法典中明确规定配额构成有形化的专属性动产，而德国联邦宪法法院则倾向于逐渐限缩公法上权利受德国基本法征收条款保护之财产权的范围，德国联邦议会则至今未在立法层面就配额的财产权定性问题作出明确表态。

所谓"法技术"，是指无论一国法上配额能否被定性为财产，该国立法都需作出与其选择相适应的法律制度设计，都需要做到既确保控碳之公法任务的实现，又须尊重和保护私人的合法权益，以实现"多元目标的整体优化"。比如，《美国1990年清洁空气法》关于酸雨控制计划的规定虽然明确规定配额不构成财产权，但是该计划实际上明确规定了配额相关所有当事人的权利和义务，[3]因此监管机关也不会轻易"剥夺"私人所持配额，所以配额实际上获得了"事实财产（权）"（de facto property）地位，其实际上被"剥夺（征收）"的可能性非常小。[4]澳大利亚虽然在其气候立法中承认配额（即排放单位）构成动产，但澳大利亚高等法院在相关判例中也曾指出，政府在

---

〔1〕 See William Blackstone, *Commentaries on the Law of England*：Book Ⅱ：*of the Rights of Things*，Oxford University，2016，pp. 275~276；参见［英］洛克：《政府论》（上篇），叶启芳、瞿菊农译，商务印书馆1964年版，第18~33页。

〔2〕［美］托马斯·格雷：《财产权的解体》，载［美］托马斯·格雷著，［美］黄宗智、田雷选编：《美国法的形式主义与实用主义》，许可译，法律出版社2014年版，第25页。

〔3〕 Markus W. Gehring & Charlotte Streck, "Emissions Trading：Lessons From SOx and NOx Emissions Allowance and Credit Systems Legal Nature, Title, Transfer, and Taxation of Emissions Allowances and Credits"，*Environmental Law Report*，2005，Vol. 35，Issue 4，pp. 10 219~10 235.

〔4〕 参见［美］丹尼尔·H. 科尔：《污染与财产权：环境保护的所有权制度比较研究》，严厚福、王社坤译，北京大学出版社2009年版，第59页。

剥夺私人基于制定法而获得的某一财产利益时无须提供政府补偿，因为该利益内在地允许议会对其进行调整。因为配额系由立法创设和定义，因此即便将其定性为财产权，其所承担的社会义务也不同于传统财产权，其在适用宪法财产权征收条款时也应与传统财产权有所区别。[1]因此，配额的定性选择不存在绝对的对错，而是何种选择更符合该国的法制传统及其现实需求。[2]申言之，在一国法上配额之定性选择本身并不能决定碳排放交易实践的成败，关键在于该定性如何与其他制度相互配合。

所谓"特定背景"是指，即便是针对同一领域，不仅各国在法思想、法感情、法技术、法制度方面会有所不同，而且即便在一国法内部，随着时代变迁、社会发展和立法中各种力量的变迁，起主导作用的法思想、法感情也可能会随之发生变化，并促使法技术、法制度及其法治体系作出相应的调整。所以，"任何制度都不是无机存在，而是深植于社会中有机成长的"。[3]在进行相应的法律制度移植和建构时，不仅要关注法律技术和立法文本层面的问题，更须关注其既有的法制基础、立法时所面对的特定时空背景、经济社会发展和公众认知基础等结构性差异。正所谓，"法与时转则治，治与世宜则有功"。

因此，在一国法上配额能否被定性为财产（权）之问题，从根本上取决于该国财产法治体系本身的自恰性，而决定配额能否定性为财产的上述四个因素并非是孤立静止的，而是相辅相成、相互支撑、动态调整的。换言之，一国财产法的社会基础发生变迁，可能会促使其底层的法思想和法感情发生渐变，并推动其表层的法技术和法制度调整，进而使得其他相关法技术和法制度改变。

三、定性问题方案选择的深层逻辑

在一国法上，即便承认配额属于受宪法财产权征收条款的保护范围，而且构成民法财产权的保护对象，但是它归根结底仍属于旨在实现控碳之公法

---

〔1〕　Simon Anthony Schofield, *The Climate Change Mitigation in New Zealand*, A Thesis Submitted for the Degree of Masters of Laws at the University of Canterbury, University of Canterbury, 2012, pp. 45~69.

〔2〕　杨解君：《碳排放权的法律多重性——基于分配行政论的思考》，载《行政法学研究》2024年第1期，第101页。

〔3〕　常鹏翱：《物权法的"希尔伯特问题"》，载《中外法学》2022年第2期，第320页。

任务的工具性财产。有美国学者指出，若法院允许政府没收私人所持配额构成财产权征收，不仅会偏离政府所具有的规制诸如污染的妨害（nuisance）而无需合理赔偿的传统权力，而且意味着一种旨在提高空气质量的创新性做法会产生授权进行污染的权益（entitlement）。[1]该观点虽然未必值得完全赞同，但它至少表明，对配额的法律保护及其规制，应当以助力实现控碳目标之公法任务为首要任务。所以，配额自其产生之日起，就已先天内置了承担较传统财产权更重之社会义务的基因。所以，配额不可能获得与民法上其他传统财产同等的法律保护，也不可能在任何情形下都会受到相同的法律保护。但是，权力机关在作出有关碳排放交易市场的决策时，仍须在实现控碳目标之公法任务与保护私人权益之间进行审慎平衡。因为碳排放交易市场之市场的存在及其稳定运行意味着，若权力部门任意侵害该市场上私人主体的合法权益，就将会影响潜在私人主体进入该市场并进行市场交易的信心，从而使得该市场无法长久和稳健地运行。

为实现不同情形下配额相关之多元且相互冲突的法律利益的平衡，权力机关应致力于实现配额保护与规制之法制建构的精细化，即针对不同情形建立类型化和有区别的配额保护与规制之法制。相对于对配额进行定性的规范，此种类型化和有区别的法律规范可被称为配额的使用规范。换言之，法院在解决配额相关法律争议时，不仅要适用配额的定性规范，也须同时适用其使用规范。唯此方能为配额提供与其所处阶段和情境相契合的法律保护与规制。在一国法上，对配额保护与规制的法制进行精细化建构，需要根植于该国既有的财产法传统，在务实主义的法思想指导下，从法技术和法制度两个层面进行努力。

为配额提供类型化和差异化的法律保护与规制意味着不同主体在不同阶段以不同方式取得的配额，其所受保护与规制应有所区别。这种区别包括构成要件方面的区别和法律后果方面的区别。前一种区别意味着：配额取得主体不同（如受允许参与配额初始分配的私人投资主体、控碳义务主体、其他私人主体、参与市场调节的政府部门）、取得方式不同（如在初始分配阶段以无偿方式或拍卖等有偿方式取得、以继承或赠与方式取得）、取得阶段不同

---

[1] Susan A. Austin, "Tradable Emissions Programs: Implications under the Takings Clause", *Environmental Law*, 1996, Vol. 26, No. 1, pp. 323~353.

（如通过配额初始分配、在二级市场流转取得），配额所受法律保护和规制也不同。后一种区别则表现为：针对不同主体在不同阶段以不同方式取得的配额，在通过何种诉讼方式寻求司法救济、能否和如何设定担保物权、能否获得公益征收法保护方面都有可能会存在区别。这种区别的正当性在于，相关行为的法律性质不同、是否涉及公共利益不同、是否需要考虑维护碳排放交易市场主体的信心等因素。换言之，即便配额属于宪法财产权征收条款的保护范围，其在何种情形下、在多大程度上能获得公益征收法的保护仍需具体问题具体分析。

第三节 碳交易制度核心概念定性的中国方案

上述研究表明，在我国法上研究能否将配额定性为受宪法和民法所保护的财产（权），需分析我国现行财产法的法制基础及其法思想、法感情、法技术与时代背景等因素能否支撑将其定性为财产（权）。若答案为肯定，还需分析配额作为财产（权）在我国《民法典》中的坐标以及如何对其进行保护和规制。

一、宪法财产征收条款视野下的定位

在时代背景方面，改革开放以来的中国宪法制度史表明，保护经济活动所需的财产是我国宪制演进的重要趋势，尤其是 2004 年《宪法（修正案）》第 22 条将"国家保护公民的收入、储蓄、房屋和其他合法财产的所有权"修改为"公民的合法的私有财产不受侵犯"，从而将土地使用权、特许经营、排污许可等经济性权利都纳入我国宪法财产权的保障范围。[1]2016 年《中共中央、国务院关于完善产权保护制度依法保护产权的意见》明确提出，产权保护"坚持全面保护"原则，"保护产权不仅包括保护物权、债权、股权，也包括保护知识产权和其他各种无形财产权"。2020 年《中共中央、国务院关于新时代加快完善社会主义市场经济体制的意见》又明确提出"全面完善产权制度""加强产权激励"。这表明，在顶层设计方面，国家对宪法财产权的保护范围持开放态度，将配额纳入该保护范围符合我国不断扩大宪法财产权保障范围的宪制发展趋势。

---

〔1〕 翟国强：《经济权利保障的宪法逻辑》，载《中国社会科学》2019 年第 12 期，第 108 页。

在法思想方面，我国 1982 年《宪法》中的财产权条款直接源于马克思主义（而非洛克或黑格尔的）的财产权理论。[1]洛克的财产权理论是一个由劳动原则（即个人劳动是财产归个人所有的根据）和自我所有权（即人拥有对自身人格及其产物的绝对支配权）两部分组成的双层结构。[2]而黑格尔则认为，财产权的真正合法性在于人格，反对财产权是天赋权利，主张财产权是一种奠基于契约论基础之上的法权理论。马克思认为，劳动原则混淆了以劳动为基础的私有制和以占有他人劳动为基础的私有制，是以剥削他人劳动为基础的私有制的幌子；基于人与人格分离的自我所有权也并非自然权利即天赋权利，而是历史的产物。[3]马克思在肯定黑格尔财产权理论中包含历史性和契约性的同时，反对把财产看作单纯的人格外化问题。[4]他指出："在每个历史时代中所有权以各种不同的方式、在完全不同的社会关系下面发展着"，"要想把所有权作为一种独立的关系、一种特殊的范畴、一种抽象的和永恒的观念来下定义，这只能是形而上学或法学的幻想"。[5]换言之，在马克思看来，财产权利并不是一个抽象的、永恒的、凝固不变的概念，而是一个具体的、历史的、不断发展演变的概念。[6]因此，宪法财产权概念的内涵及其保障范围也是动态发展的。所以，必须在准确把握当代中国"世情""国情""民情"基础上，研究在我国法上配额能否构成受我国宪法和民法所保护的财产，而非全盘照抄域外法上关于配额之法律定性的做法。

在法感情方面，不宜夸大公共信托原则（即反对将公众共有之环境资源私有化）在我国法上作为否定配额构成财产之理论依据的作用。一方面，正如上文分析所表明的，配额初始分配系以普通许可为前提，其与作为行政特许之适用对象的国有自然资源或者公共资源并不相同。另一方面，尽管美国法上公共信托原则系美国在立法上反对将配额定性为财产权，从而避免导致

〔1〕 王锴：《中国宪法中财产权的理论基础》，载《当代法学》2005 年第 1 期，第 27 页。

〔2〕 易继明：《评财产权劳动学说》，载《法学研究》2000 年第 3 期，第 95~97 页。

〔3〕 张梧：《马克思对洛克财产权理论的透视与批判》，载《哲学研究》2020 年第 5 期，第 20~21、23 页。

〔4〕 张守奎：《思想史语境中的马克思财产权批判理论》，中国社会科学出版社 2019 年版，第 102~104 页。

〔5〕 《马克思恩格斯全集》（第 4 卷），人民出版社 1965 年版，第 180 页

〔6〕 刘长军：《财产与风险：马克思财产理论的逻辑与方法论自觉》，社会科学文献出版社 2018 年版，第 109 页。

公众共有资源私有化的重要法理依据，但是该原则在我国法上并没有像其在美国法上那样具有广泛的民众认知基础，而且我国作为大陆法系传统国家的法治背景，这也决定了在我国法上难以全面引入英美国家的公共信托制度。[1]因此，在我国法上没有必要扩大公共信托原则在配额定性方面的作用。再者，碳排放权交易制度究其实质，不过是对碳排放总量的事先规划以及配额在不同个体之间的事后调剂，配额虽有经济价值，但其首要功能乃是守法工具。在碳排放交易制度下，虽然配额的初始分配具有将公共环境资源私有化的表象，但是该私有化终归是为控碳义务主体履行其控碳法律义务所服务的，属于过程性和工具性的环节。换言之，对配额初始分配的理解不能"只见树木，不见森林"，不能将配额的初始分配等同于对公共资源向私人主体的分配及其私有化，不能将规制的手段与目的相混淆。同时，在碳排放交易制度的传播和叙事方面，应针对不同受众提供更加有针对性的传播和叙事方式。比如，针对社会大众，在进行该制度的传播和叙事时应凸显其在实现碳减排目标的作用，凸显其履行控制义务所需之配额的调剂方面的作用，而非所谓的"碳排放权"或"碳排放许可"交易。

在法技术方面，王利明教授在其民事权益位阶理论中提出，为实现实质平等，"民事权利的客体不同，其保护程度也会相应存在差异"。[2]所以，在我国财产权利体系内部，针对不同财产权客体，其受法律保护的程度及其承担的社会义务应当存在一个"差序格局"。所以，在承认配额构成受我国宪法征收条款保护之财产的基础上，法院在审理配额相关法律争议时，应当区分不同类型法律争议，采取不同应对措施。比如，在涉及与配额相关的民事争议时，尤其是涉及在配额上设定担保物权相关的法律争议时，应以鼓励私人主体参与市场交易的积极性为重要目的。在涉及配额管制是否构成征收时，应从配额系为实现控碳之公法任务而生之工具性和过程性特征出发，准确把握作为财产之配额在我国财产法体系中的坐标，避免进行积极能动之司法干预，而更宜尽量尊重行政机关的行政裁量权，在实现公益目标与保护私益之间寻求平衡。

---

[1] 马俊驹：《论我国国家公共财产权制度体系的建构——从"主观权利"理论和域外立法实践中得到的启示》，载《法学评论》2023 年第 1 期，第 33 页。

[2] 王利明：《论民事权益位阶：以〈民法典〉为中心》，载《中国法学》2022 年第 1 期，第 32 页。

上述分析表明，在判断某一权益是否属于宪法财产权征收条款的保护范围方面，中国与其他国家尤其是美国在财产权制度的历史发展和时空背景、法思想和法感情等方面存在明显差异，不宜将其反对配额定性为财产的理由直接移植到我国。相比之下，我国法政策在该问题上所采取的态度与澳大利亚、荷兰、英国和法国等国更接近，即该权益是否具有经济价值。此种立场也契合我国宪法学界关于财产权的主流观点。韩大元教授指出，宪法财产权在内容上主要是财产利益，[1]林来梵教授亦认为，财产权即一切具有财产价值的权利，[2]翟国强、谢立斌等学者也认为，排污许可属于受宪法保护的财产权。[3]配额与排污许可虽不相同，但是二者均为公法上制度建构的产物，亦均有经济价值，且前者还可自由转让，因此它显然应属于宪法财产权的保障范围。另外，与《美国联邦宪法第五修正案》设两款分别用于保护财产权免受征收侵害和免受正当程序侵害的法规范构造不同，我国宪法文本上仅有保护私人财产权不受征收侵害的法规范。[4]因此，在我国宪法上，凡属宪法财产权应均为受宪法征收条款保护的财产权。

二、《民法典》财产权体系中的定位

即便在我国法上配额受宪法财产权征收条款保护，也仍需确定其在民法财产权体系中的坐标。为此，首先需厘清宪法财产权与私法财产权的关系。苏永钦先生指出："如果宪法所称的财产权就是一般法规所构成的财产权，则宪法的最高性即形同具文"；"但宪法上如何建构独立的财产权概念而完全不依附于法律已经使用的概念，尤其是有悠久历史、因系出同源（罗马法）而有相当世界性的民法，实际上并不容易"；因此"（德国联邦）宪法法院对基本法保障的财产权基本上采同一说，即'一如民法及社会通念所形成者'，惟仍强调应探究宪法保障的全盘意旨及其功能而偶有扩张"。可见，在应然意义

---

〔1〕 韩大元、王建学编著：《基本权利与宪法判例》（第2版），中国人民大学出版社2021年版，第269页。

〔2〕 林来梵：《从宪法规范到规范宪法——规范宪法学的一种前言》，商务印书馆2017年版，第195页。

〔3〕 翟国强：《经济权利保障的宪法逻辑》，载《中国社会科学》2019年第12期，第108页；谢立斌：《论宪法财产权的保护范围》，载《中国法学》2014年第4期，第120页。

〔4〕 参见《世界各国宪法》编译委员会：《世界各国宪法·美洲大洋洲卷》，中国检察出版社2012年版，第619页；1982年《宪法》第13条。

上，宪法财产权与私法财产权的保障范围应当是一致的，但是民事立法往往可能会滞后。因此，在我国民事法上判断某一权益是否构成财产权，需借助《民法典》关于财产权利的相关法律规范及其相关理论成果。

从民事法角度看，研究配额能否定性为财产（权），实质上就是分析配额能否构成财产权的客体即财产。有学者建议，应当在碳排放交易立法中明确规定配额和核证减排量的法律属性，将其作为新型财产权的载体或者标的物。[1]因此，上述问题就转化为，何为民法上的"财产"。尽管在《民法典》制定过程中，多位学者曾建议在民法典中对财产的概念及其类型做系统规定，但是《民法典》最终虽然多次使用了"财产""财产权利"两个概念，却并未对该两个概念作出明确界定。因此，准确把握"财产"概念的内涵，需要借助相关的民法理论研究成果。拉伦茨指出："所有具有金钱价值的权利才属于财产。"[2]有学者认为，任何权益构成财产均须满足两个条件，即法律认可和须有价值存在。[3]还有学者提出，应当整合财产权的概念，使所有具有经济价值的资源的享有和流通都能在共通的财产概念之下共享法律秩序的承认、保护、便利和安全。[4]冉昊认为，不妨将一切具有经济价值的物（包括有体物和无体权利）都视为财产，或至少是新财产。[5]可见，在我国法上，将配额定性为财产有较好的理论认知基础。从法教义学角度而言，我国《民法典》第113条中的"财产权利"应包括物权、债权、知识产权、继承权、股权和其他投资性权利、其他财产权利与权益。[6]还有学者认为，应当将财产权定义为"主体对具有直接经济价值的利益所享有的，基于法律规定或相对人约

---

〔1〕　曹明德：《中国碳排放交易面临的法律问题和立法建议》，载《法商研究》2021年第5期，第43~44页。

〔2〕　[德]卡尔·拉伦茨：《德国民法通论》（上篇），王晓晔等译，法律出版社2013年版，第411页。

〔3〕　吴汉东：《财产权的类型化、体系化与法典化——以〈民法典（草案）〉为研究对象》，载《现代法学》2017年第3期，第38页。

〔4〕　王卫国：《现代财产法的理论建构》，载《中国社会科学》2012年第1期，第144页。

〔5〕　冉昊：《财产含义辨析：从英美私法的角度》，载《金陵法律评论》2005年第1期，第30页。

〔6〕　杨立新：《中华人民共和国民法典释义与案例评注·1·总则编》，中国法制出版社2020年版，第298~299页。

定的，以该利益之归属或利用为内容的固有权"。[1]可见，在我国《民法典》上配额能够被定性为财产权的客体即财产。

就《民法典》总则编而言，在当事人依法所持配额遭受侵害时，《民法典》第113条、第125条、第126条似乎均可为将配额定性为财产（权）提供解释空间，成为其寻求民事法救济的重要法依据，又以第113条作为法依据为最佳。因为从体系解释的角度看，该第113条中的"财产权利"在外延上不仅包括《民法典》分则各编所规定的民事财产权利，也应包括各种特别民法或特别民事条例规定的有经济价值的公法上权利。因此，应在"民法典－行政型特别民法"或者"民法典－专门法－特别条例"的框架下，将碳排放交易立法定位为特别民法或者特别民事条例，并且应将配额定位为有别于传统财产权的新型无形财产，[2]即其主要功能旨在实现公法目的且具有工具性特征的特别财产。[3]有学者就曾指出，一个好的碳排放交易制度设计应当赋予配额或者减排信用以有限财产权，从而既为碳排放交易提供必要的稳定性，也赋予监管机关在修正空气质量目标时所需要的灵活性。[4]

最高人民法院在相关司法指导意见中也明确提出，担保合同当事人或利害关系人以配额或者核证自愿减排量非可设立担保的财产为由，主张担保合同无效的，从严认定合同无效情形。[5]这实质上等于间接和部分承认了配额构成财产，且具备在其上设定担保物权的基本条件，但该指导意见的审慎表态也表明在配额上设定担保物权的法律规则亟待细化，而且应建立更加体系性的配额使用与规制规则。

在承认配额构成财产的情形下，依据《民法典》第395条、第426条或第440条，在法律或行政法规允许的情况下，私人合法所持配额都可设定担

---

〔1〕 田土城、王康：《〈民法总则〉中财产权的体系化解释》，载《河北法学》2018年第12期，第54页。

〔2〕 曹明德：《中国碳排放交易面临的法律问题和立法建议》，载《法商研究》2021年第5期，第43～44页。

〔3〕 谢鸿飞：《民法典与特别民法的关系》，载《中国社会科学》2013年第2期，第106～107页；苏永钦：《现代民法典的体系定位与建构规则——为中国大陆的民法典工程进一言》，载《交大法学》2010年第1期，第77页。

〔4〕 Justin Savage, "Confiscation of Emission Reduction Credits: The Case of Compensation under the Taking Clause", *Virginia Environmental Law Journal*, 1997, Vol. 16 No. 2, pp. 1996～1997.

〔5〕 杨临萍、刘竹梅、孙茜：《〈最高人民法院关于完整准确全面贯彻新发展理念 为积极稳妥推进碳达峰碳中和提供司法服务的意见〉的理解与适用》，载《法律适用》2023年第3期，第8页。

保物权。对于第 395 条第 7 项下的"其他财产"能否设定抵押权，或第 426 条下的"动产"能否设定质权，《民法典》采取的是"原则允许，例外禁止"立场。但是，对于第 440 条第 7 项下的"其他财产权利"，[1]《民法典》采取的则是"原则禁止，例外允许"立场，因此将配额定性为"其他财产权利"更恰当，如此既能契合配额旨在实现控碳任务的工具性财产的定位，也能与现行碳排放交易地方立法及其实践经验保持一致。目前，在碳排放交易地方立法中，除福建省明确规定"配额属无形资产"外，其他试点省市也普遍规定鼓励金融机构探索以配额进行质押等担保融资或以其他方式获取收益。[2]在 2020 年国家宣布"双碳"战略后，地方金融机构也在积极探索配额融资担保业务，山东、浙江、上海等地相继发布了本区域的配额融资担保操作指引。因此，在《民法典》语境下，配额应定性为权能受限之财产。所以，配额之于设定权利质权，既非当然可以亦非完全不能，而是只有在符合法律或者行政法规规定的条件时方可。

三、核心概念之财产定性的立法因应

第一，建议今后在我国碳排放交易政策和立法文本中不再使用"碳排放权"概念。对"碳排放权"定性问题的研究，必须从其研究需求出发，而非从先天未经充分的法理论证和辨析而贸然在政策和法律文本中使用的"碳排放权"概念本身出发。试想，若在我国碳排放交易立法本文中不使用"碳排放权"概念，"碳排放权"定性问题的研究需求是否会因此消失？答案显然是否定的。域外碳排放交易立法文本始终未曾使用"碳排放权"概念，而域外法上与碳排放定性问题相对应的是配额的定性问题。在中国现行碳排放交易政策和立法本文中，"碳排放权"与"配额"是两个相互独立的概念，但是很多学者在进行研究时却在有意或者无意间将两个概念混同和交替使用。试想，如果将问题调整为对"配额"定性的研究，"碳排放权"的定性问题到

---

〔1〕　从法教义学角度而言，这里的"其他财产权利"应被理解为既包括"权利"，也包括"财产"。

〔2〕　参见《福建省碳排放权交易管理暂行办法》第 15 条、《深圳市碳排放权交易管理暂行办法》第 26 条、《天津市碳排放权交易管理暂行办法》第 28 条、《湖北省碳排放权管理和交易管理暂行办法》第 42 条、《重庆市碳排放权交易管理暂行办法》第 32 条、《广东省碳排放管理试行办法》第 33 条、《上海市碳排放管理试行办法》第 34 条。

底还有哪些疑惑无法解释？除了配额的法律属性之外，或许只会剩下因刻意使用具有"中国特色"的"碳排放权"概念，而不愿对其存在和使用的必要性和合理性进行法教义学思考而引发的问题，即"碳排放权"概念在立法文本上的存在价值几何、法理逻辑为何、与"配额"概念的关系到底为何等。概念是法律秩序的基石，其使用应以体系自恰为前提。碳排放交易政策和立法的核心概念链条应当是"控碳法律义务—碳排放许可—配额总量—碳排放配额"，"碳排放许可"制度在立法文本中的缺失和"碳排放权"概念的不当使用，导致碳排放交易制度的内在逻辑发生了混乱，无形之中增加了"碳排放权（实则为碳排放配额）法律属性"问题的研究难度。在碳排放交易政策和立法文本中，"碳排放权"概念的存在与使用的正当性不能以所谓"中国特色"证成，也不能因其已被长期使用而证成。

第二，循序渐进实现配额财产定性的法律化。配额法律属性的立法表达，主要涉及是否须对该定性作明文规定、应当在何种位阶立法中作明确规定以及如何进行文本表述等问题。从为控碳企业和投资主体提供稳定预期与促进碳排放交易市场流动性角度看，在我国碳排放交易立法上应对配额的财产属性作明文规定。综合《立法法》关于法律保留的规定、《民法典》总则编关于财产权利的规定与域外立法经验来看，应在法律层面（如《应对气候变化法》或碳中和专项法律）对其作明确规定。但是，由于目前各界对碳排放交易市场缺乏经验，对配额的法律属性亦缺乏共识，不宜贸然直接在法律位阶层面对其财产属性作出明确规定，而宜首先积极寻求在碳排放交易政府监管与司法实践中对配额的定性达成初步共识。在此基础上，优先选择在碳排放交易行政法规中明确规定配额的法律属性，建议将其表述为"国家依法保护配额持有人的合法财产权益"。在总结上述规定实施效果的基础上，最终实现配额财产属性的法律化。如此，既能增强私人主体的市场信心，也能赋予监管部门较大政策形成空间。

第三，建议在全国碳排放交易立法中增设碳排放许可制度。从语义上来看，"配额"一词本来就是义务思维的结果，在碳排放交易制度下增设碳排放许可会使该种义务思维显像化，且能更清晰地表明：首先，任何排碳单位一旦被纳入碳排放交易制度监管，便意味着它须承担各种控碳义务，并以依法按时提交与其实际碳排放量相等的配额为核心义务，配额的初始分配与市场流转不过是履行该义务的工具。其次，即便配额构成财产，它终归属于实现控碳之公法任务的工具性财产，所以对公权力仅有弱对抗性，[1]须承担较传统财产权更多的社会义务。因此，碳排放许可制度乃碳排放交易制度体系必不可少的组成部分。[2]增设碳排放许可制度有助于更好地处理配额财产定性可能引发的征收补偿问题及其对碳排放交易市场监管的影响。特别是，各类事中、事后监管机制目前尚处于建构成长阶段，客观上难以完全取代事前许可去履行风险预防的替代功能，尤其是在危害防止类的社会性规制事项中，事前许可作为一种否定判断装置仍有其独特价值。[3]尤其是在党的十八大以来，在国家持续优化营商环境、深入推进行政审批改革的背景下，排污许可制度"逆势而上"，实现了从建立"覆盖所有固定污染源的企业排放许可制"到"构建以排污许可制为核心的固定污染源监管制度体系"，再到"全面实行排污许可制"的功能定位和政策发展之演变，不仅在 2014 年修法时成功写入《环境保护法》，此后又先后写入《土壤污染防治法》（2018 年颁布）、《固体废物污染环境防治法》（2020 年修订）、《噪声污染防治法》（2021 年颁布）和《海洋环境保护法》（2023 年修订）等生态环境法律，明显呈现出不断巩固和强化的趋势，已经发展成为固定污染源环境法制体系的核心制度。[4]由此可见，国家在进行顶层设计时，已经在潜移默化地对社会性规制和经济性规制作出了隐性的差别对待，在推进行政审批改革过程中对此不可不察。而且，这也符合世界各国的"放松管制"改革主要面向经济性规制领域而非社会性规制的趋势。[5]目前，生态环境部正在研究和推进将温室气体排放纳入排污许可制管理。[6]由于温室气体并非污染物，所以此举实质上是在构建面

---

　　[1]　邓海峰、罗丽：《排污权制度论纲》，载《法律科学（西北政法大学学报）》2007 年第 6 期，第 76 页。

　　[2]　秦天宝：《双阶理论视域下碳排放权的法律属性及规制研究》，载《比较法研究》2023 年第 2 期，第 132 页。

　　[3]　卢超：《事中事后监管改革：理论、实践及反思》，载《中外法学》2020 年第 3 期，第 798 页。

　　[4]　邹世英、吴鹏：《提高许可质量 强化依证监管 推动排污许可制改革迈上新台阶》，载《环境保护》2022 年第 13 期，第 12~15 页。

　　[5]　Orly Lobel, "The Renew Deal: The Fall of Regulation and the Rise of Governance in Contemporary Legal Thought", *Minnesota Law Review*, 2004, Vol. 89, No. 2, pp. 364~365.

　　[6]　《生态环境部关于构建以排污许可制为核心的固定污染源监管制度体系实施方案》（环办环评函〔2020〕725 号）；赵洪飞等：《将温室气体纳入排污许可管理的分析研究》，载《环境影响评价》2021 年第 5 期，第 15~17 页；董战峰等：《碳达峰政策体系建设的思路与重点任务》，载《中国环境管理》2021 年第 6 期，第 106 页；赵洪飞等：《环境影响评价和排污许可制度协同推进温室气体管控的建议》，载《环境影响评价》2023 年第 2 期，第 41~44 页。

向温室气体的碳排放许可制度。在"双碳"战略背景下，生态文明建设已从以减污为重点转向以降碳为重点，国家正在推进从能耗双控到碳排放双控转变，建立碳排放许可制度既有必要性和可行性，也符合政策导向。

最后，建议在全国碳排放交易立法中明确要求由国务院生态环境主管部门会同有关部门在试点基础上制定专门的部门规章，对在配额上设定质权作出系统性规制。将配额定性为《民法典》第 440 条第 7 项下的"其他财产权利"，意味着配额具备了设定质权的基本条件，但是配额持有人在何种具体条件下才能设定质权仍取决于碳排放交易相关立法的具体规定。即便配额能够被定性为财产，但它毕竟是实现控碳之公法任务的工具，而私人主体和金融机构在配额上设定担保物权则以融资和获利为目标，因此配额的守法工具功能与其投融资工具功能之间存在着明显的张力。比如，在控碳义务主体通过配额初始分配以无偿方式所得配额，若不对其融资担保功能进行合理规制而任其发展，容易导致"点'碳'成金"和制造金融泡沫等问题，造成碳金融市场虽虚假繁荣，但与碳排放交易制度的控碳之公法任务南辕北辙的问题。[1]当然，如何确保配额融资担保业务并不会影响控碳之公益目标的实现，实现该两项功能或目标之间的协调与相互支持，是目前碳排放交易立法及其实践中的难点，尚无成熟经验可循。金融市场监管部门应当会同碳排放交易市场监管部门主动介入，通过试点方式积极审视探索在配额上设定担保物权的条件并及时进行相应立法。应当对在配额上设定担保物权的效果定期进行评估，在此基础上及时调整在配额上设定担保物权的政策和法规，确保碳金融市场的发展从根本上服务于"双碳"目标的实现。

第四节　核心概念之财产定性的困境及其破解

在公法（尤其是公益征收法）上，将配额定性为财产所面临的一个重要挑战在于：由于碳排放交易市场是一个人造的且近乎封闭的市场，但是其所面临的外部环境又是不断变化的，这意味该市场在运行过程中可能会面临各种不确定性，为确保市场稳健运行与控碳目标的实现，政府必然会对该市场进行监管或者对碳排放交易政策或立法进行调整，导致私人主体所持配额的经济价值降低或其配额直接被剥夺，若将配额定性为财产，上述行为就可能

---

〔1〕谢鸿飞：《财产的担保能力：限制与扩张》，载《社会科学辑刊》2022 年第 6 期，第 70 页。

会构成征收或管制性征收（准征收），并因此需要进行政府补偿，导致政府在进行碳排放交易监管时投鼠忌器，影响其对该市场进行监管的灵活性。此乃"特许权说"反对将碳排放权（即配额）定性为财产（权）的核心理由之一。但是，该论断未免武断。毕竟，从配额的财产定性到该定性会严重影响政府对该市场的灵活监管之间存在多个中间变量。但是，如何将该种影响控制在最小范围内确需研究。

一、从"事物本质"中寻求破解

对于财产权管制而言，财产权的征收（包括管制性征收/准征收）与财产权的警察权行使之间的界限并非泾渭分明。[1]因此，从理论上而言，即便将配额定性为财产，政府对碳排放交易市场的监管也未必会构成对财产权的征收；即便会构成征收，亦未必会因此严重影响政府对碳排放交易市场的灵活监管。

对碳排放交易市场监管而言，即便将配额定性为财产，也不应将私人主体寻求征收补偿之救济视为"洪水猛兽"而对其当然予以排斥，而是应正视通过司法监督对碳排放交易立法部门和市场监管部门进行审慎立法和科学监管的"倒逼"作用。尤其是，在我国法上的行政诉讼法"诉讼不停止执行"原则，即在原告提起行政诉讼后，被诉行政决定的效力并不因此而中止。[2]所以，所谓将配额定性为财产会引发征收及其相应补偿，并因此严重影响政府对碳排放交易市场的灵活监管之说，并不必然会成立。而且，政府对碳排放交易市场的"灵活"监管也须有其合理限度，而不能无限扩张并置私人合法所持配额权益保护于不顾，否则碳排放交易市场也会因私人主体对其失去信心而难以持续。正如有学者所言，碳排放配额的交易已经在一种新型的市场中创造了一种新型的"财产"，政府在这一市场中的影响无疑要高于其他市场，但是政府也必须警惕它能够在多大程度上干预市场。[3]因此，在将配额定性为财产背景下，关键在于如何将私人寻求征收补偿之司法救济对碳排放交易市场灵活监管的影响控制在合理范围之内，从而在碳排放交易法治中统

---

〔1〕　张翔：《财产权的社会义务》，载《中国社会科学》2012 年第 9 期，第 114 页；Also see Joseph L. Sax，"Takings and the Police Power"，*Yale Law Journal*，1964，Vol. 74，Issue 1，pp. 36~77.

〔2〕　章剑生：《现代行政法总论》（第 2 版），法律出版社 2019 年版，第 428~429 页。

〔3〕　Rachel Feinberg Harrison，"Carbon Allowances：A New Way of Seeing An Invisible Asset"，*SMU Law Review*，2009，Vol. 62，Issue 4，p. 1944.

筹实现公益任务与保护私益之双重目标。

分析将配额定性为财产之后，政府对碳排放交易市场的监管及其政策调整会在多大程度上引发财产权征收及其补偿问题，并因此影响政府对碳排放交易市场的灵活监管问题，首先需分析是否应当给予作为财产之配额与民法上的其他传统财产权客体以同等强度和方式的法律保护。该问题的实质则是，在面对财产权征收及其补偿问题时，应如何处理不同类型的财产权客体其本身的特质、其应承担的社会义务与其应受到的司法保护强度三者之间的相互关系。[1]

按照"事物本质"的理论，立法者和法官应当根据事理的不同，对不同事物作不同处理，[2]以确保法理念或者法规范与生活事实维持一致，彼此相互适应。而且，宪法上的平等"并非指绝对、机械之形式上平等，而系保障人民在法律上地位之实质平等，立法机关基于宪法之价值体系及立法目的，自得斟酌事务规范性质之差异而为合理之区别对待"。[3]比如，行政许可作为新型财产权，在权利的取得方式、行使方式、保护方式等方面就不同于传统私法财产权。[4]德国联邦宪法法院在相关判例中也将《德国基本法》所保护的财产区分为主要体现个人自由的财产和有较强社会关联和社会功能的财产。其中，前者受《德国基本法》的保护更强，而后者则须承担更多的社会义务，并因此须容忍更多的法律限制。[5]正如有学者所言，不同的资产应当受到不同程度和方式的保护，并且应当受不同形式的政府干预，国家不仅有权力决定给予其公民的所有权（ownership）以何种权利（rights）并剥夺这些权利，而且能够设计出所需的任何形式的权利。[6]

---

〔1〕 Sharon Christensen et al. , "Statutory Licences and Third Party Dealings: Property Analysis v Statutory Interpretation", *New Zealand Law Review*, 2015, No. 4, pp. 585~616.

〔2〕 ［德］卡尔·拉伦茨：《法学方法论》（全本·第6版），黄家镇译，商务印书馆2020年版，第525页。

〔3〕 祝捷：《平等原则检视下的大陆居民在台湾地区权利保障问题》，载《法学评论》2015年第3期，第108页。

〔4〕 参见周汉华：《行政许可法：观念创新与实践挑战》，载《法学研究》2005年第2期，第5页，脚注〔10〕；王涌：《私权的分析与建构：民法的分析法学基础》，北京大学出版社2020年版，第248~250页；谢鸿飞：《财产权的公共性》，载《上海政法学院学报（法治论丛）》2022年第5期，第1页。

〔5〕 BVerfGE 50, 290 (315)，转引自张翔：《财产权的社会义务》，载《中国社会科学》2012年第9期，第111页。

〔6〕 Rachel Feinberg Harrison, "Carbon Allowances: A New Way of Seeing An Invisible Asset", *SMU Law Review*, 2009, Vol. 62, Issue 4, pp. 1943~1944.

二、定性困境问题的类型化分析

将配额定性为财产，在下列三种情形下可能会引发征收问题。一是为解决碳排放交易市场上的配额超发（overallocation）问题，政府收回其已初始分配的配额，或者剥夺私人从二级市场上有偿取得的配额，可能会构成直接剥夺私人财产的传统型征收。二是在碳排放交易市场持续运行过程中，立法机关或政府部门调整碳排放交易市场监管政策可能会构成管制性征收。三是政府决定终止碳排放交易市场运行，可能会引发对私人所持配额的征收。如何将上述情形引发的征收问题对碳排放交易市场灵活监管的影响控制在合理范围内值得研究。

（一）配额超发引发的问题

市场上流通的配额具有一定的稀缺性，是碳排放交易市场持续稳健运行的重要保障。因此，针对未来一定时期，就控碳义务主体之整体而言，政府或立法机关为其设定的配额总量应当低于其在不受管控状态下（business-as-usual）的排碳总量。但是，碳排放交易市场上配额总量的设定行为系"面向未来的"行政预测之决定，[1]而决策主体受仅具有有限理性和有限信息等问题制约，加之碳排放交易市场也可能因外部形势充满复杂性、系统性和不确定性而瞬息万变，因此控碳义务主体在未来一定时期内在不受管控状态下的排碳总量（即配额总量）实际上很难作出精准判断。[2]所以，在碳排放交易的制度设计及其运行过程中，配额供应不足或者过量（即配额超发）的问题都可能会出现。实践证明，美国酸雨控制计划（the United States Acid Rain Program，ARP）、洛杉矶区域清洁空气市场（Los Angeles Regional Clean Air Markets，RECLAIM）、芝加哥减排市场体系（the Chicago Emissions Reduction Market System，ERMS）以及欧盟碳排放交易市场第一阶段（2008-2012）都曾不同程度地出现过配额超发问题。

从国内外碳排放交易市场的实践来看，在碳排放配额总量的设定过程中，

---

[1]《碳排放权交易管理暂行办法》（国家发展和改革委员会2014年颁布）第8条、《碳排放权交易管理办法（试行）》（生态环境部2020年颁布）第14条、《碳排放权交易管理暂行条例（草案修改稿）》第8条。

[2] 吴凯杰：《论环境行政决策的调适模式及其法律控制》，载《华中科技大学学报（社会科学版）》2021年第1期，第98~100页。

相较于配额供应不足而言，配额过量供应的问题更为普遍，而且也直接关系到该制度能够切实起到控制或者减少碳排放的作用，也即该制度的实施效能问题。

配额超发包括绝对超发和早期超发两种情形。[1]前者是指控碳义务主体的实际排碳总量低于政府事先设定的配额总量，而且预计将来在很长时期内纳入碳排放交易制度监管的企业的实际碳排碳总量会持续低于该配额总量，所以市场上存在配额供应过剩的问题。后者则是指配额总量的设定仅在市场运行早期超过控碳义务主体的实际排碳总量，在之后配额总量预计将会低于控碳义务主体的实际排碳总量，所以长期来看市场上的配额仍具有稀缺性。配额的绝对超发意味着，该制度不仅在实质上并未发挥控碳、促进企业低碳转型等作用，甚至还会使得部分企业排放更多温室气体。因此，相对而言，在碳排放交易的制度设计及其市场监管过程中，配额的绝对超发问题尤其需要重视。配额绝对超发的根源在于一级市场上的配额总量设定及其初始分配。因此，欲解决该问题应当优先选择从此处入手，即政府可依法收回其已初始分配给控碳义务主体的配额，而不应直接针对基于投资或受赠等方式从二级市场上取得配额的其他私人主体。

当然，解决配额超发问题可能有多种选择。比如，2012年欧盟委员会为解决欧盟碳排放交易市场上的配额过剩问题，提出了诸如将部分配额永久注销、提高减排目标等6项应对措施，[2]但是最终决定选择建立市场稳定储备（market stability reserve）机制对部分配额进行"折量拍卖"。RGGI在解决配额过剩问题时，则采取了直接削减配额总量的方式加以解决。[3]所以，若中国碳排放交易市场遇有配额过剩问题，政府依法收回其已初始分配给控碳义务主体的配额也是应对措施中的重要选项，所以就会对由此可能引发的问题进行分析和研究。

有学者认为，政府对其以无偿方式初始分配的配额，若决定收回该配额，

———————

〔1〕 See Lesley K. McAllister, "The Overallocation Problem in Cap-and-Trade: Moving toward Stringency", 34 *Columbia Journal of Environmental Law*, 2009, Vol. 34, No. 2, pp. 411~412.

〔2〕 European Commission, *Report for the Comission to the European Parliament and the Councile: The State of the European Carbon Market*, COM（2012）652 final, Brussels, Brussels, 14. 11. 2012.

〔3〕 张敏思、范迪、窦勇：《欧盟碳市场的进展分析及其对我国的借鉴》，载《环境保护》2014年第8期，第64~66页。

也必须以有偿方式进行。[1]笔者不能苟同。因为政府向控碳主体免费分配配额，属于授益性行政行为，而政府收回其已初始分配的配额，则可被理解为对合法之授益性行政行为的废止。按照行政法理，政府在法规准许废止、原授益行为附有废止保留、相对人未履行负担、法律或事实状况变更、重大公益要求等情形下，相对人可废止合法之授益性行政行为。[2]在前三种情形下，废止系相对人可预见或是由其可归责之事由所致，所以此时他并无获得损失补偿的期待可能性。因此，为解决配额超发问题，若配额初始分配以无偿方式进行，立法机关可在碳排放交易立法中明确规定：政府部门在特定情形下可废止该分配行为，政府机关在配额初始分配时也可明确声明它保留在特定情形下废止该分配行为的权力；若初始分配以有偿方式进行，立法机关则可采取附条件之行政行为方式，规定政府部门为解决配额超发问题，可与初始分配对象约定其在特定情形下可收回该初始分配的配额。[3]如此，即便配额受宪法财产权征收条款的保护，政府部门为解决配额过剩问题而收回配额也不构成行政征收。但是，这种废止之前依法作出的配额初始分配行为并进行调整的做法必须受到严格限制，否则可能会对碳排放交易市场上的私人主体产生寒蝉效应，从而影响碳排放交易市场的流动性。正如有学者所言，就建立一个自由流动的碳交易市场而言，相对于将配额认定为财产，更重要的是确保配额不可被撤销并能自由转让。[4]

　　在通过上述做法解决配额超发及其可能引发的征收问题方面，我国现行碳排放交易立法存在下列不足。一是上述该种做法仅出现于某些试点省市碳排放交易地方立法，在全国碳排放交易立法层面则付之阙如。二是在不同省市碳排放交易地方立法中该种做法所适用的情形不尽相同。比如，在控碳义务主体破产或者关停时政府可收回部分配额，或在特定情形下政府部门可以对生产经营状况发生重大变化的控排义务主体重新核定配额。三是某些应当

---

　　[1]　Clive L. Spash, "The Brave New World of Carbon Trading", *New Political Economy*, 2010, Vol. 15, No. 2, p. 180.

　　[2]　参见陈敏：《行政法总论》（修订7版），自版2011年版，第460～469页。

　　[3]　在我国碳排放交易实践中，配额初始分配采取"预分配+事后调整"的方式进行，其背后的法理应被理解为对合法之授益性行政行为的废止。参见杨解君：《碳排放权的法律多重性——基于分配行政论的思考》，载《行政法学研究》2024年第1期，第99页。

　　[4]　Justin Savage, "Confiscation of Emission Reduction Credits: The Case of Compensation under the Taking Clause", *Virginia Environmental Law Journal*, 1997, Vol. 16, No. 2, pp. 1996～1997.

适用该种做法的情形在碳排放交易地方立法中缺乏法律依据。比如，在遇有诸如 2008 年全球金融危机等因外部经济形势发生不可预见的重大变化，导致配额总量的设定与实际情况存在重大偏差，致使欧盟碳排放交易市场上配额长期供过于求的情形。建议未来在全国碳排放交易立法中设专条就该种做法的适用情形作出体系化规定。该法条可表述为："在发生下列情形时，碳排放交易市场主管部门有权对其初始分配的配额进行部分收回或重新核定：（一）控碳义务主体因解散、关停、破产、迁出所在行政区域的；（二）控碳义务主体生因生产品种、经营服务项目改变，导致生态经营状态发生重大变化的；（三）因经济形势发生重大的、难以预见的外部变化，导致控碳义务主体生产经营活动受到明显影响的。"

（二）政策调整引发的问题

在市场上配额总量既定的背景下，若政府部门调整碳排放交易市场监管政策，比如提高能源消费总量控制目标、允许被监管对象使用更多核证减排额度、降低对碳排放数据质量要求等，可能会降低配额的市场需求，导致私人所持配额之经济价值降低。在将配额定性为财产的前提下，上述情形在多大程度上会构成政府对私人配额的管制性征收，使其面临征收补偿之经济负担与讼累，直接关系到政府能否对碳排放交易市场进行灵活监管。对于碳排放交易市场监管而言，此乃将配额定性为财产之后不容回避但是到目前为止鲜少受到关注的问题。

解决该问题的理想状态是，既要承认配额的财产定性，又要尽量做到不因此而对政府对碳排放交易市场的灵活监管产生明显影响。换言之，在将配额定性为财产之后，不排除政府对碳排放交易市场的监管及其政策调整构成对私人配额的管制性征收，但是必须要对构成该种管制性征收的情形进行限制。至于在何种情形下构成管制性征收，则需要法官基于个案进行裁判并总结经验。而且，在美国法和德国法上均可以找到对该种管制性征收进行限制的法理依据。

在美国法上，判断管制性征收须考虑下列因素：[1]一是政府行为对财产权的经济影响程度。只有该经济影响程度相当严重，在功能上相当于剥夺实

---

[1] See Robert Meltz, "Takings Law Today: A Primer for the Perplexed", *Ecology Law Quarterly*, 2007, Vol. 34, No. 2, pp. 334~342.

物，方可构成管制性征收。二是若被管制对象在政府干预前已处于受高度管控领域，已经或应意识到政府可能会采取干预措施，则该措施不构成管制性征收。三是政府行为的特征，即法院会更多地将政府对财产的物质侵害认定为征收，而将政府为促进共同发展而在公共项目下所进行的经济政策调整认定为征收的概率更低。按照上述标准，即便将配额定性为财产，碳排放交易市场监管政策调整构成管制性征收的难度也相当大。首先，诸如降低碳排放数据的准确性要求、允许使用更多核证减排量等政策，其本身并不符合碳排放交易立法的政策导向。而且，碳排放交易市场监管政策调整虽然可能致私人配额的经济价值降低，却未必会达到相当于剥夺配额之严重程度。其次，国内外经验均已表明，碳排放交易市场易受外部形势影响，碳排放交易市场监管经验并不成熟。任何主体在进入该市场时，都应意识到政府为实现碳排放总量控制目标可能会进行各种政策调整，即其并不具有请求获得政府补偿救济的期待可能性。最后，对碳排放交易市场监管政策的调整，是对私人所持配额的经济价值构成影响而非是对配额的实物剥夺，此种政策调整构成征收的门槛应高于传统的实物剥夺型征收。

在德国法上，期待可能性理论和财产权情状关联性均理论也可用来论证，即便配额构成财产，政府对碳排放交易市场的干预也很难构成管制性征收。前者认为，在决定国家的管制措施是否构成对私人财产权的征收而需负补偿义务时，应依其对（财产）经济性之影响层面、一般时代通念、国民价值观念与法秩序所彰显之共通价值进行综合判断。域内外经验均表明，碳排放交易市场监管难度较大，为确保控碳目标实现，政府可能会采取各种管制措施，私人主体理应对此有所预见，所以其并不具有构成管制性征收的期待可能性。后者认为，个别财产所处之特别情状构成该财产的内在限制，基于该情状之考量所为之财产权限制即属该财产的社会义务而非公用征收。[1]正如上文所言，即便将配额定性为财产，它终归是实现公法任务的工具，因此持有配额之私人主体也理应承担更多的容忍义务，而这一点在其进入碳排放交易市场之时就应该认识到。

另外，德国法上的管制裁量理论也可用来解决因碳排放交易市场监管政

---

〔1〕　李建良：《损失补偿》，载翁岳生编：《行政法》（第 2 版·下册），中国法制出版社 2009 年版，第 1730~1731 页。

策调整而可能引发的管制性征收问题。该理论认为，电信领域的行政任务具有目的取向性、利益复杂性、动态性及未来预测性等特点，因此管制机关在决策时应对不确定法律概念与行政裁量进行整体且不可分割之考察，并对众多彼此对立之管制目的与公私益进行"比重分配与调和"享有广泛选择与形成余地，法院则仅能对管制机关的决定进行有限的是否存在权衡瑕疵之审查。它试图对行政权与司法权间的关系作更符合行政任务特点的配置。碳排放交易市场与电信市场相似，政府在设定配额总量目标时，需在公私益目标之间进行综合权衡，且既须预测经济社会发展前景，也须考虑现有减排技术水平，还须努力确保市场上配额的相对稀缺性，因此碳排放交易市场监管部门在配额总量的设定以及配额初始分配后配额的部分回收或者数量调整亦应享有较大的管制裁量权。

（三）市场终止引发的问题

在控碳方面，既然碳排放权交易制度具有可替代性，那么碳排放交易市场终有一日可能会终止运行。美国加利福尼亚、欧盟和我国部分试点地方的碳排放交易立法均明确规定了其立法的有效期限，这也就决定了其碳排放交易市场的存续期间。在此情境下，政府部门、控碳义务主体和私人投资者都会对碳排放交易市场的终止有明确预期并作出相应准备。若将配额定性为财产，立法机关和监管部门在决定终止碳排放交易市场时应遵守正当程序并设置合理的过渡期间，使控碳义务主体和私人投资者对碳排放交易市场终止有明确预期，使其失去因市场终止主张构成征收的期待可能性。在此情形下，私人主体会对碳排放交易选择"用脚投票"，并最终体现在配额的市场价格及其市场流动性方面。此时，即便配额构成受宪法征收条款保护的财产，亦无征收及其补偿之困扰。

若碳排放交易立法本身并未明确规定碳排放交易制度的有效存续期间，立法机关在决定终止碳排放交易市场时应遵守正当法律程序，即应说明终止该市场的理由，听取利益相关主体的意见并作出反馈，并广泛征收专家学者和公众的建议。在此基础上，应当尽早公布碳排放交易市场终止运行的整体安排，并为市场主体设置合理的过渡期间，使其能为市场终止早作安排。此时，即便仍有私人持有配额，政府亦可选择通过无偿收回、回购或征收等方式实现配额清零。而且，即便需征收私人所持配额，也不会使政府面临无法承受之补偿负担。

三、司法权与行政权的应然配置

上述分析表明，将配额定性为受宪法征收条款保护的财产会在多大程度上引发征收问题，并因此影响政府对碳排放交易市场的灵活监管，取决于司法机关在对政府对碳排放交易市场的监管问题上是选择进行积极干预还是保持谦抑。有学者指出，行政审判遵循有限审查原则，法院须依据案件的具体类型来选择适当的审查方式，并对行政机关的认定予以适当尊重。[1]也有学者指出，高度政策导向的法律在解释适用上，比较偏向合目的性的考量；……主管机关的判断应得到比一般行政机关较大的尊重，在立法授权上也需要更有弹性，不能用教义论下严苛的授权明确性原则加以拘束。[2]比如，在德国法上，针对行政机关在环境生态、科技或经济、自然科学领域所作的预测性或评估性的决定，或具有高度政策或计划性的决定，法院在司法审查时也会保持适度克制。[3]因此，将配额定性为财产所可能引发之征收及其补偿问题的实质是：法院对于政府就碳排放交易市场监管所作之各种行政决定，应选择采取何种司法审查强度。

鉴于碳排放交易市场的高度复杂性以及碳排放交易制度系目标导向型立法的特点，应当借鉴德国法上自电信法中发展而来之"管制裁量"理论，将碳排放交易法定位于管制行政法的范畴。这意味着，碳排放交易制度本身是一种形塑任务，碳排放交易市场监管机关在法定程序及其形式规范的框架之下，受目的性控的操控，在针对碳排放交易市场设定规范或者执行规范时享有宽泛的形成自由，将通常属于暂时性的规范策略及个案中处理的方式加以具体化，而且其针对配额总量所作的预测并不像行政机关在考试评分事项上享有判断余地仅属于一种例外情形，而毋宁是一种基本的形成性决定。[4]因此，在将配额定性为财产的情形下，碳排放交易法治语境下较为可行的权力配置方式

〔1〕江必新：《司法审查强度问题研究》，载《法治研究》2012年第10期，第8~9页。

〔2〕刘孔中、王红霞：《通讯传播法新论》，法律出版社2012年版，第21~22页。

〔3〕赵宏：《诉讼权能与审查密度——德国行政诉讼制度的整体关联性》，载《环球法律评论》2012年第6期，第122页。

〔4〕［德］施密特·阿斯曼：《秩序理念下的行政法体系建构》，林明锵等译，北京大学出版社2012年版，第135页。

应当是：在碳排放交易法治问题上，立法机关应当以授权立法方式赋予政府以较大立法形成自由，而且对于政府的授权立法及其对碳排放交易市场监管所作之具体决定，法院在进行司法审查时则应尽量保持克制，即给予该市场监管部门以较大管制裁量空间。当然，为增强碳排放交易市场监管之行政决策的科学性，可以选择构建更为严密的行政程序管控措施、强化信息公开、公众参与、纳入中央生态环境保护督察范围等手段强化对该领域的监督。若循此管制路径和权力配置方式，即便将配额定性为财产，政府亦可灵活运用各种法技术解决因为此种定性所可能引起的征收问题及其对碳排放交易市场灵活监管的影响。

上述分析表明，建立碳排放交易制度的根本目的是，控制温室气体以减缓气候变化，并最终能够有效应对气候风险。因此，碳排放交易制度属于社会性规制而非经济性规制的范畴。碳排放交易制度是控碳法律义务之法律制度化的结果。因此，对排碳企业而言，纳入该制度监管首先意味着它须承担某种控碳法律义务。在碳排放交易政策和立法文本中，舍弃建立碳许可制度而选择使用"碳排放权"概念，增加了理解该制度的难点。"碳排放权的法律属性"之问题的提法本身也存在问题，导致该概念的研究对象被误导。"环境容量"概念在理解该制度以及解决"碳排放权的法律属性"问题之研究中的引入，以及对该概念的不当理解，也增加了研究该问题的难度。之于碳排放交易制度的理性建构，应当选择以"碳排放配额"而非"碳排放权"作为该制度的核心概念，并且应当在该制度下建立碳排放许可制度，在教义学上"碳排放权"仅在作为排碳企业获得碳排放许可之资格的意义上才有存在和使用的空间，即"碳排放权"应为碳排放资格的另一面。在推进行政审批改革的过程中，应对社会性规制和经济性规制视域下的行政许可作差异化处理，行政审批改革主要针对经济性规制领域展开，因此碳排放许可制度在碳排放交易制度体系中有其存在的正当性。

研究"碳排放权"的法律属性问题，应当从该问题的研究需求出发，而不是从"碳排放权"概念出发，应当综合运用比较法、法政策论、法解释论和立法论等研究方法，正视在我国现行碳排放交易立法中"碳排放权"概念使用本身存在的问题，及其可能导致的研究"陷阱"。唯此，方能找准研究该问题的核心任务，即碳排放配额作为有经济价值的公法上权利，能否被定性为受宪法和民法所保护的财产，以及如何为其提供保护和规制。基于该问题的跨学科性特点，须整合环境法（义务本位）、宪法（财产征收条款）、民法（财产权）与行政法（许可制度）等部门法理论，对其"进行综合性的多学科有机联系的法学研究"。[1]在我国法上，宜将配额定性为工具性财产即《民法典》第 440 条第 7 项下的"其他财产权利"，赋予碳排放交易市场监管机关较大的政策形成空间，法院在审理配额相关争议时给予该监管机关的决定更多尊重，如此可有效实现公益目标和保护私益间的平衡，也能系统回应理论界和实务部门对配额定性相关问题的各种关切。最后，但并非不重要的是，即便配额在我国法上受宪法征收条款保护，中央决策部门在决定发展碳金融市场，尤其是在决定开展配额融资担保业务时仍须保持克制和战略定力，毕竟碳金融市场以追求私益为导向，而"双碳"目标则追求公益目标，应避免配额融资担保之金融市场形成"尾大不掉"之势而形成对实现"双碳"目标的掣肘。

---

[1] 陈甦：《体系前研究到体系后研究的范式转型》，载《法学研究》2011 年第 5 期，第 14 页。

第四章

碳排放交易制度的基本架构

在对碳排放交易制度的体系坐标、构造基础与核心概念进行分析后，必然需要进入碳排放交易制度的本体问题，即碳排放交易制度是如何建构和运行的。

有学者研究认为，碳排放交易市场的建立主要包括 15 个要素，即必须有明确的法律依据、创建一级市场和二级市场所必需的各种要素（比如"配额总量""覆盖范围"、配额初始分配、碳排放监测、报告与核查制度、碳排放交易市场调节机制等）以及碳排放交易市场的基础设施（如碳排放交易平台、碳排放配额注册登记系统）建设等。[1]为凸显建立碳排放交易制度的最终目的是使纳入规制企业以最低成本实现碳排放控制，本书重点从碳排放交易市场的监管权限、碳排放交易一级市场和二级市场的角度对该制度进行剖析研究。

在碳排放交易制度下，一级市场的法律制度围绕配额的初始分配及其清缴履约两个部分展开。具体包括：明确纳入该制度监管的行业和企业的范围、配额总量及其确定依据、配额初始分配的标准或者方法、被规制主体的法律义务内容。从配额全生命周期的角度看，碳排放交易一级市场实际上是配额从"出生"（即确定配额总量并将之分配给被规制主体）到"死亡"（即被规制主体提交配额用于履行配额清缴履约义务并被依法注销）的过程。从行政类型的角度看，碳排放交易一级市场则属于碳排放市场监管机关针对作为有限资源之配额，在作为私人主体之被规制主体之间所展开的配额分配行政之

---

〔1〕 段茂盛、庞韬：《碳排放权交易体系的基本要素》，载《中国人口·环境与资源》2013 年第 3 期，第 110 页。

行政过程。[1]

二级市场的主要内容是关于配额交易的规制，目的是防止"市场失灵"并助力被规制企业实现以最低成本减排。具体包括：从民法角度看，如何界定配额的法律属性，如何设计配额的交易制度，是否允许在配额或者减排信用上设定担保物权等促进市场流动性的问题；从经济法角度看，如何对配额交易的市场秩序进行监管，如何应对碳排放交易市场的突发情形，即配额价格异常波动或者配额供求长期失衡的问题，如何对碳金融（衍生品）市场进行监管等问题。

另外，碳排放交易市场的有效运行不仅有赖于碳排放交易制度本身的良好设计，也有赖于碳排放交易基础设施（即碳排放交易平台、注册登记处等）的良好设计，以及妥善处理碳排放交易制度与相关制度的配合和协调。

第一节　碳排放交易市场监管的权限分配

碳排放交易市场监管权限的分配包括纵向和横向两个维度。在碳排放交易制度下，明确央地政府在市场监管方面的纵向权限分配和同级政府内部不同部门之间的横向权限分配，可以有效防止因市场监管权限不统一或者不明确导致碳排放市场监管地方保护主义、监管真空或者重叠监管等情形的出现。

一、碳市场监管权限的纵向分配

所谓碳排放交易市场监管权限的纵向分配，主要是指在碳排放交易制度下，央与地政府或区域性超国家机构与成员（如欧盟）之间在碳排放交易各个环节的监管权限如何分配的问题。比如，配额总量由谁设定、配额分配标准或者方法由谁制定、碳排放交易注册系统是否统一以及由谁来监管等问题。如果上述方面是由中央政府或区域性超国家机构负责，则为"集权化"方式；如果是由地方政府或成员国负责则为"分权化"模式。[2]比如，在美国，按照《美国 1990 年清洁空气法》第四章"酸雨控制计划"建立的 SO_2 排放交易

---

〔1〕　王天华：《分配行政与民事权益——关于公法私法二元论之射程的一个序论性考察》，载《中国法律评论》2020 年第 6 期，第 88~95 页。

〔2〕　何晶晶：《构建中国碳排放权交易法初探》，载《中国软科学》2013 年第 9 期，第 18~19 页。

市场在管理体制上采取的就是"集权化"方式。在美国联邦层面，应对气候变化立法的多个法案（如《美国 2009 年清洁能源与安全法案》）中关于美国全国碳排放交易市场的管理体制也均采取"集权化"方式。EU ETS 在其第 I 期（2003－2007 年）和第 II 期（2008－2012 年）均采取"分权化"模式，成为导致配额供应过量的重要原因，也导致碳排放交易登记注册和交易系统不统一使得被配额在盗窃后难以追回等问题，所以从第 III 期（2013－2020 年）开始改用"集权化"的监管模式。[1]

域内外碳排放权交易市场运行的实践表明：为保证碳排放交易市场有效运行，应当坚持配额总量的设定、减排信用进入碳排放交易市场的条件、被监管企业所属行业的温室气体排放核算方法和报告指南、碳排放交易登记注册系统的监管、碳排放交易信息公开等内容应由中央层面的碳排放交易监管部门直接负责。此种安排的优点主要包括下列方面。一是避免配额总量的设定受地方保护主义影响而导致配额总量设定过于宽松，使得碳排放交易市场上的配额因缺乏稀缺性而碳排放交易"有场无市"即缺乏流动性等问题。二是采取统一的温室气体排放核算方法和报告指南，可确保在碳排放交易市场上流通的配额具有同质性。三是强化中央层面碳排放交易市场监管机关对市场上配额（及碳减排信用）供求关系的调控，防止因减排信用过量投入导致市场上配额（及减排信用）过量供应的情形发生。四是强化中央政府对市场上配额供求关系的把握程度并强化其监管能力，也可防止配额重复利用等问题的发生。五是更好地保障碳排放交易相关信息的安全，能充分利用其对碳排放交易登记注册系统进行监管，能保证碳排放交易市场的透明度，增强该市场的可预测性，从而强化投资者从事碳排放交易的信心，并增强公众对碳排放交易制度和市场的认知程度。六是防止由于碳排放交易有关信息的泄漏或者不当披露对碳排放交易市场秩序造成不良影响，更好地维护碳排放交易市场参与主体（尤其是交易主体）的合法利益，维护碳排放交易市场运行的良好秩序。

二、碳市场监管权限的横向分配

在碳排放交易制度下，首先应明确应对气候变化的主管机关和其他有关

---

〔1〕 陈惠珍：《减排目标与总量设定：欧盟碳排放交易体系的经验及启示》，载《江苏大学学报（社会科学版）》2013 年第 4 期，第 15~16 页。

机关在控制碳排放方面的权限。碳排放涉及经济社会生活的各个领域，比如能源、工业、建筑、交通以及服务业等，不仅涉及生产领域，而且涉及消费领域。对碳排放控制的监管，不仅包括对高碳行为的规制性监管，也包括对低碳行为的诱导性监管。因此，在存在某一负责牵头的碳排放主管机关的同时，可能还存在多个其他的负责本行业或本领域的碳排放监管机关。"碳排放主管机关"一般为各国环境保护机关，在我国 2018 年前为各级政府的发展和改革部门，2018 年后则是生态环境部门，"碳排放交易市场"的监管机关则可能包括其他部门。

其次，应注意区分针对碳排放的监管机关和针对碳排放交易市场的监管机关。前者以碳排放行为（包括直接排放和间接排放）为监管对象，后者则以配额或减排信用交易及其相关行为为监管对象。碳排放交易市场兼具金融市场、能源市场和环保市场的特点，因此亦须同时受金融市场和能源市场监管机关的监管。[1]针对碳排放交易市场的监管，有必要对作为碳排放交易客体的配额和减排信用的法律性质进行界定，其不同法律属性界定关系到具体由哪些监管机关对碳排放交易市场进行监管。另外，针对碳排放交易行为的监管机关，还必须区分针对碳排放配额现货交易的监管和对金融衍生品（包括远期交易、期权交易等）的监管机关，而且还须明确利用配额或者减排信用进行融资的监管机关。

在不同国家，碳排放交易市场的监管机关权限分配有所不同。比如，在美国，《美国 1990 年清洁空气法》第四章"酸雨控制计划"建立的 SO_2 排放市场交易由美国期货交易委员会（the Commodities Futures Trading Commission，CFTC）负责监管，但是该机构并没有充分的资源和权限胜任这项工作。《美国 2009 年清洁能源与安全法案》则授权美国环保署（EPA）建立和监管碳排放交易体系，授权美国农业部制定农业和森林领域碳抵消信用的监管计划，要求美国联邦能源监管委员会制定和执行关于配额市场建立、运行和监管的条例，并授权美国期货交易委员会负责碳排放配额衍生品市场的监管。在加拿大，加拿大证券监管机关明确表示配额或减排信用属于证券法监管中规定的"商品"（commodity），加拿大某些省甚至已经通过立法明确规定配额或减

---

〔1〕　李挚萍：《碳交易市场的监管机制研究》，载《江苏大学学报（社会科学版）》2012 年第 1 期，第 56~57 页。

排信用属于证券监管条例中规定的"商品",但是现货交易并不属于证券监管机关监管的范畴。[1]

三、碳排放交易市场的社会监督

在设计理念方面,碳排放交易制度致力于将其建立在经济理念和市场实践之上,努力实现一线执法人员在管理中行政裁量权和公众参与的最小化,[2]所以该制度本质上并非"悦纳"公众参与。但是,在现代社会,以《在环境问题上获得信息、公众参与决策和诉诸法律的公约》(《奥胡斯公约》)为重要里程碑,公众依法享有获取各种环境信息、参与和监督生态环境保护的程序性环境权利在世界各国已得到普遍承认。在我国,2014 年《环境保护法》是生态环境领域的基础性综合性法律,[3]分别在其第 53 条和第55 条对公众依法获取环境信息、参与和监督生态环境保护等方面的权利,以及政府和排污单位在污染物排放方面的信息公开义务作出规定。气候变化问题乃全球性环境问题,碳排放交易制度则是控制碳排放的重要法律制度。因此,就理论上而言,碳排放交易立法与《环境保护法》显然应当属上位法与下位法的关系。所以,尽管《环境保护法》在 2014 年修订时并未充分将应对气候变化问题纳入其调整范围和制度建构,但是该法关于环境信息公开和公众参与之法律规定的立法精神显然应当适用于碳排放交易制度的建立及其运行。而且,欧盟和美国地方层面的碳排放交易立法中也具有公众参与的相关规定。公众参与的有效性则有赖于信息公开的全面、充分、准确和及时。[4]欧盟负责碳排放交易市场的官员也曾明确指出:"碳排放交易市场的透明度和可预见性是碳排放交易体系建立的两个基本要素。"[5]而且,《巴黎协定》在

---

〔1〕 Shaun Fluker et al. , "Who Regulates Trading in the Carbon Markets?", *Journal of Environmental Law and Practice*, 2014, Vol. 26, No. 2, pp. 83~119.

〔2〕 Charles F. Sabel & William H. Simon, "Minimalism and Experimentalism in the Administrative State", *Georgeto-wn Law Journal*, 2011, Vol. 100, No. 1, pp. 54~55.

〔3〕 刘洪岩:《从文本到问题:有关新〈环境保护法〉的分析和评述》,载《辽宁大学学报(哲学社会科学版)》2014 年第 6 期,第 19 页。

〔4〕 代凯:《公众有效参与:一个亟须关注的议题》,载《理论与现代化》2017 年第 1 期,第 69 页。

〔5〕 张晴:《欧洲委员会气候司司长:中国碳市场将向世界发出重要信号》,载《21 世纪经济报道》2015 年 2 月 9 日。

建立透明度制度框架方面，也对缔约国的碳排放信息公开提出了相应要求。[1]因此，在我国碳排放交易立法中，构建和完善公众参与和信息公开法律制度的必要性、可行性和现实紧迫性三者兼具。[2]

在碳排放交易制度中，为保障碳排放交易市场的透明化和公众参与和监督的有效性，应当明确规定公众在碳排放与碳排放市场交易相关信息方面的知情权，以及各级政府和纳入该制度监管的被规制主体的碳排放信息公开义务。[3]在碳排放交易制度下，碳排放监管机关、碳排放交易监管机关、碳排放交易中介机构、纳入碳排放交易制度监管的企业都应当承担碳排放信息公开方面的义务。但是，在相关法律主体进行碳排放信息公开的同时，也应当尊重和保护包括纳入该制度监管的企业的商业秘密和个人隐私等方面的权利。也就是说，碳排放交易制度必须在尊重公众在碳排放信息和碳排放交易信息方面的知情权和保护纳入该制度监管的企业的商业秘密等信息方面进行权衡。这实际上就涉及碳排放交易市场上碳排放信息公开的限度问题。[4]在公众参与方面，尤其需要强化在配额总量的确定及其调整过程中的公众参与，而且应当从被规制主体、相关领域的专家学者、相关政府部门、一般社会公众等方面强化"公众"结构的合理性。再者，应当强化企业碳排放信息监测、报告和核查方面的公众参与，如此能够更好地发挥社会公众在确保碳排放数据的准确性和完整性等方面的作用。

第二节　碳排放交易一级市场的基本要素

从纳入碳排放交易制度规制的企业角度看，碳排放交易一级市场主要包括被监管行业和企业的确定、配额总量的设定、配额的初始分配、配额清缴与注销等，也即配额如何产生、向谁分配、如何分配以及配额的注销等。

---

〔1〕　赵俊：《我国环境信息公开制度与〈巴黎协定〉的适配问题研究》，载《政治与法律》2016年第8期，第104页。

〔2〕　潘晓滨：《碳中和背景下我国碳市场公众参与法律制度研究》，载《法学杂志》2022年第4期，第151页。

〔3〕　陈阳：《机制仍需完善，信息有待透明》，载《中国经济导报》2014年1月18日。

〔4〕　李挚萍、程凌香：《企业碳信息披露存在的问题及各国的立法应对》，载《法学杂志》2013年第8期，第30项；王国飞：《论企业碳排放信息公开的法律限度》，载《湖北经济学院学报》2014年第6期，第122页。

一、监管对象的确定与许可

碳排放交易制度监管对象的确定，即碳排放交易制度的覆盖范围（coverage），是指纳入该制度规制的行业和企业的范围。具体来说，就是指在"总量控制型"交易制度中，应当（或者可以）在能源生产端、加工与流通环节、消费端等具体哪个环节设定排放交易制度，以及应当（或可以）选择哪些行业（或企业）以及何种温室气体纳入碳排放交易制度监管。"碳排放交易体系创立的关键性一步是覆盖范围的设定"，[1]所以碳排放交易制度规制对象的合理选择是碳排放权交易制度得以建立和有效运行的基础性问题之一。确定温室气体排放的来源是确定碳排放交易制度规制对象的前提。温室气体排放的来源主要包括：石燃料燃烧、生产加工过程或者天然气勘探开发输送等活动、垃圾处理和焚烧以及由于土地利用、土地利用变化和森林（Land Use, Land Use Change, and Forestry, LULUCF）等。碳排放交易制度规制对象的选择主要涉及下列方面。

第一，在能源产业链的哪个环节或者节点设定碳排放交易制度。也就是说，是选择在能源产业链上游（upstream）（比如油气开发供应端或炼油气环节等能源生产端）建立碳排放交易制度，还是选择在能源产业链中游（midstream）（比如能源配送商、城市油气供应站），抑或是选择在能源产业下游（downstream）（即能源消费侧各种类型的能源消耗企业等）设立碳排放交易制度。[2]

第二，将哪些行业纳入碳排放交易制度的监管范围。具体来说，就是从"碳源"角度来看，是否将能源、工业、建筑、交通等所有行业纳入碳排放交易制度规制对象；从"碳汇"角度来看，是否可以直接将农业、林业等涉及土地利用、土地利用变化和森林（Land Use, Land Use Change, and Forestry, LULUCF）纳入碳排放交易制度的规制范围，而非通过碳抵消项目的方式。

第三，将哪些企业或者排放设施纳入监管。这实际上关系到，在选择以

---

〔1〕〔美〕丹尼·埃勒曼、弗兰克·肯沃瑞、克里斯琴·普萨斯著，朱苏荣主编：《碳定价：欧盟排放交易体系》，中国人民银行乌鲁木齐中心支行译，中国金融出版社 2011 年版，第 3 页；Also see Toni E. Moyes, "Greenhouse Gas Emissions Trading in New Zealand: Trailblazing Comprehensive Cap and Trade", *Ecology Law Quarterly*, 2008, Vol. 35, No. 4, pp. 911~966.

〔2〕Robert N. Stavins, "Addressing Climate Change with a Comprehensive US Cap-and-Trade System", *Oxford Review of Economic Policy*, Vol. 24, No. 2, 2008, pp. 298~321.

企业或排放设施为规制对象时，如何设定被监管对象的门槛值。需考虑的是，是选择以企业（entity）为规制对象，还是选择以排放设施（facility/installation）为规制对象，其根本区别在于由谁来承担具体的减排义务。在不同的碳排放交易制度下，可能会选择以企业整体作为规制对象，也可能选择以排放设施为规制对象。在某一企业有多个排放设施时，如果以企业整体为规制对象，则该企业所有设施实际上都被纳入规制范围。如果以排放设施为规制对象，那么只有达到监管门槛值的排放设施才被纳入被规制范围。如果以排放设施为规制对象，就意味着碳排放交易可能会在同一企业内部发生。目前，大多数排放交易制度以排放设施为规制对象，但是我国试点省市的碳排放交易制度以企业为规制对象。另外，在通常情况下，碳排放交易制度在设计时，对于未达到应当纳入碳排放交易制度监管门槛值的排放设施，往往可以申请加入该碳排放交易制度。

第四，将哪些温室气体排放纳入监管。就是说，是仅以 CO_2 为规制对象，还是将 CO_2、CH_4、N_2O、CO 等温室气体，抑或是其他可能产生温室气体效应的物质都纳入规制范围。比如，RGGI 就是仅以电力行业排放的 CO_2 为规制对象，而美国加利福尼亚州碳排放交易立法则是将前述 6 种温室气体都纳入规制范围。

在将达到规定监管门槛值的企业纳入规制范围的同时，还须考虑对于已纳入该制度规制的企业的退出机制，即被规制企业在符合何种条件时才能退出规制。在一般情况下，碳排放交易立法会被规定在纳入该制度规制的企业的温室气体排放低于应纳入该制度监管的门槛值连续满若干年（比如 3 年）时即可退出规制。另外，还应防止企业为逃避被纳入该制度规制而将企业拆分成若干小公司的情形发生。同时，由于碳排放交易制度的适用仍然处于摸索阶段，并且碳排放交易监管机关对碳排放交易的监管也有待于成熟，加之为避免碳排放交易制度对本国或者地区经济造成过度冲击，大多碳排放交易制度在设计时往往会选择逐步扩大规制范围。比如，EU ETS、美国加利福尼亚州碳排放交易立法就是如此。

"覆盖范围"的确定不仅关系到碳排放交易制度下的"总量控制"（Cap）目标能否实现，是否符合"成本–收益"原则，也关系到该国家或者地区温室气体排放控制法律制度体系的建构。[1]从理论上而言，碳排放交易制度"覆盖范围"越广，就越能增加碳排放交易制度下纳入碳排放交易制度监管的企业选择以最低成本进行减排的机会，还能降低碳泄漏的机会，越能够促进碳排放交易市场的流动性，并且能够实现对所有企业的公平规制。罗伯特·斯塔文斯曾建议美国选择在能源产业链上游建立碳排放交易制度，其优点是将全部经济领域的温室气体排放都纳入规制范围，而且被纳入规制范围的企业数量较少，碳排放交易监管机关比较容易对其进行监管。[2]针对欧盟 EU ETS目前选择在能源产业链以较大温室气体排放源为规制对象使得欧盟温室气体排放控制法律制度呈现"EU ETS+命令型规制制度"的"双轨制"模式[3]，大卫·魏斯巴赫建议在 EU ETS 第四阶段，改为在能源产业链上游选择纳入该制度规制的企业范围。[4]

在通常情况下，碳排放交易制度覆盖范围的选择需要遵守下列条件。[5]一是减排主体之间的减排成本存在明显差异。这就要求纳入该制度规制的企业数量适当而不宜太少，如此才能使减排主体之间的减排成本存在着明显差异，减排主体才存在着多个减排选择，并且有动力（也能够）选择以最低成本减排。二是减排主体的碳排放量能准确监测。[6]在碳排放交易制度下，减排主体的碳排放量是确定是否应将其纳入该制度规制的前提条件，也是向其发放配额的重要参考。三是将企业纳入该制度规制，对该企业和监管机关而言均符合"成本-收益"原则。如果企业规模较小，纳入该制度规制的减排收益便会非常有限，此时就应当考虑采取碳排放交易制度之外的其他减排制度

〔1〕 Ying Fan & Wolfgang Eichhammer, "Introduction to the Special Issue-Theoretical Advances in and Empirical Lessons on Emissions Trading Schems", *Energy & Environment*, 2014, Vol. 25, No. 3&4, pp. 519~525.

〔2〕 Robert N. Stavins, "A Meaningful U. S. Cap-and-Trade System to Address Climate Change", *Harvard Environmental Law Review*, 2008, Vol. 32, No. 2, pp. 293~371.

〔3〕 李艳芳、张忠利:《欧盟温室气体排放法律规制及其特点》，载《中国地质大学学报（社会科学版）》2014 年第 5 期，第 55 页。

〔4〕 David A. Weisbach, "Carbon Taxation in the EU: Expanding the EU Carbon Price", *Journal of Environmental Law*, 2012, Vol. 24, No. 2, pp. 183~206.

〔5〕 Stephanie Benkovic & Joseph Kruger, "To Trade or Not To Trade, Criteria for Applying Cap and Trade", *The Scientific World*, 2001, Vol. 1, pp. 953~957.

〔6〕 David M. Driesen, "Trading and Its Limits", *Penn State Environmental Law Review*, 2006, Vol. 14, No. 2, pp. 169~176.

引导该企业进行减排。

选择在上游建立碳排放交易制度的优点在于：有利于降低交易成本（包括政府监管成本和企业守法成本）、能覆盖整个经济领域（即能提高减排效率、精确定位、防止碳泄漏以及更加公平）、更具可信性和额外性（碳排放数据更加具有可信性）。[1]但是，在决定是否选择在能源产业链上游进行规制需考虑下列方面：第一，上游所生产的所有化石能源是否都用于燃烧进而导致碳排放。若不是，如何区分用于燃烧从而产生温室气体排放的化石能源和非用于燃烧的化石能源。第二，碳排放交易制度是否能通过价格传递信号充分带动全社会控制碳排放。换言之，能源产业链下游的消费者是否对基于在能源产业链上游建立的碳排放交易市场产生的价格信号足够敏感，从而诱导其改变消费行为等行为模式？如果不足以达到该目的，则需考虑还需要哪些配套法律制度。

主张选择在能源产业链下游建立该制度的学者认为：如此更容易引起企业决策者关注、能够实现监管者有意将部分下游行业排除在规制范围之外的目的、能够利用现有数据和法律制度实现碳价格信号的快速传递。选择在能源产业链下游建立碳排放交易制度时，则是选择以能源（这里是指二次能源行业）、工业、交通和建筑等行业的企业直接排放的温室气体为规制对象。这意味着，单凭碳排放交易制度可能无法实现该国或者地区总的控制温室气体排放目标，因此需考虑对该制度规制之外的碳排放源选择何种法律制度进行规制的问题。[2]针对建筑行业和交通行业，如果选择在能源产业链中游（比如油气供应站等能源配送商），同时针对其他行业选择同时选择在能源消费端确定规制对象，则需要考虑是否存在碳排放重复计算的问题以及如何避免该问题。[3]

在碳排放交易制度下，应当建立碳排放许可制度。第一，该制度是区分纳入碳排放交易制度监管的企业与未纳入该制度监管的企业的重要标志，是

〔1〕　Suzi Kerr & Vicki Duscha, "Going to the Source: Using an Upstream Point of Regulation for Energy in a National Chinese Emissions Trading System", *Energy & Environment*, 2014, Vol. 25, No. 3&4, pp. 593~611.

〔2〕　Center for Clean Air Policy, *US Carbon Emissions Trading: Description of an Upstream Approach*, Center for Clean Air Policy Publishing, March 1998.

〔3〕　Tim Hargrave, *An Upstream Downstream Hybrid Approach to Greenhouse Gas Emissions Trading*, Center for Clean Air Policy Publishing, June 2000.

对按照规定应当纳入该制度监管而未被纳入该制度监管的企业进行处罚的法律依据。第二，是赋予纳入该制度监管的企业碳排放资格，并且是明确规定该企业在控碳排放方面的法律义务的载体。第三，能实现温室气体和污染物的一体化规制。

在碳排放交易制度下，碳排放许可证至少应规定纳入该制度监管的企业（或排放设施）应当承担下列义务：第一，依法制定监测计划的义务，并且变更监测计划应当经有权机关批准；第二，按照法律规定负有如实监测、报告其温室气体排放的义务；第三，温室气体排放报告须经第三方核证机关核证的义务；第四，依法按期足额提交与其实际排放量相等的温室气体排放配额的义务。

按照《欧盟碳排放交易指令》（2023 年 5 月修正）第 4 条的规定，任何排放设施除非其运营商持有碳排放许可证，或者该排放设施被排除在碳排放交易指令规制范围之外，否则不得进行该指令规定的将会导致碳排放且与该活动有关的活动。该指令第 5 条对碳排放许可证申请书应载明的内容作了明确规定。该指令第 6 条规定，若有权机关确信排放设施的运营商能准确监测并报告排放设施之部分或全部所排放的温室气体，则应当向其颁发排放许可证，授权该设施的全部或者部分排放温室气体。该第 6 条还规定，碳排放许可证应载明下列内容：一是排放设施运营商的姓名和地址；二是对排放设施碳排放行为和活动的描述；三是符合规定要求的监测计划；四是碳排放报告方面的要求；五是针对该设施提交与其每一年度核证碳排放总量相等数量的配额的义务。[1]

《美国 2009 年清洁能源就业与美国电力法案》（Clean Energy Jobs and American power Act）第 727 条规定，对于受《美国 1990 年清洁空气法》第五章（"对除温室气体之外的被规制空气污染物排放源进行监管"）规制，且属于计划修改后的第七章规定的被规制实体，必须获得碳排放许可证或者对《美国 1990 年清洁空气法》第五章下的许可证进行修改，以获得碳排放许可。[2]另外，美国东部九州"区域温室气体减排行动示范规则"（Regional Greenhouse

---

〔1〕 参见曹明德、李玉梅：《德国温室气体排放许可证交易法律制度研究》，载《法学评论》2010 年第 4 期，第 104~110 页。

〔2〕 Scott D. Deatherage, *Carbon Trading Law and Practice*, Oxford University Press, 2011, p.139.

Gas Initiative Model Rule，RGGI）在其第 XX-4 部分专门对碳排放许可证作出了规定。

二、配额总量的设定及调整

在总量控制型碳排放交易制度下，"配额总量"即为"总量控制"（Cap），其设定关系到碳排放交易市场上配额的稀缺性（即供求关系）和市场流动性。[1]

"配额总量"不同于国家的温室气体减排目标。国家温室气体减排目标包括"绝对的总量减排目标"和"相对的强度减排目标"两种情形。所谓"总量减排目标"是指该国家或者地区在某一特定时期内温室气体减排的总的目标，通过以到某一目标年度比某一基准年度或者较"一切照旧"（Bussiness as Usual，BAU）情景下的温室气体排放水平降低某一百分比。比如，英国承诺到 2050 年实现比 1990 年温室气体减排 80%，韩国则承诺到 2020 年温室气体排放较"一切照旧"情形降低 40%。"强度减排目标"则是指到某一目标年度实现单位 GDP 碳排放强度比某一基准年度的单位 GDP 碳排放强度降低一定百分比。比如，2009 年我国政府承诺到 2020 年比 2005 年单位 GDP 碳排放强度降低 40%~45%。

由于并非所有温室气体排放源及其温室气体排放活动都被纳入了碳排放交易制度监管，碳排放交易制度下的"配额总量"通常不同于特定时间的国家减排目标。比如，受碳排放监测技术的影响，建筑领域、交通领域、土地利用和森林（即 Land，Land Use Chang and Forestry，LULUCF）未必会被纳入该制度规制。

另外，"配额总量"也不同于"环境容量"。[2]应该说，排放交易制度目的是将大气污染物或者温室气体排放量控制在环境可承载能力的范围内，即"环境容量"范围内。在通常情况下，"配额总量"不等于"环境容量"。首先，排放交易制度并不能对所有的温室气体排放源进行监管。其次，立法机关或者政府部门在确定"配额总量"时，不仅要考虑国家在某一时期内总的

---

〔1〕　Alice Kaswan，"Decentralizing Cap‐and‐Trade？The Qustion of State Strigency"，*San Diego Journal Climate & Energy Law*，2009，Vol. 1，pp. 101~161.

〔2〕　沈满洪等：《排污权交易机制研究》，中国环境科学出版社 2009 年版，第 192~193 页。

碳减排目标，也要考虑国家的经济社会发展水平和状态，还须考虑纳入该制度监管的企业的温室气体排放的历史状况、不同行业企业的减排能力与减排技术是否成熟和易得。为实现总的控碳目标，"配额总量"的设定应呈现出逐年下降的趋势。

在总量控制型碳排放交易制度下，未来若干年"配额总量"的设定往往是参照同一时期"一切照旧"（Bussiness As Usual，BAU）情境下碳排放情况下设定的，即在保持其他因素不变的情形下，确定到某一目标年度实现比某一基准年度的碳排放量降低某一百分比，进而碳排放交易制度下的"配额总量"的具体数值。但是，受有限理性和信息不完全等因素影响，这种设定方法显然无法准确地预判未来经济发展形势、国家重大战略决策、重大技术创新、区域性乃至全球性能源结构调整等外部因素对纳入该制度监管的企业碳排放的影响。

上述配额总量设定的方法意味着，配额超发（over-allocation）乃至配额严重供不应求是排放交易制度建构过程中必须面对的问题。所谓配额超发，是指配额总量的设定严重超过了纳入该制度监管的企业的实际碳排放量，并且在可预期的未来一段时间，除非采取其他措施，否则这种情形将不会发生根本改变。

实践表明，在排放交易制度运行过程中，配额超发或者配额过量供应是普遍存在的。[1]比如，EU ETS 第Ⅲ期（2013-2020 年）就面临明显的碳排放配额严重过量供应的问题。美国东部"区域性温室气体减排行动"（Regional Greenhouse Gas Initiative，RGGI）也曾经历过配额严重供过于求的问题。美国加利福尼亚州洛杉矶"区域清洁空气激励市场"（the Regional Clean Air Incentives Market，RECLAIM），在其不同时期则曾先后经历过配额严重供过于求和严重供不应求的问题。[2]

配额超发或过量供应可能导致下列后果。第一，使碳排放交易市场上的配额严重供过于求，导致配额缺乏稀缺性，使得市场主体缺乏交易动力，市场也因此缺乏流动性，而碳价格则长期处于低迷状态；第二，配额严重供应

---

〔1〕 深圳市碳排放权交易研究课题组：《建设可规则性调控总量和结构性碳排放交易体系——中国探索与深圳实践》，载《开发导报》2013 年第 3 期，第 8~9 页。

〔2〕 Richard Toshiyuki Drury et al.，"Pollution Trading and Environmental Injustice：Los Angeles' Failed Experiment in Air Quality Policy"，*Duke Environmental Law & Policy Forum*，1999，Vol. 9，No. 2，pp. 231~290.

过于求，意味着被规制主体可能根本无需实质性控制碳排放就可以履行相应的法律义务，甚至还可能会导致其排放更多温室气体，从而拖延控制碳排放、减缓气候变化的进程；第三，可能会抵消由于采取其他控碳措施所实现的碳减排效果。[1]因此，辨明导致配额超发或者过量供应的原因并采取相应措施，对于实现碳排放交易市场的稳健运行，确保碳排放交易制度真正能够控碳效果至关重要。

配额超发的原因可能包括下列方面。第一，作为设定"配额总量"重要参考依据的企业碳排放原始数据不准确，即被规制企业为争取设定对自己有利的配额总量，所申报的历史碳排放数据虚高。第二，在"配额总量"设定采取"分权化"模式，即由各国或地方政府自行确定情形下，各国或地方为避免碳排放交易市场对本国或者本地企业竞争力或者经济发展造成冲击，倾向于设定较高的配额总量。第三，允许来自碳抵消项目的减排信用进入碳排放交易市场的标准或者要求过于宽松。第四，外部形势短期内发生难以预见的较大变化，导致企业实际碳排放量明显降低。比如，由于经济危机导致经济下行和市场低迷，使得消费动力不足，企业生产和供应降低。再如，出现极端异常气候，使得某一国家或地区在某一时期内较以往时期化石能源需求量增加或减少，导致被规制企业的碳排放量在短期内急剧增加或减少，使得配额供求关系严重失衡。

上述分析表明，"配额总量"的设定过于僵硬而缺乏"与时俱进"之灵活性，是导致配额过量供应的重要原因。申言之，"配额总量"的设定是面向未来进行预测的结果，但作为预测之考量因素的经济形势发展变化、减排技术创新、能源结构调整等因素在未来的发展情形下很难准确预测，因此难免会发生严重偏离预测结果的情形，导致事先确定的"配额总量"与其后实际发展情形存在较大的偏差。但是，在现行碳排放交易制度下，"配额总量"一经确定很难调整，该确定性正是碳排放交易制度较之碳税和命令型制度的优势所在。

因此，应当增强"配额总量"设定规则的回应性，即允许在特定情形下对其进行事后调整，[2]以反映经济形势的波动等外部环境的变化，应对不可

[1]　Lesley K. McAllister, "The Overallocation Problem in Cap-and-trade: Moving Toward Stringency", *Columbia Journal of Environmental Law*, 2009, Vol. 34, No. 2, pp. 395~446.

[2]　Lawrence H. Goulder, "Markets for Pollution Allowances: What Are the (New) Lessons?", *Journal of Economic Perspectives*, 2013, Vol. 27, No. 1, pp. 87~102.

预测的非常规情形对被规制主体碳排放状况的影响，确保碳排放交易市场稳定运行，确保碳排放交易制度能够真正发挥减排作用。为维护法的安定性，应当强化"配额总量"事后调整的法制化，确保该事后调整以透明和可预测的方式进行。[1]

有学者建议，为实现针对碳排放交易市场运行外部条件的急剧变化作出快速反应的目的，"配额总量"的事后调整应当是自动触发的，而不是由规制主体对该碳排放交易体系进行审查并对将来的配额数量作出相应调整。[2]比如，可以设定一个可以自动实施的配额底价（allowance price floor）机制，即在碳价格达到该底价时，市场监管部门即应采取从市场上回购配额、降低下一个履行周期的配额数量以及"没收"（confiscate）部分配额等措施，降低市场上流通的配额数量，而且政府部门有权自行对该碳底价进行周期性调整。[3]但是，在配额过量的情形下，仍然需要细化的是，政府部门在何种情形下可以采取何种措施，以增强应对措施的针对性并且避免部门滥用行政裁量权。比如，配额初始分配方式（即有偿或无偿）对所采取措施的影响，配额法律属性的不同界定对选择相应措施的影响，以及存在多种备选措施的情形下其先后顺序如何。

三、配额的初始分配与回收

在碳排放交易一级市场上，针对纳入该制度规制的企业（或排放设施）进行配额初始分配的方法主要包括免费发放和有偿发放两种。其中，免费发放又可区分为"祖父制"（grandfathering）方法（即历史排放法）和"基准线方法"（bechmarking）两种方法；有偿发放又可以被区分以固定价格进行配额出售和采取拍卖方式进行配额出让两种方法。[4]配额的初始分配方法的选择，关系到碳排放交易立法能否顺利进行、能源密集型企业的竞争力以及防止碳

---

〔1〕 Baran Doda, "How to Price Carbon in Good Times … and Bad", *Wiley Interdisciplinary Reviews*：*Climate Change*，2016，Vol. 7，No. 1，pp. 138~139.

〔2〕 David A. Evans & Joseph A. Kruger, "Where Are the Sky's Limits? Lessons from Chicago's Cap-and-Trade Program"，*Environment*：*Science and Policy for Sustainable Development*，2007，Vol. 49，No. 2，pp. 30-31.

〔3〕 Lesley K. McAllister, "The Overallocation Problem in Cap-and-trade：Moving Toward Stringency"，*Columbia Journal of Environmental Law*，2009，Vol. 34，No. 2，pp. 399~400.

〔4〕 王毅刚等：《碳排放交易制度的中国道路——国际实践与中国应用》，经济管理出版社 2011年版，第 10 页。

泄漏等问题。

免费发放和有偿分配各有利弊。免费发放的优点在于，在碳排放交易市场建立之初，免费分配配额能降低碳排放交易立法的阻力，但有违反"污染者付费"原则之嫌，然而也有学者认为这实际上涉及如何理解"污染者付费原则"的问题。[1]从效率角度来看，免费发放配额并不违反"污染者付费原则"；但是从平等角度则可能构成对"污染者付费原则"的违反。[2]还有学者认为，免费发放配额也会违反"公共信托原则"。[3]但是，从法教义学角度看，"污染者付费原则""公共信托原则"既然是以"原则"方式出现，那便意味着它在现实中无法以"全有全无"方式实现，而只能以在多大程度实现的方式存在。[4]换言之，受各种因素制约，在现实中并非所有排污行为都必然要付费。而且，在建立碳排放交易市场过程中，被规制主体为履行相应义务需进行大量先期投入，这些也应当属于污染者"付费"的范畴。而且，若采用"祖父制"方法进行分配，对企业先期减排行为不予考虑，则可能会导致"鞭打快牛"的问题，影响企业控碳积极性。配额初始分配有偿进行的优点在于，更容易促进被规制企业低碳投资，但若在市场建立初期就进行配额有偿分配，则容易为企业所抵制。[5]相对配额的无偿分配，通过拍卖方式等有偿方式进行分配，并将所得用于投入激励被规制企业投资绿色低碳技术，在控碳方面更具成本有效性。因此，大多数碳排放交易市场都会选择在市场运行初期以无偿方式分配配额，然后逐渐过渡到"有偿+无偿"相结合的方式分配配额，并最终实现全部有偿分配。[6]

---

〔1〕 Edwin Woerdman et al. , "Emissions Trading and the Polluter-Pays Principle: Do Polluters Pay under Grandfathering", *Review of Law and Economics*, 2008, Vol. 4, Issue 2, pp. 565~590.

〔2〕 Jonathan Remy Nash, "Too Much Market? Conflict Between Tradable Pollution Allowances and The 'Polluter Pays' Principle", *Harvard Environmental Law Review*, 2000, Vol. 24, No. 2, pp. 465~536.

〔3〕 Gerald Torres, "Who owns the Sky?", *Pace Environmental Law Review*, 2002, Vol. 19 No. 2, pp. 515~574; Karl S. Coplan, "Public Trust Limits on Greenhouse Gas Trading Schemes: A Sustainable Middle Ground?", *Columbia Journal of Environmental Law*, 2010, Vol. 35, No. 2, pp. 287~336.

〔4〕 ［美］罗纳德·德沃金:《认真对待权利》，信春鹰、吴玉章译，上海三联书店 2008 年版，第 44~47 页。

〔5〕 Bruce R. Huber, "How Did RGGI Do It? Political Economy and Emissions Auctions", *Ecology Law Quarterly*, 2013, Vol. 40, No. 1, pp. 59~106.

〔6〕 Lawrence H. Goulder, "Markets for Pollution Allowances: What Are the (New) Lessons?", *Journal of Economic Perspectives*, 2013, Vol. 27, No. 1, pp. 87~102.

在碳排放交易制度下，监管部门往往会选择不同的配额分配方式。比如，在有些碳排放交易制度下，监管机关会选择向被规制企业（或排放设施）一次性分配所有履约年度（compliance year）的配额，有些则选择在每一履约年度开始前一定时间才分配该年度的配额。而且，即便在同一制度下的同一履约期，针对纳入该制度监管的不同行业或企业也可能会采取不同的配额分配方法。

通常而言，在碳排放交易一级市场上，配额初始分配的对象是被规制企业（或排放设施）。但是，有些碳排放交易制度（如美国加州和深圳市的碳排放交易制度）为增强市场流动性，则允许私人投资者以固定价格有偿购买或通过排放方式参与一级市场上配额的初始分配。而且，为增强监管的灵活性，碳市场监管机关通常会将"配额总量"区分为多个组成部分，即针对现有排放设施的部分、针对将来新建排放设施的部分和为进行碳价格市场管理而预留的部分。[1]

针对新建或扩建企业，大部分碳排放交易制度会选择为其预留配额。从推动低碳技术进步、促进低碳经济发展的角度看，应对新建或扩建碳排企业提出更高要求，因此对其配额获得应采取有偿方式。对于为调节碳价格而预留的配额部分，则将在本书"碳排放交易制度中的价格管理机制"部分分析论述。

针对破产或关闭企业所持有配额，首先应利用其所持配额完成企业破产或关闭前的履约义务，之后对于由碳排放监管机关通过免费分配获得的部分应当由碳排放交易监管机关收回，并纳入用于调节市场碳价格的预留配额部分。对于由该企业通过有偿方式获得的配额，其处置方式与配额的法律属性的界定方式有关。若将配额定性为财产，则应将之纳入该企业破产财产的范畴。若不定性为财产，则可以由企业在二级市场上进行转让或者由监管机关有偿回收。

四、排放监测、报告与核证

碳排放监测、报告和核证制度（Monitoring，Reporting，and Verification，

---

〔1〕 Bo Shen et al., "California's Cap-and-Trade Programme and Insights for China's Pilot Schemes", *Energy & Environment*, 2014, Vol. 25, No. 3&4, pp. 551~575.

MRV）制度包括国家、地区、项目以及企业等多个层面。国家层面建立碳排放监测、报告和核证制度，主要是为履行该国在《联合国气候变化框架公约》《巴黎协定》下的国际义务。项目层面的碳排放监测、报告和核证则主要是为确保该项目产生的减排额度具有额外性（additionality），比如清洁发展机制下的项目。

企业碳排放的 MRV 制度是指，纳入碳排放交易制度监管的企业依法制定监测计划，并据此对该企业或其排放设施排放的温室气体进行监测（Monitoring），向监管机关进行报告（Reporting），并由该企业或监管部门委托第三方核证机构对该报告进行核证（Verification）并最终确定企业碳排放量的制度。

碳排放数据质量是碳排放交易制度的生命线，高质量的企业碳排放数据是确保碳排放交易市场稳定运行，碳排放交易制度发挥实效的前提。第一，纳入碳排放交易制度规制的企业的历史碳排放数据是确定该制度某一履约期"配额总量"的重要依据。第二，企业碳排放数据是确定应否将某一企业（或排放设施）纳入（或退出）该制度监管的依据。第三，被纳入碳排放交易制度监管的企业报告的碳排放数据，在经第三方核证机构核证后，是该企业依法履行配额清缴义务即按期提交与其实际碳排放量相等的配额（或减排信用）的依据。第四，企业碳排放 MRV 体系是其依法履行碳排放信息公开义务的前提。

在碳排放交易制度下，被规制企业须依法制定监测计划（monitoring plan），并在企业排放设施出现改建或扩建时及时修改监测计划并报监管机关批准。监测计划是被规制企业进行碳排放监测和报告其最终碳排放量的重要依据。[1]

在不同的碳排放交易制度下，纳入该制度监管和进行碳排放监测的对象可能有所不同。从《美国 1990 年清洁空气法》第四章规定"酸雨控制计划"以来，碳排放交易制度普遍是以排放设施（facility/installation）为监测对象。但是，也有些碳排放交易制度以企业为监测对象。比如，我国全国性碳排放交易制度和试点省市碳排放交易制度。其区别在于：在一个企业有多个排放

---

〔1〕　孙振清等：《中国区域碳排放权配额分配机制研究》，载《环境保护》2014 年第 1 期，第 45 页；史学瀛、李树成、潘晓滨：《碳排放交易市场与制度设计》，南开大学出版社 2014 年版，第 326~327 页。

设施的情况下，只有达到规定的监管门槛值的排放设施才需被纳入该制度监管范围。[1]

在碳排放交易制度中，通常存在着两种碳排放监测方法：一是安装排放监测设施，对碳排放进行实时监测；二是按照针对不同行业制定的温室气体排放核算和报告指南中规定的缺省值（或排放系数）通过计算获得碳排放数据。相对而言，通过前一种方法获取的数据更加精准，但其成本投入也更高，因此从"成本-收益"原则和技术可到性的角度来看，该种方法并不适用于所有被规制对象。所以，在同一碳排放交易制度下，很可能存在多种碳排放数据监测方法。尤其是，有些碳排放交易制度可能会将温室气体间接排放纳入规制范围，此时就只能选择按照温室气体排放核算和报告指南通过计算获得其碳排放数据。

被规制企业报告的碳排放数据之所以需进行核证，至少包括两方面原因。一是被规制企业的碳排放数据是其履行控制碳排放义务的根本依据，而该数据的真实性和准确性关系着碳排放交易制度控碳目标实现的真实性。二是被规制企业报告的碳排放数据直接关系到其依法应当缴纳的配额，因此该企业有强烈的利益动机对数据进行弄虚作假，尤其是在碳价格较高之时。

针对企业报告的碳排放数据，至少有 3 种核查方式，即由该企业内部的审计部门负责核查、由监管机关自行进行核查和由该企业或监管机关委托第三方核证机构进行核查。在碳排放交易制度下，由于企业有强烈的动机进行碳排放数据的弄虚作假，因此不宜由企业自行对其碳排放数据进行核查。若由市场监管机关自行进行企业碳排放数据的核查核证，则可能使其面临较大监管责任，而不能承受之重。由第三方核查机构对企业碳排放报告进行核证，既能避免利益冲突，也能有力缓解监管机关的负担，因此较为可行。而且，从环境治理角度看，第三方核查是社会规制在环境治理中发挥作用的重要体现。[2]但是，第三方核查机构也存在被企业"俘获"而进行恶意串通从而伪

---

〔1〕 刘保晓、李靖、徐华文：《美国温室气体清单编制及排放数据管理》，载《21 世纪经济报道》2015 年 1 月 10 日。

〔2〕 Lesley K. McAllister, "Harnessing Private Regulation", *Michigan Journal of Environmental & Administrative Law*, 2014, Vol. 3, No. 2, pp. 291~420.

造碳排放数据的可能性。[1]此时，监管机关应建立相应机制发挥好最后一道防线的作用。

五、配额清缴履约及其注销

在碳排放交易制度下，无论是"覆盖范围"的确定、碳排放许可制度的建立、"配额总量"的设定与分配，还是 MRV 制度，最终都是为了促使被规制主体履行控碳义务，即依法按期足额缴纳与其实际碳排放量相等的配额。

如果被规制企业的实际碳排放量超过其事先从一级市场无偿或者有偿获取的配额数量，它可以选择通过下列方式补足其差额部分：一是使用本企业事先存储的配额；二是从碳排放交易市场购买其他纳入碳排放交易制度监管的企业富余的配额；三是向碳排放交易监管机关购买其预留的用于调节市场碳价格的配额；四是从碳排放交易市场购买碳减排项目产生的碳减排信用。这使得被规则企业能够选择以最低成本减排，这正是碳排放交易二级市场制度的价值所在。

基于上述分析不难发现，从企业（或排放设施）的角度而言，除其履行义务选择的多样性（即可从市场上购买配额或减排信用来履行义务）外，碳排放交易一级市场制度实际上与命令型制度无异。换言之，碳排放交易一级市场制度大致上等于我国环境法上的"总量控制制度" + "排污收费制度"的组合。

第三节 碳排放交易二级市场的监管机制

碳排放交易二级市场主要涉及民法和经济法方面的法律制度。在民法方面，不仅涉及交易主体和客体等"配额"交易制度的设计，也涉及配额之权利变动的公示公信以及是否允许在配额或减排信用上设定担保物权等，还涉及碳排放交易登记注册系统相关的法律制度。在经济法方面，不仅涉及如何对碳排放交易市场上的欺诈行为、不正当竞争等行为进行规制，也涉及如何对碳价格异常波动或配额供求关系严重失衡进行调整，还涉及如何对碳金融市场进行监管。

---

〔1〕 Jennifer Rohleder, "The Role of Third‐Party Verification in Emissions Trading Systems", *Sustainable Development Law & Policy*, 2006, Vol. 26, No. 2, pp. 26~29.

一、二级市场基本法律制度

按照交易对象的不同，碳排放交易一般包括现货交易、碳金融衍生品交易。碳金融衍生品交易又包括碳期货交易、碳远期交易、碳结构性产品交易以及碳期权交易等类型。[1]在以排放设施为规制对象的碳排放交易制度下，按照交易主体的不同，碳排放交易又可被区分为内部交易和外部交易，前者是指在同一企业内部，不同排放设施之间进行的碳排放配额交易，后者则是指不同企业所拥有的排放设施之间的碳排放配额交易。按照交易场所的不同，可区分为场内交易和场外交易。在交易主体方面，为增强市场流动性，碳排放交易制度在制度设计上通常会在不同程度上允许机构投资者（尤其是金融机构投资者）和（或）个人投资者参与市场交易。比如，《美国1990年清洁空气法》下的"酸雨控制计划"和EU ETS均允许配额在被规制实体和非被规制实体（比如个人投资者或者机构投资者）之间自由交易，但此举也容易导致后者在市场上的过度投机。[2]交易的方式通常则采用标准化合同的方式。针对减排信用交易，还须考虑因减排信用真实性存在问题导致合同违约和利用减排信用履行减排义务相关的问题。

从物权法角度看，须考虑的是配额交易应采取何种生效要件主义，即配额（或减排信用）之权利变动的公示公信原则。目前，国际通行的做法是配额（及减排信用）的权利变动采取登记生效主义。[3]比如，《美国1990年清洁空气法》第403条（b）款规定，非经管理人（administrator）收到并记录每一方当事人签署的对该转让的书面核证，该配额转让不得生效。[4]《欧盟碳排放交易登记注册条例》规定，"即便在配额所有权上存在争议，配额的善意取得

---

〔1〕 王遥：《碳金融：全球视野与中国布局》，中国经济出版社2010年版，第56~58页。

〔2〕 段茂盛、庞韬：《碳排放权交易体系的基本要素》，载《中国人口·资源和环境》2013年第3期，第115页。

〔3〕 李义松、冯露：《排污权交易的公示制度研究——兼谈物权公示制度》，载《行政与法》2014年第8期。

〔4〕 Markus W. Gehring & Charlotte Streck, "Emissions Trading: Lessons From SOx and NOx Emissions Allowance and Credit Systems Legal Nature, Title, Transfer, and Taxation of Emissions Allowances and Credits", *Environmental Law Report*, 2005, Vol. 35, Issue 4, pp. 10 219~10 235.

者也有权获得配额上的全部权益"，此举旨在保护善意第三人的合法利益。[1]

从物权法角度看，还须考虑是否允许在配额或减排信用上设定担保物权？若是，则可在其上设定何种担保物权？对此，本书第三章第三节已经对该问题进行了较为系统的研究。这里需要重申的是，配额或者减排信用是碳排放交易制度建构的产物，其存在从根本上而言是为实现减排目标服务的，即便在配额或减排信用上可设定担保物权，也应以不影响减排目标的实现为前提。否则，就会导致本末倒置，同时也会影响碳排放交易制度本身的存在价值。

从竞争法角度来看，和其他交易市场相同，碳排放交易市场也可能会存在欺诈、滥用市场支配地位、操纵市场或垄断市场、进行不当信息披露等影响碳排放交易市场秩序的情形，因此需从竞争法角度对碳排放交易二级市场进行监管。[2]为此，需明确除了主导碳排放交易的监管机关之外，在碳排放交易市场秩序方面、碳金融衍生品方面、配额或减排信用的融资等方面还涉及哪些监管机关，其监管权限为何又如何协调。[3]首先需考虑是否应将配额的现货交易纳入金融工具监管体系，以及如何对配额的现货交易和金融衍生品交易进行监管，还需考虑是否需要对配额或减排信用的融资（如果可以）进行监管及如何监管。

针对上述问题，奥地利、捷克、波兰、芬兰、法国、德国、意大利、波兰、葡萄牙、西班牙等国家已将配额认定为商品，塞浦路斯、丹麦、匈牙利、马耳他、荷兰、索马尼亚和立陶宛等国将配额视为无形资产，瑞典将配额视为属于金融服务监管机关监管的金融工具，在英国、意大利、德国、法国等国配额不构成金融工具亦无需进行金融监管，但碳金融衍生品交易属于金融监管范畴，芬兰则是将配额的期货交易纳入金融工具范畴，德国在立法上明确规定配额不构成金融工具[4]，但基于配额而生之碳金融衍生品则被视为证

---

[1]　Margherita Colangelo, *Creating Property Rights: Law and Regulation of Secondary Trading in the European Union*, Martinus Nijhoff Publishing, 2012, pp. 173~175.

[2]　李挚萍：《碳交易市场的监管机制研究》，载《江苏大学学报（社会科学版）》2012 年第 1 期，第 56 页。

[3]　Michelle Chan, "Lessons Learned from the Financial Crisis: Designing Carbon Markets for Environmental Effectiveness and Financial Stability", *Carbon and Climate Law Review*, 2009, Vol. 9, No. 2, pp. 152~160.

[4]　Krzysztof Gorzelak, "The Legal Nature of Emission Allowances Following the Creation of a Union Registry and Adoption of MiFID Ⅱ – Are They Transferable Securites Now?", *Capital Markets Law*, 2014, Vol. 9, Issue 4, pp. 373~387.

券（securities）。[1]

从 2012 年开始，欧盟开始将配额的现货交易纳入金融监管范围。从 2014 年开始，欧盟已将配额的现货交易纳入其新制定的《金融工具市场指令Ⅱ》（MiFID Ⅱ）的监管范围。欧盟之所以将配额视为金融工具，主要是为将配额的现货交易纳入《金融工具市场指令Ⅱ》的监管范围，以防止由于减排信用（Emission Reduction Credit，ERC）交易而引发的增值税欺诈、减排信用重复利用以及由于网络钓鱼引发的配额或者减排信用盗窃等问题。[2]

在美国，有学者建议将碳排放交易排除在综合性的金融监管范围之外。[3]针对加拿大阿尔伯塔省和魁北克省的碳排放交易，有学者认为，对碳排放交易进行金融监管能提高碳排放交易市场的透明度和流动性，并且认为碳排放交易市场作为控碳法律工具，其有效性在很大程度上取决于传递准确的碳价格信号，而这就需要通过监管确保该市场是流动的、透明的并且避免欺诈行为发生。[4]

二、二级市场特别管理机制

碳排放交易的实践表明，碳价格异常波动是碳排放交易"市场失灵"的重要表现，会严重影响碳排放交易市场的秩序。具体而言，碳价格过高，会使企业减排成本增加，导致企业无法实现履行配额清缴义务，并最终导致碳排放交易市场崩溃，美国加利福尼亚洛杉矶"区域清洁空气激励市场"（RE-CLAIM）就是如此；碳价格过低，则表明配额缺乏稀缺性，导致减排主体失去了减排动力，失去促进减排企业以最低成本减排的法律目的，EU ETS 第Ⅲ期就会面临此种问题。

为防止碳价格异常波动，确保碳排放交易市场上配额供需相对平衡，各国在建立碳排放交易制度时，通常都会建立相应的碳价格管理机制，又称灵

---

〔1〕 Jillian Button, "Carbon: Commodity or Currency? The Case for An International Carbon Market Based on the Currency Model", *Harvard Environmenal Law Review*, 2008, Vol. 32, No. 2, pp. 572~596.

〔2〕 何鑫:《碳: 商品、金融工具、还是货币? ——欧盟建议将排放权现货纳入金融工具监管体系的思考》，载《环境经济》2012 年第 4 期，第 20 页。

〔3〕 Leo Mensah, "Missed Opportunity: Excluding Carbon Emissions Markets from Comprenhensive Oversight", *William & Mary Environmental Law & Policy Review*, 2014, Vol. 2013~2014, No. 3, pp. 795~823.

〔4〕 Shaun Fluker & Salimah Janmohamed, "Who Regulates Trading in the Carbon Market?", *Journal of Environmental Law and Practice*, 2014, Vol. 26, No. 2, pp. 83~119.

活机制（flexibilities）。具体包括：配额存储（banking）和预借（borrowing）制度、碳价格下限制度（carbon price floor）、碳价格上限制度（carbon price ceiling）、碳价区间制度（即同时设定碳价上限和下限，carbon price collar）、成本控制储备（cost containment reserve）、市场稳定储备（the Market Stability Reserve）制度、允许基于项目的碳减排信用进入碳排放交易市场以及与其他国家或地区的碳排放交易市场连接（linking/linkage）等。上述这些措施旨在增强碳排放交易制度的韧性（resilience）和灵活性（flexibility），使市场上配额的供需关系在面对各种情形时能够始终处于一个相对平衡的状态，从而增强被规制企业对碳价格的预期，提高低碳投资信心，为经济社会低碳转型营造良好法制环境。

（一）配额存储和预借

配额的存储是指在某一特定履约年度或履约期内，纳入碳排放交易制度监管的企业在按照规定足额清缴了与其在该年度或履约期内实际碳排放量相等的配额后，可将其剩余配额留作下一履约年度或下一履约期使用。配额的预借是指某一特定履约年度或履约期内，纳入碳排放交易制度监管的企业为了履行其按照规定足额提交与其在该年度或履约期内实际碳排放量相等的配额的义务，可将下一履约年度或下一履约期的配额"透支"用于当前履约年度或履约期使用。存储和预借本质上旨在调节被规制企业短期内的配额供需不平衡问题。[1]

配额的存储包括两种情况：一是只允许在同一履约期内不同履约年度间进行存储，而不允许跨履约期进行存储；二是既允许履约年度间进行存储，也允许不同履约期之间进行存储。在前一种情况下，可能会因为配额有效期有限而制约碳金融市场的发展，在后一种情况下则更容易促进碳金融市场的发展。存储也可能存在有效时间或比例方面的限制。允许跨履约期间存储也有缺点，即若当前履约期已发生配额超发情形，则可能会因此将该问题延续到下一个履约期。比如，EU ETS 第Ⅱ期已经出现配额超发情形，而 EU ETS 允许将第Ⅱ期的配额存储至第Ⅲ期，因此成了 EU ETS 第Ⅲ期配额严重超发的

---

〔1〕 莫建雷、朱磊、范英：《碳市场价格稳定机制探索及对中国碳市场建设的建议》，载《气候变化研究进展》2013 年第 5 期，第 371 页。

重要原因。[1]

大多数碳排放交易制度不允许跨履约年度或者跨履约期预借配额，或者为预借配额设定了非常严格的条件。《澳大利亚2011年清洁能源法》就规定，在其碳排放交易制度下的纳入碳排放交易制度监管的企业可以从下一个履约年度预借5%的碳排放配额。严格限定预借配额的原因在于，允许企业"透支"之后履约年度的配额，会拖延企业低碳投资进程，增强其对化石能源的依赖。

（二）碳价格调控机制

如上文所述，碳价格调控制度主要包括碳价格下限制度、碳价格上限制度、碳价区间制度、成本控制储备、市场稳定储备制度、允许基于项目的碳减排信用进入碳排放交易市场和与其他国家或者地区的碳排放交易市场连接等。

碳价格上限制度又被称为"安全阀"（safety valve）制度，是指在由于市场对配额的需求量远远超过配额供应量，使得在碳价格畸涨的情形下，市场监管者通过采取一定措施将碳价格维持在某一最高限价的制度。[2]为将碳价格维持在某一最高限价之下，监管机关可对预留配额中的"碳价格管理储备"部分进行拍卖，或者在"配额总量"之外另行供应不限数量的配额（或减排信用）。[3]

碳价格下限制度是指在碳排放交易市场上配额严重供过于求，导致碳价格持续下跌，此时由监管机关采取措施确保碳价格保持在某一最低价格水平之上的制度。[4]此时，监管机关可选择对市场流动的配额进行回购、没收、减少下一个履约年度或履约期的配额投放数量、设定配额拍卖低价（a reserve price at acution）以及要求针对碳排放另行支付费用等方式。[5]比如，英国政

〔1〕 Richard G. Newell, William A. Pizer & Daniel Raimi, "Carbon Markets 15 Years after Kyoto: Lessons Learned, New Challenges", *Journal of Economic Perspectives*, 2013, Vol. 27, No. 1, pp. 123~146.

〔2〕 陈惠珍：《论中国碳价调控的法律路径——主要以欧盟碳排放交易体系为借鉴》，载《暨南学报（哲学社会科学版）》2014年第5期，第38页。

〔3〕 Samuel Fankhauser & Cameron Hepburn, "Designing Carbon Markets. Part 1: Carbon Markets in Time", *Energy Policy*, 2010, Vol. 38, No. 8, pp. 4363~4370.

〔4〕 Peter John Wood & Frank Jotzo, "Price Floors for Emissions Trading", *Energy Policy*, 2011, Vol. 39, pp. 1746~1753.

〔5〕 Lesley K. McAllister, "The Overallocation Problem in Cap-and-trade: Moving Toward Stringency", *Columbia Journal of Environmental Law*, 2009, Vol. 34, No. 2, pp. 395~446.

府在脱欧之外，针对 EU ETS 下在英国的被规制排放设施，为确保碳价格维持在能促进其低碳投资的水平，就单方面制定了碳价格下限（Carbon Price Floor）制度。

若选择通过回购配额，解决市场上配额严重供应过剩的问题，其难题在于很难确定回购配额的数量。而且，此举容易导致投机行为，配额回购所需费用来源也需考虑，而回购而来的配额也须考虑如何处理。若选择通过没收部分配额解决问题，则只能针对免费分配的配额，且事先已就没收条件作出明文规定。

"市场稳定性储备"（Market Stability Reserve，MSR）机制是指，在不影响长期减排目标的情况下，建立一个"非拍卖配额的储备"（a reserve of non-auctioned allowances），达到在短期内调整通过拍卖向市场供应的配额数量之目的的机制。[1]具体而言，在市场流通的配额数量高于某一事先规定的门槛值时，或碳价格低于某一事先规定的门槛值，将计划拍卖的配额中的部分纳入"非拍卖配额的储备"，以减少市场上流通的配额；在市场流通的配额数量低于某一事先规定的门槛值时，或碳价格高于某一事先规定的门槛值时，将"非拍卖配额的储备"中的部分配额纳入计划拍卖的配额，并且将其投放到市场。所以，该机制仅能调节在市场流通的配额的数量，且仅针对以拍卖方式分配的配额，并未改变"配额总量"，也未解决免费分配配额导致的缺乏灵活性问题。[2]

（三）设立碳抵消项目

碳抵消项目的基本逻辑是，在一个地方经由某一减排项目产生的碳排放量或碳汇量经过审核和注册，可在其他地方抵消同等数量的碳排放。减排信用必须满足额外性（additionality）要求，即如果不存在该项目，则不会产生该减排信用。碳排放抵消项目具有不同来源，比如来自可再生能源的项目、

---

〔1〕　Brigitte Knopf et al. , "The European Emissions Trading System（EU ETS）：Ex-Post Analysis, the Market Stability Reserve and Options for a Comprehensive Refrom", https：//ageconsearch. umn. edu/record/184856/files/NDL2014-079. pdf, last visited on 2023-05-25.

〔2〕　Andrei Marcu, "The Market Stability Reserve in Perspective", CEPS Special Report No. 91, October 2014.

来自节能和提高能源效率的项目、来自森林碳汇的项目等。[1]在不存在强制性碳排放交易市场的情况下，减排信用可以在温室气体自愿减排市场上进行流通。由于碳减排信用价格相对较低，因此允许被规制企业使用减排信用实际上为减排企业增加了以最低成本进行减排的选择空间。碳抵消项目存在的意义在于，能通过碳汇项目发挥生态保护补偿的功能，能促进中小企业低碳转型，以及能促进可再生能源发展等。所以，目前世界大部分碳排放交易市场均允许被规制主体使用符合法定条件的减排信用。但是，对于被规制企业履行控碳义务而言，减排信用的使用仅能起辅助性作用，因为允许被规制企业使用减排信用会导致所有被规制企业最终的实际排放总量超过原先设定的"配额总量"（Cap）。

实践中，减排信用的使用面临诸多质疑。第一，由于碳排放抵消项目在实施过程中公众参与不足，可能存在将碳排放抵消项目视为投资项目，片面追求经济利益而损害当地环境和公众利益的情形，所以碳排放抵消项目的环境和社会有效性不容忽视。[2]第二，允许减排信用参与碳排放交易市场，实际上强化了被规制主体对化石能源的依赖，延缓了其进行低碳投资的进程。[3]第三，碳减排信用与配额之间的等价性或者互换性（fungibility）本身也值得怀疑。[4]第四，诸如可能再生能源等项目，其存在不仅为是为了碳减排，也是为了保障能源安全，所以基于可再生能源项目其所产生的减排信用的"额外性"令人质疑。

（四）碳交易体系连接

碳排放交易体系的连接是指将不同国家或地区的碳排放交易体系，按照一定的协议进行连接（linking/linkage），建立统一的碳排放交易市场的情形。该种连接既可能是"总量控制型"交易体系之间的连接，也可能是"总量控制与交易"（Cap-and-Trade）型体系与"减排信用"（Emissions-Reduction-

---

〔1〕 Scott D. Deatherage, *Carbon Trading Law and Practice*, Oxford University Press, 2011, pp. 177~180.

〔2〕 陈阳：《碳抵消项目：环境和社会有效性不应被忽视》，载《中国经济导报》2014年1月26日。

〔3〕 Keith Hyams et al., "The Ethics of Carbon Offsetting", *WIREs Climate Change*, 2013, Vol. 4, pp. 91~98.

〔4〕 Albert C. Lin, "Myths of Environmental Law", *Utah Law Review*, 2015, Vol. 2015, No. 1, pp. 45~92.

Credit-systems）型交易体系之间的连接。[1]按照连接方式不同，该种连接可区分为"直接连接"和"相对连接"，前者是指两个交易市场通过直接达成协议实现连接，后者是指两个交易市场同时与第三个交易市场或者减排信用体系连接。[2]

碳排放交易体系连接既有优点，也有风险。优点在于：一是能强化各国的温室气体减排国际承诺，促进国际统一碳市场的发展和形成；二是使得建立排放交易体系对本国（地区）企业竞争力影响的顾虑不复存在；三是碳排放交易体系的连接能够增强碳市场的流动性，增加被规制企业的减排选择，从而增加其以最低成本减排的机会。缺点在于：一是碳排放交易体系所据以建立的社会背景和情势是不同的，其差异可能会影响连接的实效；二是连接会使一国或者区碳排放交易体系中的风险会被迅速传播到与之连接的其他碳排放交易体系。[3]

连接的理想状态是，不同国家或者地区的碳排放交易规则完全一致。但是，对于连接而言，碳排放交易体系内部不同要素所起的作用是不同的，并不需要所有法律规则完全统一。在通常情况下，"配额总量"（Cap）的性质（即是绝对减排目标，还是强度减排目标）及其宽松程度、碳价格管理机制（如配额预借、碳价格上限和下限制度）、碳抵消项目的类型及其核算、配额（或碳减排信用）法律属性界定等要素的统一或协调，对于实现碳排放交易体系的连接不可或缺。

综上所述，碳价格管理机制大致可分为两类：一是旨在增加被规制企业减排选择的制度设置，比如配额存储和预借机制、减排信用的使用、与其他碳市场进行连接等；二是旨在平衡市场上的配额供求关系，防止碳价格异常波动的制度设置，比如碳价格上限制度、下限制度和市场稳定储备制度等。以监管机关是否直接进行干预，又可将上述碳价格管理制度区分为依法可以自动执行的制度设置和需监管机关酌情干预的制度设置。在前者，碳排放交

---

［1］　Judson Jaffe et al.，"Linking Tradable Permit Systems：A Key Element of Emerging International Climate Policy Architecture"，*Ecology Law Quarterly*，2013，Vol. 36，No. 4，pp. 789～808.

［2］　Rob Dellink et al.，"Towards Global Carbon Pricing：Direct and Indirect Linking of Carbon Markets"，*OECD Environmental Working Paper*，No. 20，OECD Publishing，2010.

［3］　Christian Flachsland et al.，"To Link or not to Link：Benefits and Disadvantages of Linking Cap-and-Trade Systems"，*Climate Policy*，2009，Vol. 9，No. 4，pp. 358～372.

易市场监管机关没有自由裁量权。在后者，碳排放交易市场监管机关则有行政裁量权。

碳价格之所以出现异常波动，主要是源于市场上配额严重供过于求或者严重供不应求。因此，碳价格管理机制实质上旨在解决碳排放交易市场上配额的供需平衡问题，为此就应当增强碳排放交易市场监管的透明度和可预测性。若市场上的配额长期供过于求，将会影响碳排放交易制度作为控碳制度的存在价值及其正当性。若市场上的配额长期供不应求，可能会导致被规制主体无配额可买，使得碳排放交易制度旨在提供更多减排选择和实现减排成本最小化的优势落空。

三、碳排放交易的法律责任

碳排放交易中的法律责任设置是减排目标实现的最终保证。只有设定严格的法律责任，才能保证碳排放交易制度真正发挥控碳作用。在碳排放交易制度中，一般包括下列法律责任：一是针对被规制企业的法律责任，即若企业不能按期足额缴纳与其实际排放量相等的配额，该如何处理。对此，首先是给予相当的经济处罚，并且是采取类似于"按日计罚"的按吨处罚（即每超过其实际持有配额数量的排放量即构成一个违法行为）；其次是在一个履约年度扣除其未能足额缴纳部分配额；最后进行相应的履约信息公开，对该减排企业形成社会压力。二是针对被规制企业未能如实报告其碳排放信息的法律责任。三是针对第三方核查机构的法律责任。四是对扰乱碳市场秩序的法律责任。五是对碳排放交易监管机关及其工作人员的法律责任的规定。

第五章

碳排放交易制度的体系协调

对于碳排放交易的建构及其立法，国内已经有大量研究成果。但是，在整体论视角下，对于如何促进碳排放交易制度与其他制度形成合力并避免制度间的"内耗"，降低碳排放规制领域的制度性成本的问题，仍然缺乏全面深入和系统的研究。正如有学者所言，如何在"双碳"法制实施过程中增强相关法律制度的合力，减少相关制度之间的"对冲效应"，实现"双碳"法律体系组合之功能的最大化，仍须继续探索。[1]从体系化视角来看，在碳排放交易制度建构及其实行过程中，首先应注重该制度与节能法律制度之间关系的协调。

在我国，节约能源立法起步较早，制度体系相对较为成熟。《节约能源法》自1998年生效后实施效果不尽如人意。特别是"十五"期间，全国能耗和能源强度出现了同步上升局面，到2005年，全国能耗强度上升到1999年的水平。为此，《国民经济和社会发展第十一个五年规划纲要》首次提出了约束性的节能指标，即单位GDP能耗下降20%。为确保该目标实现，2007年5月23日国务院发布《国务院关于印发节能减排综合性工作方案的通知》。2007年10月修订的《节约能源法》第6条第1款明确规定："国家实行节能目标责任制和节能考核评价制度，将节能目标完成情况作为对地方人民政府及其负责人考核评价的内容。"2007年11月《国务院批转节能减排统计监测及考核实施方案和办法的通知》（国发〔2007〕36号）提出："建立科学、完整、统一的节能减排统计、监测和考核体系（以下称"三个体系"），并将能耗降低和污染减排完成情况纳入各地经济社会发展综合评价体系，作为政

---

〔1〕 曹明德：《社会系统论视角下实现碳达峰碳中和目标的法律对策》，载《中国法学》2023年第5期，第148页。

府领导干部综合考核评价和企业负责人业绩考核的重要内容。"至此，作为节约能源法的核心，节能目标责任制和考核评价制度得以确立。[1]

《节约能源法》自 1998 年生效实施后，国家在节能法制方面始终坚持基于单位国民生产总值的能源消耗强度控制制度。截至 2014 年，国务院办公厅发布的《能源发展战略行动计划（2014-2020 年）》（国办发〔2014〕31 号）首次明确提出要实施能源消费总量控制，即"到 2020 年，一次能源消费总量控制在 48 亿吨标准煤左右，煤炭消费总量控制在 42 亿吨左右"。2015 年中共中央发布的《生态文明体制改革总体方案》提出，要"建立能源消费总量管理和节约制度"，"结合重点用能单位节能行动和新建项目能评审查，开展项目节能量交易，并逐步改为基于能源消费总量管理下的用能权交易"，至此节能制度与碳排放交易制度并存局面形成。2016 年 3 月，《国民经济和社会发展第十三个五年规划纲要》提出，要实行能源消耗总量和强度的双控行动。2016 年 7 月《国家发展改革委关于开展用能权有偿使用和交易试点工作的函》提出："建立用能权有偿使用和交易制度，是党中央、国务院的决策部署"，要"做好与碳排放权交易制度的协调"。至此，节能领域形成能耗强度控制、消费总量控制与用能权交易制度的并存。

碳排放交易制度与能源消费总量控制、用能权交易制度、节能目标责任制和考核评价制度均能起到控制碳排放的效果，[2]两者并存可能会造成重复规制。这种重复规制的发生机理是什么，又该如何以制度化方式解决，值得深入研究。

第一节　碳排放交易制度与节能制度的静态比较

从节能法律制度到碳排放交易制度的发展，是环境规制工具代际发展和环境法律制度不断更新的表现。一般认为，节能制度属于命令（与控制）型的第一代环境规制工具，而碳排放交易制度则属于激励型的第二代环境规制工具。但是，这种分类方法其价值或许更多地存在于教科书层面，已有诸多

---

〔1〕　参见齐晔主编：《中国低碳发展报告（2013）政策执行与制度创新》，社会科学文献出版社 2013 年版，第 7~15 页。

〔2〕　参见肖国兴：《再论能源革命与法律革命的维度》，载《中州学刊》2016 年第 1 期，第 49~56 页。

学者对其科学性提出过质疑，[1]且不同学者在使用激励型环境规制与命令型环境规制时对两者的内涵和外延之把握并不一致。[2]因此，对节能法律制度与碳排放交易制度的比较，必须回答该两者制度本身尤其是其构成要素及运行条件层面的差异。

一、与节能目标责任制的比较

在《节约能源法》中，"节约"概念应被理解为包含控制能源消耗总量、提高能源消耗强度与提高单位能源产出三层意思。[3]其作用机理是，首先由中央政府确定能源消费总量控制目标或者能源消耗强度目标，经由各级政府层层分解，并最终分配给企业和其他经营主体、公共机构和非政府组织等，并由目标责任制与考核评价制度保障其实现。因此，节能目标责任制和考核评价制度实际上是节能法律制度体系中最为核心的法律制度。

碳排放交易制度与节能目标责任制的相同之处主要包括下列方面。第一，碳排放交易制度和节能法律制度两者都以节能减排为最终目标，最终目标的实现都需要落脚在减少化石能源使用、提高能源利用效率上，采用的都是"总行为控制"的制度模式。[4]第二，受监管机关监管"成本-收益"分析的考虑，在监管对象选择方面都采取"抓大放小"的方式；都需要存在进行排放配额（或者节能指标）分配的过程，都要面对实现排放配额（或者节能指标）在不同地区、行业、企业之间进行公平分配的问题，即分配依据和标准问题。第三，都需要相应的 MRV［Monitoring, Reporting, and Verfication（MRV），即监测、报告、核查］制度要素[5]，都需要以扎实的数据基础作为决策基础和检验目标是否得以实现的标准，并且在该两个制度下相应数据

---

〔1〕　Jody Freeman & Charles D. Kolstad, "Prescriptive Environmental Regulations versus Market-Based Incentives", in Jody Freeman & Charles D. Kolstad (eds.), *Moving to Markets in Environmental Regulation: Lessons from Twenty Year of Experience*, Oxford University Press, 2007, pp. 3~18.

〔2〕　参见陈若英：《感性与理性之间的选择——评〈气候变化正义〉和减排规制手段》，载《政法论坛》2013 年第 2 期。

〔3〕　参见于文轩：《典型国家能源节约法制及其借鉴意义——以应对气候变化为背景》，载《中国政法大学学报》2015 年第 6 期，第 122~133 页。

〔4〕　参见徐祥民：《论我国环境法中的总行为控制制度》，载《法学》2015 年第 12 期，第 29~38 页。

〔5〕　尽管在目标责任制和考核评价制度并不使用 MRV 的提法，但是实际上该制度下的统计（或者监测）、报告和考核（验收）制度与 MRV 具有相同的功能。

至少在理论上存在通约的可能性。[1]第四，都要求监管机关采取各种措施避免排放主体（或者用能单位）数据造假，从而影响碳排放总量控制目标（或者节能目标）实现的真实性。

碳排放交易制度与节能目标责任制的不同之处包括下列方面：第一，在理论基础方面，节能目标责任制和考核评价制度系以科层制为理论基础，属垂直面向的制度；碳排放交易制度所体现的则是自由市场环境保护主义的理念，属水平面向的制度。第二，在央地关系方面，节能目标责任制和考核评价制度注重地方政府的作用，地方政府有较大的选择空间；碳排放交易制度则更强调中央政府的作用，以促进碳排放交易市场的统一性和开放性。第三，在管制对象方面，节能目标责任制与考核评价制度重在治官，管治重心在国有企业和公共机构；碳排放交易制度重在治企，不区分管制对象所有制。第四，在管制对象履行义务方面，目标责任制与考核评价制度要求管制对象在规定时间内完成节能指标；碳排放交易制度要求管制对象在规定时间内缴纳与其实际排放量相等的碳排放配额。第五，在保障机制方面，节能目标的实现以政治责任为保障机制，与政府官员人事晋升制度挂钩；碳减排目标的实现以法律责任为保障机制，与人事晋升制度无关。第六，在法制传统方面，目标责任制和考核评价制度是中国的本土制度，是在社会控制各个领域普遍采用的目标责任制在节能领域的延伸；碳排放交易制度是舶来品，在我国缺乏深厚的制度根基。第七，在数据准确性方面，相较于目标责任制，碳排放交易制度对数据真实性的要求更高。

二、与用能权交易制度的比较

在经济和社会不断向前发展的背景下，虽然单位能源消耗的效率可能在不断提高，但是能源消耗的总量在总体上却始终不断增长，至少不受法律和政策上的约束。但是，来自大气污染防治的国内压力和控制温室气体排放的国际压力不断增加，由能源消耗强度控制向化石能源消费总量控制转变势在必行。

---

〔1〕 针对特定类型的化石能源，按照其碳排放系数，可以计算出消耗单位数量和该种化石能源所产生的碳排放量。在碳排放交易制度和节约能源法律制度下，碳排放数据和能源消耗数据之间存在通约的可能性。

　　碳排放交易制度与基于能源消费总量管理下的用能权交易制度既有同，也有异。相同之处主要包括下列方面：第一，都采取绝对总量控制的方式，两者都以节能减排为最终目标，最终也都落脚到调整减少化石能源消耗，提供可再生能源消费，调整能源结构。之所以说能源消费总量制度所控制的能源只能是化石能源而不能是可再生能源，是因为《节约能源法》（2007 年）规定"国家鼓励、支持开发和利用新能源、可再生能源"。第二，基于监管"成本–收益"分析的考虑，在监管对象选择方面都采取"抓大放小"的方式，都以重点用能单位为监管对象。第三，都需要存在交易注册系统和交易平台，配额或者用能权分配过程中，都面临公平分配的问题，两者都存在交易环节的设置，都存在指标交易的可能性，都需要进行交易市场基础设施的建设，即建立用户注册系统和交易平台，而且保障制度运行的前期投入都比较高。第四，两者都需要建立相应的碳排放或者能源消耗计量统计体系，即所谓的碳排放监测、报告和核证制度或者能源消耗报告、审核与核查的环节，并且都需要以扎实的数据基础作为检验规制目标实现的保证，而且为保证排放单位或者用能企业报告的排放数据或者用能数据是准确的，都可能会安排第三方核证机构对数据进行核查。

　　碳排放交易制度与用能权交易制度的不同之处主要有下列方面：第一，实现的目标不同，碳排放交易制度的目标是实现碳排放权量的绝对总量控制，以能源消耗后的温室气体排放段为管制环节，用能权交易制度的目标是实现化石能源消费的绝对总量控制，以能源投入端为管制环节。第二，管制对象的范围不同，碳排放交易制度是以企业排放的温室气体为监管对象，用能权交易制度是以用能企业的用能量为规制对象的。尽管温室气体排放数据和用能量数据在理论上存在通约的可能性，但事实上，由于这些数据采集的边界和方法并不相同，实现两者之间通约的难度很大。第三，前期经验储备方面，碳排放交易制度在世界范围内能够找到成功的经验（比如欧盟、美国加利福尼亚州等）可供借鉴，制度体系的透明度较高。但是，用能权交易制度在世界范围内几乎都没有国家推行，部分国家或者地区有能源效率交易制度，但是并不普遍。用能权交易制度的前身是节能量交易制度，是为了配合能源消费总量控制目标的实现而展开的。节能量交易制定仅在个别省份（比如山东省）推行，缺乏成熟经验可供借鉴。总体而言，用能权交易制度体系的透明度较低。第四，监管机关可能不同，在中央层面，碳排放交易主要由国家发展改革委下的应对气候变化司推动，而用能权交易制度则是由国家发展和改革委员会资源节约与环境保护司来推动。2018年党和国家机构改革之后，碳排放交易制度的立法和监管工作转由新成立的生态环境部负责。第五，监管数据的准确性程度不同。相对而言，碳排放交易制度的实施对能源统计制度的要求较低，尤其是在可再生能源方面。但是，能源消费总量控制与用能权交易制度则要求对化石能源和新能源与可再生能源进行分类统计，因为从促进可再生能源发展的角度看，能源消费总量控制不应及于可再生能源。

第二节　碳排放交易制度与节能制度的动态审视

规制法的生命在于实效性，即通过管制手段的实施，使被管制对象调整其行为模式，并最终实现相应的管制目标。为确保环境规制的实效性，制定任何环境规制措施都必须考虑现有法制状况及其对该规制措施实施效果的影响，以确保法律制度体系的融贯性，并在整体上符合效率与效能的要求。正如施密特·阿斯曼所言，"所有法律均以其有效性为目标"，"个别性的机制必须在大型的制度框架下被设定，而且个别机制须相互配合，使得法律能够践行其秩序任务"。[1]

一、欧盟碳交易制度协调的前车之鉴

碳排放交易制度虽然以控制或者减少温室气体排放为直接目的，但是就减缓气候变化而言，碳排放交易制度乃是实现目的的手段，而最终实现这一目的则需要依靠减少化石能源消耗，调整能源消费总体结构，改变能源生产和消费方式。由于环境法律制度的实施在客观上也能够起到控制温室气体排放的效果，而且这些法律制度和碳排放交易制度在监管范围（即被监管对象）方面又可能会存在重叠，因此，对于该部门被监管对象而言，实际上存在"重叠规制"的问题。由于这些环境法律制度与碳排放交易制度在立法初衷或者立法目的侧重点上存在不同，因此被监管对象对这种"重叠规制"应予以适当容忍。但是，也应从效率和效能的角度分析这种"重叠规制"的限度。因为"重叠规制"不仅会浪费行政资源，也可能会增加企业守法成本，并可

---

〔1〕［德］施密特·阿斯曼：《秩序理念下的行政法体系建构》，林明锵等译，北京大学出版社2012年版，第20页。

能会将这些成本转嫁给终端消费者。

　　在欧盟立法中，欧盟碳排放交易指令、能源效率指令以及促进可再生能源发展的指令均是作为欧盟应对气候变化"一揽子"立法的组成部分而存在。早在 2008 年，欧盟就发布了应对气候变化"一揽子"立法决议，提出到 2020 年要实现将温室气体排放比 1990 年减少 20%，可再生能源在能源消费中比重提高 20%，之后又提出要将能源效率提高 20%，并将碳排放交易制度（Eruopean Union Emissions Trading System，EU ETS）、可再生能源激励制度和能源效率制度确定为三大支柱。其中，EU ETS 被认为是欧盟气候政策的基石，其监管的温室气体排放源所排放的温室气体约占欧盟温室气体排放总量的 45%。值得注意的是，欧盟可再生能源制度和能源效率制度的实施，在客观上挤压了碳排放交易制度的作用空间效果。有学者建议，应当对此采取宽容态度，允许此种挤压效应适度存在。[1]即便如此，也须考虑碳排放交易之制度设计是否应作出相应的调整。

　　按照碳排放交易制度设计的基本原理，碳排放交易制度中的减排目标即总量控制目标（配额总量 cap）是事先设定的，欧盟最初在设定过程中并未充分考虑包括欧盟可再生能源制度和能源效率制度对 EU ETS 运行的影响。[2]在 EUETS 启动后，欧盟可再生能源制度与能源效率制度的实施在客观上起到了促进被监管企业温室气体减排的效果，挤压了被纳入 EU ETS 监管的企业对碳排放配额的需求，弱化甚至抵消了 EU ETS 在控制温室气体排放方面的作用，成了欧盟碳排放交易市场配额供应过剩的重要原因。更重要的是，配额过剩会使得 EU ETS 下被监管企业实际上排放了比其在被纳入 EU ETS 之前更多的温室气体，从而延缓对气候变化的应对。为此，欧盟在后来再次设定碳排放总量控制目标时，就充分考虑了欧盟可再生能源制度与能源效率制度的实施对 EU ETS 的影响。

---

　　[1]　Marjan Peeters, "Instrument Mix or Instrument Mess? The Administrative Complexity of the EU Legislative Package for Climate Change", in Marjan Peeters and Rosa Uylenburg, *EU Environmental Legislation — Legal Perspectives or Regulatory Strategies*, Edward Elgar, 2014, pp. 173~192.

　　[2]　Benjamin Gorlach, "Emissions Trading in the Climate Policy Mix: Understanding and Managing interactions with other Policy Instruments", *Energy & Environment*, Vol. 25, No. 3&4, p. 12.

二、中国碳相关制度协调的问题所在

碳排放交易制度和节能目标责任制与考核评价制度在运行过程中的相互作用关系可被简单地概括为"规制抵牾"，即碳排放交易制度要求构建全国统一的、自由且开放的碳排放交易市场，而目标责任制和考核评价制度的实施则强化了地方政府在确保目标实现方面的作用。

第一，地方政府在两个制度运行中的裁量空间问题。该问题的本质是，全国碳排放交易市场之"集权化"监管模式与节能法律制度之"分权化"监管之间是否可能会发生冲突。[1]无须否认，无论是碳排放交易制度，还是节能法律制度，其监管目标的实现都需要中央和地方层面监管机关的相互配合。在节能目标责任制和考核评价制度实施过程中，地方政府往往存在层层加码的现象，[2]导致越是基层政府，节能责任越重，以及地方政府相应的层层掺水问题，[3]其背后的实质原因则是权力在科层制组织的单向流动。[4]所导致的问题是，在理论上可能与碳排放数据相互通约和对比的节约能源相关数据，可能对于分析碳排放交易制度的实效性没有太大的参考价值。这种层层加码的现象，可能会构成对碳排放交易市场的侵蚀，其本质则是对法治精神的侵蚀。尽管节能法律制度和碳排放交易制度是平行的两条主线，但它们的最终落脚点是作为被监管对象的企业、公共机构和其他非政府组织。对被监管对象而言，虽然两者在实施效果方面具有同质性，但却面临指标、监管机关、守法义务均不同的问题，使被监管企业无所适从，也可能导致企业虚报、伪造相应数据。中国排污权交易制度的地方实践表明，如果不注意处理作为市

---

〔1〕 国家发展和改革委员会负责全国碳排放交易市场建设的有关官员表示："全国碳市场采用两级分工的模式，也就是中央层面管方法、管标准，省一级层面管配额分配、管履约监管，两者之间互不干涉，但互为补充。"笔者认为，在碳排放交易监管方面，这种权限分配应当主要是基于监管资源、监管能力和监管效率的考虑，但是除非辅之以更加具体的配套制度，否则很可能会造成地方政府保护主义。这主要表现为不同地区的监管力度不同、监管标准不统一等问题，其导致的后果就是地方政府为保护本地经济发展而更倾向于放宽对碳排放监测的管制，最终影响碳排放交易制度下碳减排结果的真正实现。

〔2〕 参见唐任伍：《形形色色的"层层加码"现象》，载《人民论坛》2016年第21期，第12~15页。

〔3〕 参见张鸣：《与"层层加码"相伴而生的"层层掺水"》，载《人民论坛》2016年第21期，第28页。

〔4〕 参见胡仙芝：《"层层加码"与"层层减码"的共同根源》，载《人民论坛》2016年第21期，第32~35页。

场机制的排污权交易制度与环保目标责任制和考核评价制度之间的关系，就可能会影响排污交易的实施效果。[1]

第二，守法义务的灵活性问题。如果同一企业被同时纳入碳排放交易制度与节能目标责任制和考核评价制度监管，那么该企业将要面临的情形是：在碳排放交易制度下，排放单位的最终义务是在规定时间内向监管机关缴纳与其实际碳排放量相等的配额，即排放单位可以购买配额而排放相应的二氧化碳，企业所承担的减排义务量是浮动的，其所持有的减排额度是可以进入市场流通的。但是，在节能目标责任制与考核评价制度下，其所承担的减排义务量是事先设定的，其所持有的减排指标即便有所剩余，也不能进入市场流通。对于全国碳排放交易市场，地方政府的定位是配合中央层面监管机关进行碳排放交易市场监管和执法。但是，节能目标责任制和考核评价制度则实行地方政府负责制。节能即意味着减少碳排放并因此减少配额需求，所以，对于地方政府而言，碳排放交易制度与节能目标责任制和考核评价制度之间也存在内在冲突。

第三，关于节能目标责任制对碳排放交易制度的挤压效应问题。在碳排放交易制度下，由于存在二级市场的制度设计，因此被监管企业的守法义务实际上是上下浮动的，即只要其能够最终缴纳与其配额相等的配额就可以。但是，节能目标责任制和考核评价制度则没有类似的制度设计。问题在于，化石能源燃烧必然会产生二氧化碳等温室气体和大气污染物，因此节约"化石能源"之使用即节能指标之实现，这就意味着减少碳排放即减少对排放配额的需求。所以，碳排放配额与节能指标具有内在关联性。总体而言，节能目标设定得越严格，越会减少碳排放并随之减少对配额的需求。这就可能会增加全国碳排放交易制度下配额总量设定的难度，因为配额总量的设定关系到碳排放交易市场上配额的供求关系、碳排放交易市场的流动性以及碳价格的浮动等。如果因为节能减排工作的开展使得事先设定的配额总量过于宽松，那么便可能会使得碳排放交易制度在很大程度上丧失了其作为控碳制度存在的价值和意义。

第四，关于实效性和合法性之间的权衡取舍问题。对碳排放交易制度和

---

[1]　参见常杪、陈青：《中国排污权交易制度设计与实践》，中国环境出版社 2014 年版，第 41 页。

节能目标责任制和考核评价制度的分析评价可从其实效性和合法性两个方面展开。目标责任制和考核评价制度其本质上是指标控制的治理形式，重结果而轻过程，也即重实效性而轻合法性。[1]"十一五"期间，地方政府为完成节能目标普遍采取拉闸限电、停产限电等违反公民和企业合法权益的措施就是非常有力的证明。[2]相对而言，碳排放交易制度则更加注重依法行政，致力于通过构建一个开放、透明、法治的碳排放交易市场而实现控碳目标，但是其实施效果普遍不够令人满意，欧盟碳排放交易市场的表现就是重要例证。[3]也就是说，碳排放交易市场重合法性而轻实效性。两者并存时，偏重实效性而轻视合法性的目标责任制更有可能挤压偏重合法性而轻视实效性的碳排放交易制度。

从更深层次讲，碳排放交易制度与节能目标责任制两者之间的矛盾关系所体现的是规制文化（regulatory culture）的冲突。[4]前者代表的是由市场发挥主导作用的市场机制，后者则代表由政府发挥主导作用的中国传统监管手段，与在中国施行已久的"五年规划"有着紧密的依存关系，在很大程度上是"路径依赖"的结果。它所代表的是科层制在中国社会治理中仍有深厚的社会认知基础。当前，在中国环境规制领域正在迈向市场化的背景下，若不从根本上考虑科层制与目标责任制和考核评价制度的深远影响，市场化的环境规制终将以失败告终。[5]

全国碳排放交易制度、能源消费总量控制与用能权交易制度的规制效果具有同质性，二者被同时适用于同一主体时就会导致"重叠规制"，既会导致行政资源的浪费，也会增加企业守法的制度性交易成本。[6]

---

〔1〕 参见万江：《指标控制与依法行政：双重治理模式的实证研究》，载《法学家》2017年第1期，第1~16页。

〔2〕 参见李惠民、马丽、齐晔：《中国"十一五"节能目标责任制的评价与分析》，载《生态经济》2011年第9期，第30~33页。

〔3〕 Wil Burns, "The European Union's Emissions Trading Scheme: Climate Policy Making Model or Muddle? (Part1)", *Tulane Environmental Law Journal*, Vol. 30, No. 2, 2017, p. 192.

〔4〕 Errol Meidinger, "Regulatory Culture: A Theoretical Outline", *Law and Policy*, Vol. 9, No. 4, 1987, pp. 355~385.

〔5〕 参见冉冉：《"压力型体制"下的政治激励与地方环境治理》，载《经济社会体制比较》2013年第3期，第111~118页。

〔6〕 参见卢现祥：《转变制度供给方式，降低制度性交易成本》，载《学术界》2017年第10期，第36~49页。

第一，纳入该两个制度监管的同一企业将面临两种作用效果相似的监管要求。除非用能权交易采取基于项目的方式，即针对某一特定项目核定其产生的节能量，否则基于监管机关"成本-收益"的考虑，也会以重点用能单位为监管对象，所以这两项制度的管制范围虽非完全一致，但也会存在重叠部分，使得这部分企业同时面临来自两个部门未必一致的守法要求，既可能导致企业无所适从，也可能导致企业趁机进行数据造假，导致相关信息或者数据的混乱。

第二，任何环境规制都会产生规制成本，全国碳排放交易制度与基于能源消费总量管理下的用能权交易制度都会产生相应的守法成本和前期投资。被监管企业则往往会选择将其转嫁给消费者，即可能会产生规制成本的传递效应。若同时启动属于前端治理的用能权交易制度与属于末端治理的碳排放交易制度，就会不适当地增加被规制企业的守法成本，并因此降低消费者的购买力。

第三，在监管机关方面，碳排放交易制度和用能权交易制度可能会使地方政府有关部门进行"争权夺利"的"圈地运动"，从总体上导致行政资源的浪费。目前，碳排放交易制度的监管部门是地方政府发展和改革委员会的生态环境部门，而能源消费总量控制和用能权交易则一般是地方政府发展和改革部门下属的节能监管部门。由于碳排放交易制度和用能权交易制度都采取总量控制与交易的监管模式，其运行都需要建立注册系统和交易平台等交易基础设施，都需要较多的前期投入。因此，同时开展碳排放权交易和用能权交易两套注册系统和交易平台，将会导致行政资源浪费。与此同时，两个制度下的地方政府监管部门和被监管对象也都要进行相应的能力建设。在实际运作过程中，哪一个监管部门的监管更有力，其所负责实施的制度就会形成对另外一个制度的挤压。

三、碳交易相关制度协调的法理分析

上文已反复提及，任何环境规制都会产生某种规制传递效应，都以调整被监管对象的行为模式为目的，对监管机关和被监管企业而言都会产生相应的监管成本和守法成本，而这些成本最终可能都会转嫁给纳税人和终端消费者。

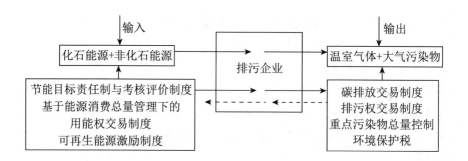

正如上图所显示的，目前对于排污企业而言，针对其污染物（或者温室气体）排放端，已经存在碳排放权交易制度、重点污染物排放总量控制制度、排污权交易制度、环境保护税制度等。应当认识到，这些环境规制制度的实施本身就可能会带来某种外溢效应，即旨在控制污染排放的法律制度也可能会产生减少温室气体排放的附随效应，而且基于环境规制的传递效应，这种规制也可能会产生促使企业降低能源消耗、调整其能源消耗结构的附随结果。反之亦然，即如果节能目标责任制和考核评价制度得到实施，那么也会相应地降低温室气体排放和大气污染物的排放。在这种情况下，就可能会弱化重点污染物总量控制制度和环境保护税的制度。由于能源消费与温室气体排放的同源性，若非存在相应的管控机制，在多元管制工具并存时，"重叠规制"或者"规制冲突"极易发生。

从根本而言，"重叠规制"或者"规制抵牾"至少可以说明下列问题：一是相关部门实现中央既定目标具有主动性和创新性，如果这些相关部门协调有力，则可以有效地形成监管合力；二是相关部门在相同领域争夺监管权，其效果类似于"圈地运动"，也是相应政府部门争取生存空间的重要体现，还说明监管部门在监管过程中缺乏服务行政的意识；三是对监管者也要强监管立规矩之要求未落实到位，对监管部门的监管不够充分和及时，也缺乏整体政府（whole-of-government approach）或整体性治理（holistic governance）的制度设计。[1]

从法治建设角度来看，"重叠规制"或者"规制抵牾"可以反映出下列问题：一是管制疲劳问题，即管制法规越来越多，但管制目标并未取得实效；

---

〔1〕 参见竺乾威：《从新公共管理到整体性治理》，载《中国行政管理》2008年第10期，第52~58页。

二是协调立法缺乏有效性问题，即行政机关在进行管制立法时虽不得不与其他相关部门进行协调，但常常因无法达到理想效果而面临"协调僵局"问题，并因此导致各部门最终自行其是，放任"重叠规制"或者"规制抵牾"问题的发生；三是说明规制立法缺乏更高层的管控，即必须构建和强化行政立法的体系化自恰的审查机制。

第三节　碳排放交易制度与节能制度的协调之道

在从本体论和认识论层面搞清楚碳排放交易制度与节约能源制度并存导致的问题后，就需考虑如何从实体和程序两个面向对其以制度化方式加以解决。

一、碳交易相关制度协调的实体面向

上述分析表明，碳排放交易制度与节能法律制度之间的关系存在两种问题：一是碳排放交易制度与能源消费总量控制+用能权交易制度之间的关系，其本质上是"重叠规制"问题；二是碳排放交易制度与目标责任制和考核评价制度的关系，其本质上是"规制抵牾"问题。[1]针对前者，处理之道是实现两个法律制度的融合与衔接；针对后者，处理之道是实现两个法律制度的此进彼退。

针对碳排放交易制度与能源消费总量控制+用能权交易制度并存所产生的问题，短期的解决方式是将碳排放交易制度与能源消费总量管理+用能权交易制度融合为一个法律制度。具体来说：第一，即将能源消费总量折算为碳排放总量，将能源消费总量控制融入碳排放总量控制。这就实现了以碳排放总量控制和交易制度达到能源消费总量控制的目的。第二，在碳排放交易注册系统和交易平台中，在要求被监管企业报告其温室气体排放情况的同时，也报告其化石能源的消费数量情况，即同时采集温室气体排放量和化石能源消耗量信息。该解决方式的局限性在于：这种制度融合的最终实现有赖于生态环境部下的应对气候变化司和国家发展和改革委员会下的环境和资源节约司两者之间的充分沟通并达成共识，但是事实证明这种沟通和协调的难度很大

---

〔1〕　参见文绪武、胡林梅：《在压力型体制中嵌入市场化的节能减排机制》，载《经济社会体制比较》2016 年第 5 期，第 43~51 页。

且很可能以失败告终。[1]至少可以说，这种协调是缺乏效率的。事实上，即便是在2018年党和国家机构改革之前，应对气候变化司与环境与资源节约司同属国家发展和改革委员会之时，这两个制度也未能得到很好的融合和协调。另外，将各种类型的化石能源折算成碳排放总量虽然在理论上可行，但是在实际层面不仅耗力而且费时。

针对碳排放交易制度与节能目标责任制和考核评价制度之间可能发生的潜在冲突，从短期来看，可以考虑将被纳入全国碳排放交易制度监管的排放单位从《节约能源法》之节能目标责任制和考核评价制度的监管范围中剔除，即纳入碳排放交易监管的企业不再受节约目标责任制和考核评价制度监管，《节约能源法》及其配套政策只适用于被纳入全国碳排放交易制度监管的排放单位以外的用能企业。该种问题解决方式的局限在于：实际上，被纳入全国碳排放交易制度监管的企业或者公共机构相对而言都是大型排放源，而这些排放源同样也是节能目标制和考核评价制度的管制对象。[2]这意味着，将被纳入碳排放交易制度监管的企业或者公共机构从节能目标责任制和考核评价制度的监管对象范围中剥离，实际上就等于掏空了节能目标责任制和考核评价制度的存在基础和价值。

从长期来看，即便是制定行政法规性质的《碳排放交易管理暂行条例》，也必须考虑该条例与《节约能源法》的协调关系问题。自2007年修订之后，《节约能源法》已经运行十余年，当时修订该法的社会基础现在已经发生重大变化，因此有必要对《节约能源法》及其节能目标责任制和考核评价制度的实施效果进行综合评价。笔者认为，在全面推动依法治国时代，环境规制呈现出明显的代际发展特征，即从命令型规制向激励型规制、反身法规制迈进。[3]在这种情况下，首先，必须强化对（节能）指标控制的合法性审查，以避免指标控制可能侵害私人合法权益的情形发生。其次，可考虑将节能目标责任制和考核评价制度下以节能指标方式进行的监管转变为"法律义务+法律责任"的监管模式，逐步减小节能目标责任制直接对被监管企业发生效力

---

[1] 参见段茂盛等：《中国碳排放权交易与其他碳减排政策的交互与协调研究》，载齐晔、张希良主编：《中国低碳发展报告（2018）》，社会科学文献出版社2018年版，第102~104页。

[2] 国家发展和改革委员会：《关于开展重点用能单位"百千万"行动有关事项的通知》（发改环资〔2017〕1909号），2017年11月1日发布。

[3] 参见谭冰霖：《论第三代环境规制》，载《现代法学》2018年第1期，第118~131页。

的范围直至取消。再次，建议以控制碳排放的方式实现节约能源的目标。[1]在全球变暖背景下，必须加快推动能源转型和能源替代步伐。但是，在实施能源消费总量控制的过程中，如果对能源的分类统计不够到位，则可能会因为控制能源消费总量措施的实施而错将可再生能源发电纳入总量控制范围，从而与《可再生能源法》的基本精神相背离。[2]以控（制）碳（排放）方式来推进节能工作，能够倒逼能源供应链上各个环节的能源分类统计工作走向精细化。复次，必须调整目标责任制和考核评价制度的考核指标。也就是说，目标责任制和考核评价的指标要更为宏观。在碳排放量和能源消耗实现通约的情况下，将购买碳排放配额作为完成节能任务的重要方式，通过对先进者进行奖励以激励后进者，如此方能降低节能制度实施对碳排放交易制度实施的挤压效应，使得后者获得更大的灵活空间。最后，必须从行政组织法的角度，明确国家发展和改革委员会下设的环境与资源节约司负有应对气候变化和控制温室气体排放的职责，或者说，在该气候变化领域负有协助相关部门的责任。这是因为，全球变暖已成为当今这个时代最大的环境问题，但是作为负责宏观领域环境与资源节约的专门机构，其职能定位却完全没有体现。

　　另外，建议将诸如碳排放交易制度与其他制度的体系自洽作为生态环境立法的基本原则，以确保新制定的制度能够与现有环境治理法律制度相互契合。韩国于 2010 年颁布实施的《低碳绿色增长基本法》第 36 条规定："政府在制定控制温室气体和污染物排放的条例时，应当通过诱导排放温室气体和污染物的个人自愿减少排放，从而降低减排的社会成本和经济成本。并且，应将通过对规制的实际状况进行调查，建立完善的规制体系以避免重复规制，从而影响私人领域的自治和创造性并且影响韩国企业的竞争力。"[3]加拿大安大略省在就建立碳排放交易制度征求公众意见的文件中也明确提出，"安大略

---

　　[1]　参见张忠利：《气候变化背景下〈节约能源法〉面临的挑战及其思考》，载《河南财经政法大学学报》2018 年第 1 期，第 132~139 页；吴志忠：《论我国〈节约能源法〉的完善》，载《学习与实践》2013 年第 10 期，第 27~34 页。

　　[2]　参见国家机关事务管理局《公共机构能源资源消费统计制度》，载国家机关事务管理网站：http：//ecpi.ggj.gov.cn/news/63549，最后访问日期：2019 年 10 月 7 日。另参考国家发展和改革委员会《国家发展改革委关于开展重点用能单位"百千万"行动有关事项的通知》（发改环资〔2017〕1909 号）。

　　[3]　参见郑彤彤译，魏丽娇校：《韩国低碳绿色增长基本法（2013 年修订）》，载《南京工业大学学报》（社会科学版）2013 年第 3 期。本书在引用时对相关表述有所调整。

省拟建立的碳排放交易制度应当与联邦层面规制措施配合，以避免发生重复规制情形"，并且"应当考虑与安大略省其他环境规制政策的融合"。

二、碳交易相关制度协调的过程管控

按照法治国家的基本原理，任何政策都须先经法律化方可生效施行。从立法方法论角度来看，上述所谓环境保护相关之"重叠规制"或"规制抵牾"问题乃是立法质量问题的具象化，其本质则是环境立法的体系化问题。该问题的解决，可被分为两个步骤：一是发现问题的存在；二是提出问题的解决方案。从立法实践来看，立法起草者或立法机关在立法过程中未必对该问题全然不知，也有可能是在发现这些问题之后，基于立法效率的考虑而选择对其保持沉默。

就发现"重叠规制"或者"规制抵牾"等问题而言，可以通过进行立法前/后评价[1]或者撰写立法研究报告[2]，其实质是就拟制定之管制法开展规制影响评价[3]，以确保规制（立法）质量。有学者认为，为确保所立之法的有效性，立法当关注四个方面的内容，即立法之目的（purpose of legislation）、立法之实体内容（substantive content of legislation）、立法所处之外部整体结构（overarching structure）以及立法之结果（the result of legislation）。[4]其中，所谓立法所处之外部整体结构，其实就是在立法过程中就应当找准所立之法在整体法律体系中的坐标，而这必然意味着要弄清楚所立之法与现行有关法律的关系，以避免重复立法或者立法冲突，进而确保法律体系的融贯性。因此，在立法前评价或撰写立法研究报告过程中，必须将所立之法的体系协调性问题作为不可或缺的因素加以考察。在这个过程中，考虑到立法起草者或者立法机关的有限理性（bounded rationality），从立法立项之初就应确

---

〔1〕 Luzius Mader, "Evaluating the Effects: A Contribution to the Quality of Legislation", *Statute Law Review*, Vol. 22, No. 2, 2001, p. 124.

〔2〕 参见［美］安·赛德曼、罗伯特·鲍勃·赛德曼、那林·阿比斯卡：《立法学理论与实践》，刘国福等译，刘国福审译，中国经济出版社 2008 年版，第 105～106 页。

〔3〕 参见高秦伟：《美国规制影响分析与行政法的发展》，载《环球法律评论》2012 年第 6 期，第 97～115 页。

〔4〕 Maria Mousmouti, "Making Legislative Effectiveness as an Operational Concept: Unfolding the Effectiveness Test as a Conceptual Tool for Lawmaking", *European Journal of Risk Regulation*, 2018, Vol. 9, No. 3, pp. 452～460.

保立法过程的透明性，使尽可能大范围内的公众和专家学者参与到立法合理性论证。[1]

对于"重叠规制"或者"规制抵牾"问题而言，可能存在的问题是立法起草者或者立法机关虽已发现其存在但却不愿抑或无力加以解决。所谓不愿解决，是指为实现部门立法的法律化，在缺乏相应监督机制的情形下，立法机关对所发现的"重叠规制"或"规制抵牾"问题采取漠视或模糊化处理方式加以应对，以确保所立之法能够尽快通过并生效实施。所谓无力解决，是指虽然相关部门发现了"重叠规制"或"规制抵牾"等问题存在，也与相关政府部门进行沟通和协调，结果该沟通或协调耗时且难以取得共识，导致所立之法陷入"协调僵局"。此时，相关部门可能会选择降低立法位阶或将未经法律化的政策直接付诸实施，以规避该问题。因此，更高决策层的介入、调解和监督就显得尤为必要。《行政法规制定程序条例》（2017 年修订）和《规章制定程序条例》（2017 年修订）对国务院有关部门在行政法规制定或者部门规章制定过程中需进行部门间协调与协调不成时的解决办法中已作出相应规定，[2]但相关规定仍过于粗疏，也缺乏相应的问责机制，其实施效果也有待提升。"重叠规制"或"规制抵牾"等问题的复杂之处在于，它不仅可能发生在法规之间、规章之间，也可能发生在法规与规章之间、法规（规章）与法律之间抑或是法规（法律/规章）与政策之间，而对终端被规制对象而言上述这些形式的"重叠规制"或"规制抵牾"并无本质区别。

三、碳交易相关制度协调的延伸思考

当前，生态环境法律制度体系日益健全，但环境立法的碎片化问题也在不断凸显，生态环境立法亟待体系化。因此，推动制定环境法典已成为当前环境法学界的研究热点和努力方向。[3]笔者支持制定生态环境法典，但也应清醒认识到，解决环境法的体系化问题，非编纂生态环境法典所能"毕其功

---

〔1〕 Zhu Xiao & Wu Kaijie, "Public Participation in China's Environmental Lawmaking: In Pursuit of Better Environmental Democracy", *Journal of Environmental Law*, 2017, Vol. 29, No. 3, pp. 389, 416.

〔2〕 参见《行政法规制定程序》（2017 年修订）第 23 条、《部门规章制定程序》（2017 年修订）第 24 条。

〔3〕 代表性研究成果，如吕忠梅、窦海阳：《民法典"绿色化"与环境法典的调适》，载《社会科学文摘》2018 年第 10 期；王灿发、陈世寅：《中国环境法法典化的证成与构想》，载《中国人民大学学报》2019 年第 2 期。

于一役"。制定生态环境法典的价值，应当首先在于辨识和区分生态环境立法中有哪些体系化问题能够通过制定生态环境法典得到较好的解决，而又有哪些体系化问题可能很难通过制定法典而得到较为彻底的解决。环境法的体系化毋宁是一个长期任务和学习过程，而生态环境法典编纂则毕竟是一个阶段性工作，法典编纂一旦被列入立法议程，必然会陷入立法质量与立法效率之间的矛盾、立法起草人员的有限理性和经济社会未来发展的复杂性与难以准确预测性之间的矛盾。

作出上述判断，原因至少包括三个方面。首先，由全国人民代表大会常务委员会制定的生态环境法典，更多的是解决法律层面环境立法的体系化问题，即实现法律位阶的生态环境相关立法的整合与重塑，对于行政法规和规章层面的环境立法、地方性法规和规章层面的环境立法体系化问题则无法"一网打尽"。其次，生态环境法典绝非生态环境部独有之环境法典，而应当是能够协调环境法上不同主体、价值导向、治理工具的框架之法和综合性立法。[1]即便制定了生态环境法典，也仍需要下位立法对该法典的原则性规定进行具体的制度化立法，由此就会引发生态环境相关政府部门制定的环境行政立法的体系化问题。最后，生态环境法典的适度法典模式，[2]意味着环境法典编纂必然会导致环境司法的"生态环境法典+环境单行法"的双法源模式，其本身也面临具有不断"僵化"倾向的环境法典化与不断适应社会需求的环境单行法之间产生的体系化问题。换言之，即便是在生态环境法典和环境单行法之间，也仍然存在环境法的体系化问题。所以，环境法体系化议题的生命力必然会远远超过生态环境法典议题。

那么，如何解决那些环境法典外的体系化问题？换言之，在制定环境法典化之外，还有哪些能够实现环境立法体系化的方法？该问题对于生态环境行政立法颇为重要。值得注意的是：这里所谓的环境立法体系化，不仅要实现环境立法体系化的结果，而且要以符合效率和效能的方式实现该结果。从国内外的行政法实践经验来看，实现环境行政立法的体系化大致包括下列三

---

〔1〕 参见杜辉：《环境公共治理与环境法的更新》，中国社会科学出版社 2018 年版，第 190~191 页。

〔2〕 吕忠梅：《中国环境立法法典化模式选择及其展开》，载《东方法学》2021 年第 6 期，第 70 页；李艳芳、田时雨：《比较法视野中的我国环境法法典化》，载《中国人民大学学报》2019 年第 2 期，第 15~28 页。

种路径。

第一，组织法的路径。现代行政组织法所要致力的是：法律上如何去形塑、支撑乃至影响行政组织的内在规制结构，借此帮助其作出正确的行政决定。笔者认为，这里所谓的"正确的行政决定"不仅包括针对个案的行政行为，而且包括具有普遍适用价值的立法行为。以 2018 年党和国家机构改革为例，本次国家机构改革的原则之一就是"坚持优化协同高效"，"坚持问题导向，聚焦发展所需、基层所盼、民心所向，优化党和国家机构设置和职能配置，坚持一类事项原则上由一个部门统筹、一件事情原则上由一个部门负责，加强相关机构配合联动，避免政出多门、责任不明、推诿扯皮"。[1]的确，国务院机构改革完成以后，环境行政相关立法呈现出明显的整合趋势。比如，在组织法层面，排污许可和环境影响评价的实施先前分别有两个部门负责监管，在 2018 年国家机构改革（以下简称"2018 年改革"）以后这两个部门合并，排污许可和环境影响评价两个制度也更加融合。再如，应对气候变化事务先前由国家发展和改革委员会负责，2018 年改革后原来的国家发展和改革委员会下属的应对气候变化司转隶于生态环境部，这使得应对气候变化立法更加自觉地在生态环境立法整体框架下推进，并考虑如何协调该法与 2014 年《环境保护法》的关系。[2]但是，国家机构改革的牵涉面较大，其启动需要多方论证和调研才能实现，即不能将所有法律的体系化问题都交由国家机构改革来实现。[3]比如，碳排放交易制度与节能法律制度的协调问题，即便是在两者皆由国家发展和改革委员会负责时，也没有得到很好的协调。

第二，行为法的路径。针对涉及多个部门的共同监管领域（shared regulatory space），建立部门之间的协调机制，是实现行政立法体系化的重要路径。按照行政法学理，部门之间的协调机制，应当属于内部行政的范畴，同时也属于行政组织法的应有内容。但是，各国行政组织法普遍存在未就行政机关之间的横向关系规则作出规定的现象，而是选择创设在实现规制目标的同时

---

〔1〕《中共中央关于深化党和国家机构改革的决定》，载《人民日报》2018 年 3 月 5 日。

〔2〕 参见田丹宇：《应对气候变化法律制度体系研究》，载于文轩主编：《能源法制前沿问题研究》，中国政法大学出版社 2019 年版，第 201~209 页。

〔3〕 Jody Freeman & Jim Rossi, "Agency Coordination in Shared Regulatory Space", *Harvard Law Review*, Vol. 125, No. 5, 2012, pp. 1151~1155.

承担其相应组织法功能的行政法机制。[1]从总体来看，这些承担协调行政机关横向关系功能的行为法机制包括下列类型：进行部门间磋商、缔结部门间协议、开展联合立法等方式。[2]在我国，上述机制虽能在一定程度上发挥作用，但并不能及时、有效地解决"协调僵局"的情形。尽管《行政法规制定程序条例》和《规章制定程序条例》就行政立法过程中存在不同意见而无法协商一致的情形给出了解决办法，但是，应该说，其实施效果并不令人满意。以环境行政立法为例，且不说本书所探讨的碳排放交易立法与节能立法的协调，多年来环境监测条例、排污许可条例、地下水管理条例、海洋石油勘探开发环境保护条例等都迟迟无法出台，其中相关部门就部分问题迟迟不能达成共识应该是主要原因。也就是说，跨部门的协同失灵现象非常明显。[3]因为保护权力和地盘是政府部门的天然倾向，除非外力迫使，否则政府部门常常会倾向于规避跨组织的关系。针对多部门共同监管的领域，相关部门之间进行水平面向的协调不足以及时、有效地打破僵局并获得预期的结果。因此，由更高层面的决策层进行垂直面向的及时介入至关重要。

第三，高层介入的路径。解决环境行政立法"膨胀"问题，是环境法学者们支持制定环境法典的重要论据。但是，若将环境行政立法理解为生态环境相关部门实现部门利益法律化的过程，那么制定环境法典似乎并不足以有效地防范有关政府部门通过行政立法实现部门利益法律化现象，解决该问题似乎更需要在相关政府部门之上建立更高层次的统筹决策和审查机制。基于此种考虑，从 20 世纪 80 年代开始，美国联邦层政府开始推动建立集权式总统监管模式。[4]主要内容包括：在美国联邦层面的管理与预算办公室（Office of Management and Budget，OMB）中增设新的信息与监管事务办公室（Office of Information and Regulatory Affairs，OIRA），由其专门负责对美国联邦政府行政机关所有的管制行为，包括对现有规章和拟制定的新规章进行集中审查，

---

〔1〕 参见叶必丰：《行政组织法功能的行为法机制》，载《中国社会科学》2017 年第 7 期，第 109~130 页。

〔2〕 Jody Freeman & Jim Rossi, "Agency Coordination in Shared Regulatory Space", *Harvard Law Review*, Vol. 125, No. 5, 2012, pp. 1155~1180.

〔3〕 蒋敏娟：《中国政府跨部门协同机制研究》，北京大学出版社 2016 年版，第 112~127 页。

〔4〕 席涛：《美国管制：从命令-控制到成本-收益分析》，中国社会科学出版社 2006 年版，第 46~67 页。

以推动行政规章之间的尽早协调，使本部门制定的规章与生效的法律、总统的优先安排等内容保持一致；由美国联邦政府颁布实施了《管制计划与审查》的行政命令，作为 OIRA 对美国联邦层面行政机关的所有管制行为开展审查的法律依据。[1]笔者认为，该行政命令的最大价值在于，它旨在构建一种为管制之受众服务的管制理念、体制和制度，即践行整体性治理的理念，从规制之受体（the recipient of regulation）面临的问题及其感受与期待出发制定规制法。也就是说，规制立法不仅要从规制部门角度采取自上而下的规制立法思维模式，也要同时采取从规制之受体的角度自下而上的规制立法思维模式，即"制定涉企法规政策必须听取企业和行业协会意见"。[2]也就是说，推进包括环境行政立法在内的行政立法体系化，应当以建立一种能为之服务而非与之对立的管制体制，降低公司企业的制度性交易成本，改善作为规制受众的公司企业的营商环境为根本目标。

---

〔1〕于立深、胡晶晶：《美国〈管制计划与审查〉行政命令》，载《行政法学研究》2003 年第 4 期，第 84~92 页。

〔2〕参见《国务院办公厅关于在制定行政法规规章行政规范性文件过程中充分听取企业和行业协会商会意见的通知》（国办发〔2019〕9 号）。

碳排放交易制度作为政策试验

如果从 20 世纪 60 年代科斯的《社会成本问题》、哈丁的《公地悲剧》和戴尔斯的《污染、财产权和价格》等对排放交易做出重要贡献的研究成果先后公开发表算起，碳排放交易理论及其实践已经历半个多世纪的发展，似乎已经到了"知天命"的生命节点，但是这种评价显然过于乐观了。美国学者罗伯特·史蒂文斯曾将《美国 1990 年清洁空气法》下的"酸雨控制计划"称为一项"宏大的政策试验"[1]。本书认为，这种定位同样适用当前的碳排放交易法制建设。

目前，在碳排放交易制度的实施方面，并没有令人信服的证据表明该制度确已产生重大成效并且易于被复制推广。正如有学者所言，排放交易制度背后的理论是清晰的，但对于它在实践中到底是如何运行的，我们远未充分掌握。[2]换言之，在复杂的经济社会系统面前，我们并未完全掌握能够确保碳排放交易理论在实践中切实产生功效的要义。[3]因此，将碳排放交易制度定位为政策试验，不仅符合其作为成长型制度的特点，也有利于促进该制度及其理论的成熟。

从制度经济学的角度来看，任何制度的选择和制定都是在该国家或地区既有制度体系基础上建立的，都是"历史、文化、习俗、传统等因素综合作

---

〔1〕 Robert N. Stavins, "What Can We Learn fom the Grand Policy Experiment? Lessons from So2 Allowance Trading", *Journal of Economic Perspectives*, 1998, Vol. 12, No. 3, pp. 69~88.

〔2〕 Daniel A. Farber, "Pollution Markets and Social Equity: Analyzing the Fairness of Cap and Trade", *Ecology Law Quarterly*, 2012, Vol. 39, No. 1, p. 18.

〔3〕 Michele Betsill & Matthew J. Hoffmann, "The Contours of 'Cap-and-Trade': The Evolution of Emissions Trading Systems for Greenhouse Gases", *The Review of Policy Research*, 2011, Vol. 28, Issue 1, pp. 83~106.

用的结果"。[1]在最高决策层面已决定建立碳排放交易制度的背景下，关键在于如何才能使该制度作为一种嵌入式市场机制，[2]更好地融入既有法律制度体系乃至社会制度体系，在实现体系自恰的基础上能够在控碳作用方面切实发挥实效。

在中国语境下，对于作为政策试验的碳排放交易制度，要实现其制度及理论的优化和完善，至少需关注下列问题：

第一，碳排放交易制度实施效果评估的法律制度化。[3]自 2011 年开始，国家发展和改革委员会决定在全国 7 个试点省市进行碳排放交易试点，这种"由点到面"的政策试验方法为建立全国碳排放交易市场积累了宝贵经验。作为一种重要的学习机制，"通过试验制定政策"的做法显然内置了对试点情况进行评估的要求，但是该种评估存在缺乏规范化、制度化以及缺乏客观性和透明化等问题。目前，全国碳排放交易市场已启动，但在我国仍属新生事物，也仍需继续积累经验和优化完善。因此，碳排放交易制度实施效果评估应成为该制度的必要组成部分，而且应以常态化、制度化和客观化为基本要求。目前，该实施效果评估并无成熟经验可借鉴，仍需继续探索。

第二，将配额（碳排放权）定性为财产（权）并允许其上设定担保物权对实现碳排放交易制度之控碳目标的影响。从国内外碳排放交易的实践及其理论研究来看，配额的法律属性问题可能并没有唯一正解，而是可能有多种选择方案，尤其是在各国法制基础尤其是财产法基础不同的情形下。重要的是，如何建立与配额的该种法律属性选择相匹配的法律制度？但是，即便将配额定性为财产，也不容否认碳排放交易制度乃行政法上的诱导性制度，而在把握该种诱导性制度时，应着眼于行政作用的目的，尤其是终局目的。[4]换言之，即便将配额定性为财产，并且允许在其上设定担保物权，也应以不

---

〔1〕　李义平：《经济学百年：从社会主义市场经济出发的选择与评介》，生活·读书·新知三联书店 2007 年版，第 52 页。

〔2〕　胡炜：《生态文明建设中的市场嵌入机制——碳排放权交易试点工作研究》，载《鄱阳湖学刊》2013 年第 6 期，第 19~25 页。

〔3〕　即使是德国环境局在其研究报告中也承认对 EU ETS 的实效性进行评估是有难度的。Jochen Diekmann, *EU Emissions Trading*: *The Need for Cap Adjustment in Response to External Shocks and Unexpected Developments*?, Published by German Enviromental Agency, 2012, pp. 3~4.

〔4〕　［日］中原茂树：《行政上的诱导》，王明喆译，载《公法研究》2020 年第 1 期，第 287 页。

影响该制度之控碳目标的实现为前提。问题在于，该制度的控碳效果之评估本身就有较大难度，而对于允许在配额上设定担保物权会对该控碳效果产生何种影响，以及应设定何种限制条件方能实现既能发挥配额之财产价值功能，又不影响该控碳目标实现之"双赢"目的，目前缺乏深入研究。但是，除非否认配额构成财产（权），抑或在承认其财产属性的同时禁止在其上设定担保物权，否则就终将面对该问题。

第三，未来不可预测的非常规事件对"配额总量"的设定及其调整的灵活性的要求。在碳排放交易制度下，"配额总量"是针对未来若干年度，以"一切照旧"情形下该未来若干年度预期的碳排放总量为基准而设定的。问题在于，"一切照旧"情形显然是以确定性、常规状态为理论预设的，而难以将经济危机、极端气候天气等在未来是否发生这种具有较大不确定性的非常规情形量化并纳入考虑。因此，在碳排放交易制度实施过程中，一旦发生上述情形便意味着"配额总量"的决策基础实质上发生了重大变化，此时理应结合实际对此前设定的"配额总量"作出相应的调整，否则容易导致市场上配额供求关系严重失衡。但是，"配额总量"调整关乎市场秩序的稳定和市场主体的合法权益保护及其对该市场的信心，因此该调整必须严格依法进行。因此，从应对不确定性视角来看，在碳排放交易立法中应纳入非常法律性质的规则，即具有必要性、预防性、授权性和临时性等基本特征的法规范。[1]其调整的难度在于，若发生非常规事件导致市场上的配额严重过剩，而"配额总量"的全部或大部已被初始分配给被规制主体，则该供求关系的调整不仅涉及私人权益的保护，也须预防可能扰乱市场秩序的投机行为。若该非常态事件导致配额严重供不应求，也需设置相应的法律规范。

第四，环境规制代际发展视角下碳排放交易制度如何融入其他环境规制元素的问题。从环境规制代际发展的视角来看，碳排放交易制度并非环境规制发展的最终阶段。这种代际划分容易让人误以为碳排放交易制度与其他代际环境规制制度是对立和不相融的，但这显然是一种误解。尤其是，碳排放交易制度作为控制碳排放的手段，其优势在于实现被规制主体控碳的短期成本最小化，

---

〔1〕 孟涛：《中国非常法律的形成、现状与未来》，载《中国社会科学》2011 年第 2 期，第 137 页。

但很难说会激励被规制主体确立长期的控碳规划，并实现深度脱碳。[1]因此，为实现"双碳"目标，应在碳排放交易制度中融入其他环境规制的元素，或增设配套的法律制度，使被规制企业能够产生确立并践行长期减碳目标的内生动力，而不至于仅满足于寻求短期守法成本最小化，甚至因此迷失方向。但是，在该制度中融入何种元素或者配套制度，能实现此种目标则有待进行深入研究。

　　围绕上述问题的核心是，碳排放交易制度在运行过程中面临来自各个方面的不确定性，这种不确定性贯穿于碳排放交易市场运行始终，而且必然会对市场运行产生重要影响。但是，在进行碳排放交易的制度建构时，基本上是以未来的确定性、可预测性和可知性为基本理论预设的。所以，在面对充满复杂性且可能瞬息万变的经济社会系统时，碳排放交易制度尤其是"配额总量"的设定和配额初始分配方面的法律规则可能表现出明显的缺乏灵活性的问题。

　　上述问题实质上涉及（环境）行政法治如何能有效应对面向未来的各种不确定性并"决策于未知"的问题。在当今时代，不确定性思维已深入经济社会的各个领域，经典力学所确立的确定性世界观正在被颠覆，不确定性世界观则正在逐渐确立。[2]但是，在（环境）法学领域，学者们前述问题的讨论则主要集中在风险行政、规划行政、证券监管等领域。对碳排放交易市场运行过程中可能面临的不确定性问题，则往往要么将其视为小概率的例外事件而直接选择将其忽略，要么选择在该问题实然发生后进行被动回应，既缺乏深入研究，也缺乏相应的法制建设。但实践已表明，碳排放交易市场运行过程中充满着各种不确定性，所以在进行碳排放交易立法时更宜确立"不确定性"的世界观、认识论和方法论，如此更有利于促进碳排放交易市场稳健发展和控碳目标的实现。

---

　　[1]　有学者研究发现，碳排放权交易政策的实施能有效促使企业碳减排，但企业主要是通过减少产量这种短期行为来减少碳排放，而非通过投入减排技术以达到清洁生产来实现长期减排。沈洪涛、黄楠、刘浪：《碳排放权交易的微观效果及机制研究》，载《厦门大学学报（哲学社会科学版）》2017 年第 1 期，第 13 页。

　　[2]　刘尚希、李成威、杨德威：《财政与国家治理：基于不确定性与风险社会的逻辑》，载《财政研究》2018 年第 1 期，第 10~12 页。

参考文献

中文著作

[1] [美] 埃里克·波斯纳、戴维·韦斯巴赫：《气候变化的正义》，李智、张键译，社会科学文献出版社 2011 年版。

[2] [美] 安·塞德曼、罗伯特·鲍勃·塞赛德曼、那林·阿比斯卡：《立法学理论与实践》，刘国福等译，刘国福审译，中国经济出版社 2008 年版。

[3] [日] 大桥洋一：《行政法学的结构性变革》，吕艳滨译，中国人民大学出版社 2008 年版。

[4] [美] 丹尼·埃勒曼、弗兰克·肯沃瑞、克里斯琴·普萨斯著，朱苏荣主编：《碳定价：欧盟碳排放交易体系》，中国人民银行乌鲁木齐中心支行译，中国金融出版社 2011 年版。

[5] [美] 丹尼尔·H. 科尔：《污染与财产权：环境保护的所有权制度比较研究》，严厚福、王社坤译，北京大学出版社 2009 年版。

[6] [美] 道格拉斯·C. 诺斯：《制度、制度变迁与经济绩效》，杭行译，韦森译审，格致出版社、上海三联书店、上海人民出版社 2014 年版。

[7] [法] 弗朗索瓦·泰雷、菲利普·森勒尔：《法国财产法》（上），罗结珍译，中国法制出版社 2008 年版。

[8] [美] 富兰克林·H. 奈特：《风险、不确定性和利润》，王宇、王文玉译，中国人民大学出版社 2005 年版。

[9] [德] 哈特穆特·毛雷尔：《行政法学总论》，高家伟译，法律出版社 2000 年版。

[10] [美] 赫伯特·西蒙：《现代决策理论的基石》，杨砾、徐立译，北京经济学院出版社 1989 年版。

[11] [德] 卡尔·拉伦茨：《德国民法通论》（上篇），王晓晔等译，法律出版社 2013 年版。

［12］［德］卡尔·拉伦茨：《法学方法论》（第6版），黄家镇译，商务印书馆2020年版。

［13］［德］卡尔·拉伦茨：《法学方法论》，陈爱娥译，商务印书馆2003年版。

［14］［美］凯斯·R. 桑斯坦：《权利革命之后：重塑规制国》，钟瑞华译，中国人民大学出版社2008年版。

［15］［德］柯武刚、史漫飞：《制度经济学》，韩朝华译，商务印书馆2000年版。

［16］［英］科林·斯科特：《规制、治理与法律：前沿问题研究》，安永康译，宋华琳校，清华大学出版社2018年版。

［17］［美］克利福德·格尔茨：《地方知识——阐释人类学论文集》，杨德睿译，商务印书馆2016年版。

［18］［德］G. 拉德布鲁赫：《法哲学》，王朴译，法律出版社2005年版。

［19］［美］罗纳德·德沃金：《认真对待权利》，信春鹰、吴玉章译，上海三联书店2008年版。

［20］［英］洛克：《政府论》（上篇），叶启芳、瞿菊农译，商务印书馆1964年版。

［21］［荷］迈克尔·福尔等：《气候变化与欧洲排放交易：理论与实践》，鞠美庭等译，化学工业出版社2011年出版。

［22］［美］迈克尔·桑德尔：《金钱不能买什么：金钱与公正的正面交锋》，邓正来译，中信出版社2012年版。

［23］［德］施密特·阿斯曼：《秩序理念下的行政法体系建构》，林明锵等译，北京大学出版社2012年版。

［24］［比利时］伊利亚·普里戈金：《确定性的终结：时间、混沌与新自然法则》，湛敏译，张建树校，上海科技教育出版社2018年版。

［25］［荷］斯特凡·E. 魏斯哈尔：《排放权交易设计：批判性概览》，张小平译，法律出版社2019年版。

［26］［美］托马斯·斯纳德：《环境与自然资源管理的政策工具》，张蔚文、黄祖辉译，上海三联书店、上海人民出版社2005年版。

［27］［德］伯恩·魏德士：《法理学》，丁晓春、吴越译，法律出版社2013年版。

［28］［德］温弗里德·哈斯默尔、乌尔弗里德·诺伊曼、弗兰克·萨利格：《当代法哲学和法律理论导论》（第9版），郑永流译，商务印书馆2021年版。

［29］［德］亚图·考夫曼：《类推与事物本质——兼论类型理论》，吴从周译，新学林股份有限公司1999年版。

［30］［日］植草益：《微观规制经济学》，朱绍文等译，中国发展出版社1992年版。

［31］［英］朱迪·丽思：《自然资源：分配、经济学与政策》，蔡运龙等译，蔡运龙校，商务印书馆2002年版。

［32］蔡肖兵：《物理学的哲学分析》，中国社会科学出版社2011年版。

［33］常杪、陈青：《中国排污权交易制度设计与实践》，中国环境出版社 2014 年版。

［34］陈慈阳：《环境法总论》（2003 年修订），中国政法大学出版社 2003 年版。

［35］戴彦德等：《碳交易制度研究》，中国发展出版社 2014 年版。

［36］杜辉：《环境公共治理与环境法的更新》，中国社会科学出版社 2018 年版。

［37］封志明编著：《资源科学导论》，科学出版社 2004 年版。

［38］韩大元、王建学编著：《基本权利与宪法判例》（第 2 版），中国人民大学出版社 2021 年版。

［39］胡建淼：《行政法学》（第 4 版），法律出版社 2016 年版。

［40］胡静：《环境法的正当性与制度选择》，知识产权出版社 2009 年版。

［41］胡炜：《法哲学视野下的碳排放交易制度》，人民出版社 2014 年版。

［42］黄茂荣：《法学方法论与现代民法》（增订 7 版），作者自版 2020 年版。

［43］蒋敏娟：《中国政府跨部门协同机制研究》，北京大学出版社 2016 年版。

［44］李洪雷：《行政法释义学：行政法学理的更新》，中国人民大学出版社 2014 年版。

［45］李建良：《损失补偿》，载翁岳生编：《行政法》（第 2 版·下册），中国法制出版社 2009 年版。

［46］李义平：《经济学百年：从社会主义市场经济出发的选择与评介》，生活·读书·新知三联书店 2014 年版。

［47］林来梵：《从宪法规范到规范宪法——规范宪法学的一种前言》，商务印书馆 2017 年版。

［48］刘孔中、王红霞：《通讯传播法新论》，法律出版社 2012 年版。

［49］刘长军：《财产与风险：马克思财产理论的逻辑与方法论自觉》，社会科学文献出版社 2018 年版。

［50］卢现祥：《西方新制度经济学》，中国发展出版社 1996 年版。

［51］吕忠梅主编：《中华人民共和国环境保护法释义》，中国计划出版社 2014 年版。

［52］《法国环境法典》（第 1~3 卷），莫菲、刘彤、葛苏聃译，安意诗、周迪校，法律出版社 2018 年版。

［53］宁金彪等：《中国碳市场报告（2014）》，社会科学文献出版社 2014 年版。

［54］齐晔主编：《中国低碳发展报告（2013）政策执行与制度创新》，社会科学文献出版社 2013 年版。

［55］乔晓阳：《中华人民共和国行政许可法及释解》，中国致公出版社 2003 年版。

［56］沈满洪、钱水苗等：《排污权交易机制研究》，中国环境科学出版社 2009 年版。

［57］史学瀛、李树成、潘晓滨：《碳排放交易市场与制度设计》，南开大学出版社 2014 年版。

［58］宋亚辉：《社会性规制的路径选择》，法律出版社 2017 年版。

［59］孙施文编著：《现代城市规划理论》，中国建筑工业出版社 2007 年版。

［60］《世界各国宪法》编译委员会：《世界各国宪法·美洲大洋洲卷》，中国检察出版社 2012 年版。

［61］汪劲：《环境法学》（第 3 版），北京大学出版社 2014 年版。

［62］王卫国主译：《荷兰民法典（第 3、5、6 编）》，中国政法大学出版社 2006 年版。

［63］王遥：《碳金融：全球视野与中国布局》，中国经济出版社 2010 年版。

［64］王毅刚等：《碳排放交易制度的中国道路——国际实践与中国应用》，经济管理出版社 2011 年版。

［65］王涌：《私权的分析与建构：民法的分析法学基础》，北京大学出版社 2020 年版。

［66］吴从周：《概念法学、利益法学与价值法学：探索一部民法方法论的演变史》，中国法制出版社 2011 年版。

［67］席涛：《美国管制：从命令–控制到成本–收益分析》，中国社会科学出版社 2006 年版。

［68］薛波主编：《元照英美法词典》（精装重排版），北京大学出版社 2014 年版。

［69］杨立新：《中华人民共和国民法典释义与案例评注·1·总则编》，中国法制出版社 2020 年版。

［70］叶百修：《损失补偿法》，作者自版 2020 年版。

［71］叶俊荣：《行政法案例分析与研究方案》，三民书局 2003 年版。

［72］张民安：《法国民法总论（Ⅱ）》，清华大学出版社 2020 年版。

［73］张宁：《中国碳市场建设初探：理论、国际经验与中国的选择》，中央编译出版社 2013 年版。

［74］张守奎：《思想史语境中的马克思财产权批判理论》，中国社会科学出版社 2019 年版。

［75］张希良、马爱民：《中国全国碳市场总体方案与关键制度研究》，中国市场出版社 2023 年版。

［76］张翔：《基本权利的规范建构》（增订版），法律出版社 2017 年版。

［77］章剑生：《现代行政法总论》（第 2 版），法律出版社 2019 年版。

［78］章志远：《行政法学总论》（第 2 版），北京大学出版社 2022 年版。

［79］郑爽：《国际碳市场发展及其对中国的影响》，中国经济出版社 2013 年版。

［80］郑爽等：《全国七省市碳交易试点调查与研究》，中国经济出版社 2014 年版。

［81］《马克思恩格斯全集》（第 4 卷），人民出版社 1965 年版。

［82］周珂：《应对气候变化的环境法律思考》，知识产权出版社 2014 年版。

［83］朱新力等：《行政法基础理论改革的基本图谱："合法性"与"最佳性"二维结构的展开路径》，法律出版社 2013 年版。

［84］竺乾威主编：《公共行政学》（第 2 版），复旦大学出版社 2000 年版。

［85］宁金彪、钟青主编：《中国碳市场报告（2014）》，社会科学文献出版社 2014 年版。

中文论文

［1］［美］埃莉诺·奥斯特罗姆：《应对气候变化问题的多中心治理体制》，谢来辉译，载《国外理论动态》2013 年第 2 期。

［2］［美］Colin Scott：《作为规制和治理工具的行政许可》，石肖雪译，载《法学研究》2014 年第 2 期。

［3］［美］查尔斯·萨贝尔、威廉·H. 西蒙：《行政国家中的最小主义与实验主义》，董春晓译，载汪晖、王中忱主编：《区域》（2014 年第 2 辑），社会科学文献出版社 2015 年版。

［4］［美］托马斯·格雷：《财产权的解体》，载［美］托马斯·格雷著，［美］黄宗智、田雷选编：《美国法的形式主义与实质主义》，许可译，法律出版社 2014 年版。

［5］［美］托马斯·C. 格雷：《论财产权的解体》，高新军译，载《经济社会体制比较》1994 年第 5 期。

［6］［日］太田匡彦：《行政分配的构造与程序》，鲁鹏宇译，载《公法研究》2016 年第 2 期。

［7］［日］中原茂树：《行政上的诱导》，王明喆译，载《公法研究》2020 年第 1 期。

［8］［美］托马斯·格雷：《财产权的解体》，许可译，载黄宗智等编：《美国法的形式主义与实质主义》，法律出版社 2014 年版。

［9］［美］托马斯·格雷：《论财产权的解体》，高新军译，载《经济社会体制比较》1994 年第 5 期。

［10］［日］太田匡彦：《行政分配的构造与程序》，鲁鹏宇译，载《公法研究》2016 年第 2 期。

［11］［日］中原茂树：《行政上的诱导》，王明喆译，载《公法研究》2020 年第 1 期。

［12］［新西兰］克劳斯·鲍斯曼：《只见树木，不见森林：环境法上的还原主义》，张宝译，载《南京工业大学学报（社会科学版）》2019 年第 4 期。

［13］蔡守秋：《从环境权到国家环境保护义务和环境公益诉讼》，载《现代法学》2013 年第 6 期。

［14］曹明德、李玉梅：《德国温室气体排放许可证交易法律制度研究》，载《法学评论》2010 年第 4 期。

［15］曹明德：《排污权交易制度探析》，载《法律科学》2000 年第 1 期。

［16］曹明德：《社会系统论视角下实现碳达峰碳中和目标的法律对策》，载《中国法学》2023 年第 5 期。

［17］曹明德：《中国碳排放交易面临的法律问题和立法建议》，载《法商研究》2021年第5期。

［18］曹炜：《环境法律义务探析》，载《法学》2016年第2期。

［19］曹炜：《环境监管中的"规范执行偏离效应"研究》，载《中国法学》2018年第6期。

［20］曹霞、郅宇杰：《基于"权额分立"理念的碳排放权性质与相关概念审视》，载《中国环境管理》2022年第5期。

［21］常鹏翱：《物权法的"希尔伯特问题"》，载《中外法学》2022年第2期。

［22］陈波：《中国碳排放权交易市场的构建及宏观调控研究》，载《中国人口·资源与环境》2013年第11期。

［23］陈海嵩：《国家环境保护义务的溯源与展开》，载《法学研究》2014年第3期。

［24］陈海嵩：《绿色发展中的环境法实施问题：基于PX事件的微观分析》，载《中国法学》2016年第1期。

［25］陈惠珍：《减排目标与总量设定：欧盟碳排放交易体系的经验及启示》，载《江苏大学学报（社会科学版）》2013年第4期。

［26］陈惠珍：《论中国碳价调控的法律路径——主要以欧盟排放交易体系为借鉴》，载《暨南大学学报》2014年第5期。

［27］陈惠珍：《许可抑或备案：我国碳排放准入监管的法制进路》，载《法学评论》2016年第5期。

［28］陈林林：《从自然法到自然权利——历史视野中的西方人权》，载《浙江大学学报（人文社会科学版）》2003年第2期。

［29］陈若英：《感性与理性之间的选择——评〈气候变化正义〉和减排规制手段》，载《政法论坛》2013年第2期。

［30］陈甦：《体系前研究到体系后研究的范式转型》，载《法学研究》2011年第5期。

［31］陈骁、张明：《碳排放权交易市场：国际经验、中国特色与政策建议》，载《上海金融》2022年第9期。

［32］陈阳：《机制仍需完善，信息有待透明》，载《中国经济导刊》2014年1月18日。

［33］陈阳：《碳抵消项目：环境和社会有效性不应被忽视》，载《中国经济导报》2014年1月26日。

［34］陈一壮：《复杂性理论：科学方法的第三个梯级》，载《学习时报》2005年7月4日。

［35］陈一壮：《试论复杂性理论的精髓》，载《哲学研究》2005年第6期。

［36］陈贻健：《〈巴黎协定〉下国家自主贡献的双重义务模式》，载《法学研究》2023年第5期。

［37］陈贻健：《论碳泄露的法律规制及其协调》，载《学海》2016 年第 6 期。

［38］陈禹：《复杂适应系统（CAS）理论及其应用——由来、内容与启示》，载《系统辩证学学报》2001 年第 4 期。

［39］陈志峰：《论碳中和背景下我国用能权交易市场规则之完善》，载《北方法学》2022 年第 2 期。

［40］程信合、陈惠珍：《论碳交易配额分配法律制度的两大维度——以广东为例》，载《华南师范大学学报（社会科学版）》2014 年第 2 期。

［41］代凯：《公众有效参与：一个亟须关注的议题》，载《理论与现代化》2017 年第 1 期。

［42］代凯：《注意力分配：研究政府行为的新视角》，载《理论月刊》2017 年第 3 期。

［43］邓海峰、罗丽：《排污权制度论纲》，载《法律科学（西北政法大学学报）》2007 年第 6 期。

［44］邓海峰、尹瑞龙：《碳中和愿景下我国碳排放权交易的功能与制度构造研究》，载《北方法学》2022 年第 2 期。

［45］邓海峰：《环境容量的准物权化及其权利构成》，载《中国法学》2005 年第 4 期。

［46］邓海峰：《生态法治的整体主义自新进路》，载《清华法学》2014 年第 4 期。

［47］邓若翰：《"双碳"背景下碳排放权担保融资的法律困境及完善路径》，载《中国人口·资源与环境》2023 年第 3 期。

［48］丁丁、潘方方：《论碳排放权的法律属性》，载《法学杂志》2012 年第 9 期。

［49］董溯战：《论中国节能证书交易法律制度的构建》，载《中国地质大学学报（社会科学版）》2013 年第 5 期。

［50］董战峰等：《碳达峰政策体系建设的思路与重点任务》，载《中国环境管理》2021 年第 6 期。

［51］窦晓铭、庄贵阳：《碳排放权交易政策评估及机制研究综述》，载《生态经济》2022 年第 10 期。

［52］杜辉：《生态环境法典中公私融合秩序的表达》，载《法学评论》2022 年第 6 期。

［53］杜健勋：《国家任务变迁与环境宪法续造》，载《清华法学》2019 年第 4 期。

［54］段茂盛：《全国碳排放权交易体系与节能和可再生能源政策的协调》，载《环境经济研究》2018 年第 2 期。

［55］段茂盛、庞韬：《碳排放权交易体系的基本要素》，载《中国人口·资源与环境》2013 年第 3 期。

［56］段茂盛等：《中国碳排放权交易与其他碳减排政策的交互与协调研究》，载齐晔、张希良主编：《中国低碳发展报告（2018）》，社会科学文献出版社 2018 年版。

［57］段青云等：《全球气候模式中气候变化预测预估的不确定性》，载《自然杂志》2016

年第 3 期。

［58］冯嘉：《负载有度：论环境法的生态承载力控制原则》，载《中国人口·资源与环境》2013 年第 8 期。

［59］高利红、余耀军：《论排污权的法律性质》，载《郑州大学学报（哲学社会科学版）》2003 年第 3 期。

［60］高秦伟：《美国规制影响分析与行政法的发展》，载《环球法律评论》2012 年第 6 期。

［61］高秦伟：《社会自我规制与行政法的任务》，载《中国法学》2015 年第 5 期。

［62］郭楠：《碳排放权的规范解构与实践反思》，载《中国地质大学学报（社会科学版）》2022 年第 6 期。

［63］郭庆珠：《论行政规划变更的正当性及其法律规制——兼及〈城乡规划法〉中规划修改制度的反思》，载《河北法学》2009 年第 4 期。

［64］何晶晶：《从〈京都议定书〉到〈巴黎协定〉：开启新的气候变化治理时代》，载《国际法研究》2016 年第 3 期。

［65］何晶晶：《构建中国碳排放权交易法初探》，载《中国软科学》2013 年第 9 期。

［66］何鑫：《碳：商品、金融工具、还是货币》，载《环境经济》2012 年第 4 期。

［67］何艳玲：《好研究是当下公共管理研究的大问题》，载《中国行政管理》2020 年 4 期。

［68］贺东航、孔繁斌：《公共政策执行的中国经验》，载《中国社会科学》2011 年第 5 期。

［69］赫磊、宋彦、戴慎志：《城市规划应对不确定性问题的范式研究》，载《城市规划》2012 年第 7 期。

［70］侯宁等：《中国碳交易研究综述及展望》，载《安徽农业科学》2009 年第 36 期。

［71］侯学宾：《凝练法理的多重维度》，载《中国社会科学报》2020 年 5 月 13 日。

［72］胡炜：《生态文明建设中的市场嵌入机制》，载《鄱阳湖学刊》2013 年第 6 期。

［73］胡炜：《碳排放交易的再审视：全球、区域和自愿的兼容模式——以美国退出〈巴黎协定〉为切入点》，载《国际法研究》2018 年第 1 期。

［74］胡苑：《环境法律"传送带"模式的阻滞效应及其化解》，载《政治与法律》2019 年第 5 期。

［75］胡仙芝：《"层层加码"与"层层减码"的共同根源》，载《人民论坛》2016 年第 21 期。

［76］胡中华：《论我国〈环境保护法〉第六条之真意——基于法律解释论的立场》，载李恒远主编：《中国环境法治》（2008 年卷），法律出版社 2009 年版。

［77］黄泷一：《英美法系的物权法定原则》，载《比较法研究》2017 年第 2 期。

［78］季晨溦、肖泽晟：《论信赖保护原则在城乡规划变更中的适用》，载《南京社会科学》2017 年第 2 期。

［79］江必新：《司法审查强度问题研究》，载《法治研究》2012 年第 10 期。

［80］焦艳鹏：《自然资源的多元价值与国家所有的法律实现——对宪法第 9 条的体系性解读》，载《法制与社会发展》2017 年第 1 期。

［81］金太军：《市场失灵、政府失灵与政府干预》，载《中共福建省委党校学报》2002 年第 5 期。

［82］金自宁：《风险规制与行政法治》，载《法制与社会发展》2012 年第 4 期。

［83］金自宁：《作为风险规制工具的信息交流：以环境行政中 TRI 为例》，载《中外法学》2010 年第 3 期。

［84］靳文辉：《公共规制的知识基础》，载《法学家》2014 年第 2 期。

［85］靳文辉：《试验型规制制度的理论解释与规范适用》，载《现代法学》2021 年第 3 期。

［86］雷磊：《融贯性与法律体系的建构——兼论当代中国法律体系的融贯化》，载《法学家》2012 年第 2 期。

［87］李昌麒、应飞虎：《论经济法的独立性——基于对市场失灵最佳克服的视角》，载《山西大学学报（哲学现社会科学版）》2001 年第 3 期。

［88］李洪雷：《面向新时代的行政法基本原理》，载《安徽大学学报（哲学社会科学版）》2020 年第 3 期。

［89］李惠民、马丽、齐晔：《中国"十一五"节能目标责任制的评价与分析》，《生态经济》2011 年第 9 期。

［90］李建良：《环境议题的形成与国家任务的变迁——"环境国家"理念的初步研究》，载《宪法体制与法治行政》，元照出版有限公司 1998 年版。

［91］李建良：《损失补偿》，载翁岳生主编：《行政法》（下），中国民主法制出版社 2009 年版。

［92］李克强：《政府工作报告》，载《国务院公报》2019 年第 9 期。

［93］李仁真、曾冠：《碳排放权的法律性质探析》，载《金融服务法评论》2011 年第 1 期。

［94］李艳芳、田时雨：《比较法视野中的我国环境法法典化》，载《中国人民大学学报》2019 年第 2 期。

［95］李艳芳、田时雨：《不确定性与复杂性背景下气候变化风险规制立法》，载《吉林大学社会科学学报》2018 年第 2 期。

［96］李艳芳、张忠利：《美国联邦对温室气体排放的法律监管及其挑战》，载《郑州大学学报（哲学社会科学版）》2014 年第 3 期。

［97］李艳芳、张忠利：《欧盟温室气体排放法律规制及其特点》，载《中国地质大学学报（社会科学版）》2014 年第 5 期。

［98］李艳芳：《我国〈可再生能源法〉的制度构建与选择》，载《中国人民大学学报》2005 年第 1 期。

［99］李艳芳、张忠利：《二氧化碳的法律定位及其排放规制立法路径选择》，载《社会科学研究》2015 年第 2 期。

［100］李义松、冯露：《排污权交易的公示制度研究》，载《行政与法》2014 年第 8 期。

［101］李义松：《论排污权的定位及法律性质》，载《东南大学学报（社会科学版）》2015 年第 1 期。

［102］李永军：《民法上的人及其理性基础》，载《法学研究》2005 年第 5 期。

［103］李挚萍、程凌香：《企业碳信息披露存在的问题及各国的立法应对》，载《法学杂志》2013 年第 8 期。

［104］李挚萍：《碳交易市场的监管机制研究》，载《江苏大学学报（社会科学版）》2012 年第 1 期。

［105］廖健凯：《英国的碳减排法律制度》，载《世界环境》2011 年第 2 期。

［106］刘保晓、李靖、徐华清：《美国温室气体清单编制及排放数据管理》，载《21 世纪经济报道》2015 年 1 月 12 日。

［107］刘传明、孙喆、张瑾：《中国碳排放权交易试点的碳减排政策效应研究》，载《中国人口·资源与环境》2019 年第 11 期。

［108］刘洪岩：《从文本到问题：有关新〈环境保护法〉的分析和评述》，载《辽宁大学学报（哲学社会科学版）》2014 年第 6 期。

［109］刘健枭：《论空间规划修改制度的刚性与弹性均衡》，载《城市规划》2022 年第 8 期。

［110］刘明明：《论构建中国用能权交易体系的制度衔接之维》，载《中国人口·资源与环境》2017 年第 10 期。

［111］刘明明：《论温室气体排放权的财产权属性》，载《重庆大学学报（社会科学版）》2013 年第 3 期。

［112］刘然：《并非只为试验：重新审视试点的功能与价值》，载《中国行政管理》2020 年第 12 期。

［113］刘尚希、李成威、杨德威：《财政与国家治理：基于不确定性与风险社会的逻辑》，载《财政研究》2018 年 1 月。

［114］刘卫先：《对"排污权"的几点质疑——以"排污权"交易为视角》，载《兰州学刊》2014 年第 8 期。

［115］刘卫先：《生态法对生态系统整体性的回应》，载《中国海洋大学学报（社会科学

版）》2018 年第 5 期。

[116] 刘卫先、李诚：《中国温室气体与大气污染物控制协同规划及其保障》，载《中国人口·资源与环境》2022 年第 12 期。

[117] 刘学芝等：《欧盟碳市场 MRV 制度体系及其对中国的启示》，载《中国科技论坛》2018 年第 8 期。

[118] 柳华文：《"双碳"目标及其实施的国际法解读》，载《北京大学学报（哲学社会科学版）》2022 年第 2 期。

[119] 卢超：《事中事后监管改革：理论、实践及反思》，载《中外法学》2020 年第 3 期。

[120] 卢超：《行政审批改革政策试验机制的法治化图景》，载《法学研究》2022 年第 6 期。

[121] 卢现祥：《转变制度供给方式，降低制度性交易成本》，载《学术界》2017 年第 10 期。

[122] 鲁鹏宇：《法政策学初探——以行政法为参照系》，载《法商研究》2012 年第 4 期。

[123] 吕忠梅、窦海阳：《民法典"绿色化"与环境法典的调适》，载《社会科学文摘》2018 年第 10 期。

[124] 吕忠梅：《环境权入宪的理路与设想》，载《法学杂志》2018 年第 1 期。

[125] 吕忠梅：《论环境使用权交易制度》，载《政法论坛》2000 年第 4 期。

[126] 吕忠梅：《中国环境立法法典化模式选择及其展开》，载《东方法学》2021 年第 6 期。

[127] 马俊驹、龚向前：《论能源法的变革》，载《中国法学》2007 年第 3 期。

[128] 马俊驹：《论我国国家公共财产权制度体系的建构》，载《法学评论》2023 年 1 期。

[129] 孟国碧：《论碳泄漏问题的本质及其解决路径》，载《江汉论坛》2017 年第 11 期。

[130] 孟涛：《中国非常法律的形成、现状与未来》，载《中国社会科学》2011 年第 2 期。

[131] 苗东升：《论复杂性》，载《自然辩证法通讯》2000 年第 6 期。

[132] 苗东升：《论系统思维（六）：重在把握系统的整体涌现性》，载《系统科学学报》2006 年第 1 期。

[133] 莫建雷、朱磊、范英：《碳市场价格稳定机制探索及对中国碳市场建设的建议》，载《气候变化研究进展》2013 年第 5 期。

[134] 倪受彬：《碳排放权权利属性论——兼谈中国碳市场交易规则的完善》，载《政治与法律》2022 年第 2 期。

[135] 潘家华：《碳排放交易体系的构建、挑战与市场拓展》，载《中国人口·资源与环境》2016 年第 8 期。

[136] 潘晓滨、薛碧洁：《我国碳排放权质押融资发展存在的问题及对策》，载《资源节约与环保》2023 年第 5 期。

［137］潘晓滨：《碳中和背景下我国碳市场公众参与法律制度研究》，载《法学杂志》2022 年第 4 期。

［138］彭峰、邵诗洋：《欧盟碳排放交易制度：最新动向及对中国之镜鉴》，载《中国地质大学学报（社会科学版）》2012 年第 5 期。

［139］熊灵、齐绍洲、沈波：《中国碳交易试点配额分配的机制特征、设计问题与改进对策》，载《武汉大学学报（哲学社会科学版）》2016 年第 3 期。

［140］钱学森：《系统科学、思维科学与人体科学》，载《自然杂志》1981 年第 1 期。

［141］秦大河、Thomas Stocker：《IPCC 第五次评估报告第一工作组报告的亮点结论》，载《气候变化研究进展》2014 年第 1 期。

［142］秦玠衡、杨譞：《绿色证书交易机制对可再生能源发展的积极作用分析》，载《金融经济（下半月）》2009 年第 3 期。

［143］秦天宝：《双阶理论视域下碳排放权的法律属性及规制研究》，载《比较法研究》2023 年第 2 期。

［144］秦天宝：《习近平法治思想关于生态文明建设法治保障的重要论述：整体系统观的视角》，载《政法论坛》2022 年第 5 期。

［145］邱本：《如何提炼法理?》，载《法制与社会发展》2018 年第 1 期。

［146］冉昊：《财产含义辨析：从英美私法的角度》，载《金陵法律评论》2005 年第 1 期。

［147］冉昊：《中国当代财产法的多重建设》，《中国社会科学报》2017 年 11 月 15 日。

［148］冉冉：《"压力型体制"下的政治激励与地方环境治理》，载《经济社会体制比较》2013 年第 3 期。

［149］任庚坡：《基于市场机制的能源总量控制和节能量交易制度分析》，载《上海节能》2011 年第 6 期。

［150］任洪涛：《民法典实施背景下碳排放权数据产权属性的法理证成及规范进路》，载《法学杂志》2022 年第 6 期。

［151］尚楠等：《电力市场、碳市场及绿证市场互动机理及协调机制》，载《电网技术》2023 年第 1 期。

［152］深圳市碳排放权交易研究课题组：《建设可规则性调控总量和结构性碳排放交易体系——中国探索与深圳实践》，载《开发导报》2013 年第 3 期。

［153］沈洪涛、黄楠、刘浪：《碳排放权交易的微观效果及机制研究》，载《厦门大学学报（哲学社会科学版）》2017 年第 1 期。

［154］沈岿：《论行政法上的效能原则》，载《社会科学文摘》2019 年第 11 期。

［155］沈岿：《面对传统、现在和未来的行政法学》，载沈岿主编：《行政法论丛》（第 24 卷），法律出版社 2019 年版。

［156］沈岿：《因开放、反思而合法——探索中国公法变迁的规范性基础》，载《中国社

会科学》2004 年第 4 期。

[157] 盛昭瀚：《复杂系统管理与复杂系统思维范式转移》，载《管理世界》2022 年第 10 期。

[158] 史学瀛、杨博文：《我国碳排放权交易处罚规则与履约风险规制路径》，载《吉首大学学报（社会科学版）》2020 年第 1 期。

[159] 宋德勇、朱文博、王班班：《中国碳交易试点覆盖企业的微观实证：碳排放权交易、配额分配方法与企业绿色创新》，载《中国人口·资源与环境》2021 年第 1 期。

[160] 宋华琳：《论政府规制中的合作治理》，载《政治与法律》2016 年第 8 期。

[161] 苏永钦：《财产权的保障与"大法官"解释》，载《宪政时代》1998 年第 3 期。

[162] 苏永钦：《现代民法典的体系定位与建构规则——为中国大陆的民法典工程进一言》，载《交大法学》2010 年第 1 期。

[163] 孙柏瑛、周保民：《政府注意力分配研究述评：理论溯源、现状及展望》，载《公共管理与政策评论》2022 年第 5 期。

[164] 孙宪忠：《打开民法典宝藏的三把钥匙》，载《旗帜》2020 年第 6 期。

[165] 孙振清等：《中国区域碳排放权配额分配机制研究》，载《环境保护》2014 年第 1 期。

[166] 谭冰霖：《论第三代环境规制》，载《现代法学》2018 年第 1 期。

[167] 谭冰霖：《论环境规制的反身法路向》，载《中外法学》2016 年第 6 期。

[168] 谭冰霖：《论政府对企业的内部管理型规制》，载《法学家》2019 年第 6 期。

[169] 谭跃进、邓宏钟：《复杂适应系统理论及其应用研究》，载《系统工程》2001 年第 5 期。

[170] 汤海孺：《不确定性视角下的规划失效与改进》，载《城市规划学刊》2007 年第 3 期。

[171] 唐方方等：《中国的节能量交易机制设计》，载《节能与环保》2010 年第 12 期。

[172] 唐任伍：《形形色色的"层层加码"现象》，载《人民论坛》2016 年第 21 期。

[173] 滕海键、王瑶：《20 世纪 80 年代美国环境政策的改革尝试——"泡泡政策"的出台及其合法地位的确认》，载《西南大学学报（社会科学版）》2020 年第 3 期。

[174] 田丹宇：《应对气候变化法律制度体系研究》，载于文轩主编：《能源法制前沿问题研究》，中国政法大学出版社 2019 年版。

[175] 田土城、王康：《〈民法总则〉中财产权的体系化解释》，载《河北法学》2018 年第 12 期。

[176] 涂永前：《碳金融的法律再造》，载《中国社会科学》2012 年第 3 期。

[177] 万江：《指标控制与依法行政：双重治理模式的实证研究》，载《法学家》2017 年第 1 期。

[178] 王灿发、陈世寅：《中国环境法法典化的证成与构想》，载《中国人民大学学报》2019 年第 2 期。

[179] 王灿发、张祖增：《论促进碳中和目标实现的立法保障》，载《环境影响评价》2023 年第 3 期。

[180] 王贵松：《风险社会与作为学习过程的法——读贝克的〈风险社会〉》，载《交大法学》2013 年第 4 期。

[181] 王贵松：《作为利害调整法的行政法》，载《中国法学》2019 年第 2 期。

[182] 王国飞：《论企业碳排放信息公开的法律限度》，载《湖北经济学院学报》2014 年第 6 期。

[183] 王国飞、金明浩：《控排企业碳排放权：属性新释与保障制度构建》，载《理论月刊》2021 年第 12 期。

[184] 王慧、曹明德：《气候变化的应对：排污权交易抑或碳税》，载《法学论坛》2011 年第 1 期。

[185] 王慧：《个人环境保护义务的实现进路》，载《法商研究》2023 年第 5 期。

[186] 王锴：《中国宪法中财产权的理论基础》，载《当代法学》2005 年第 1 期。

[187] 王克稳：《自然资源特许使用权之论》，载《公法研究》2012 年第 1 期。

[188] 王利明：《经济全球化对物权法的影响》，载《社会科学》2006 年第 2 期。

[189] 王利明：《论民事权益位阶：以〈民法典〉为中心》，载《中国法学》2022 年第 1 期。

[190] 王明远、金峰：《科学不确定性背景下的环境正义——基于转基因生物安全问题的讨论》，载《中国社会科学》2017 年第 1 期。

[191] 王明远：《论碳排放权的准物权和发展权属性》，载《中国法学》2010 年第 6 期。

[192] 王清军：《排污权法律属性研究》，载《武汉大学学报（哲学社会科学版）》2010 年第 5 期。

[193] 王绍光：《学习机制与适应能力：中国农村合作医疗体制变迁的启示》，载《中国社会科学》2008 年第 6 期。

[194] 王社坤：《环境容量利用权：法律属性与权利构造》，载《中国人口·资源与环境》2011 年第 3 期。

[195] 王天华：《分配行政与民事权益——关于公法私法二元论之射程的一个序论性考察》，载《中国法律评论》2020 年第 6 期。

[196] 王铁雄：《布莱克斯通与美国财产法个人绝对财产权观》，载《比较法研究》2009 年第 4 期。

[197] 王伟臣：《人类学范式的比较法研究：特点与启示》，载《世界社会科学》2023 年第 3 期。

[198] 王卫国：《现代财产法的理论建构》，载《中国社会科学》2012 年第 1 期。

[199] 王为东、王冬、卢娜：《中国碳排放权交易促进低碳技术创新机制的研究》，载《中国人口·资源与环境》2020 年第 2 期。

[200] 王文军等：《中国碳排放权交易试点机制的减排有效性评估及影响要素分析》，载《中国人口·资源与环境》2018 年第 4 期。

[201] 王曦：《环保主体互动法制保障论》，载《上海交通大学学报（哲学社会科学版）》2012 年第 1 期。

[202] 王兴成：《系统方法探究》，载《哲学研究》1980 年第 6 期。

[203] 王燕：《市场激励型排放机制一定优于命令型排放机制吗?》，载《中国地质大学学报（社会科学版）》2014 年第 1 期。

[204] 魏建：《理性选择理论与法经济学的发展》，载《中国社会科学》2002 年第 1 期。

[205] 魏庆坡：《碳排放权法律属性定位的反思与制度完善——以双阶段理论为视角》，载《法商研究》2023 年第 4 期。

[206] 文绪武、胡林梅：《在压力型体制中嵌入市场化的节能减排机制》，载《经济社会体制比较》2016 年第 5 期。

[207] 文绪武等：《在压力型体制中嵌入市场化的节能减排机制》，载《经济社会体制比较》2016 年第 5 期。

[208] 吴汉东：《财产权的类型化、体系化与法典化——以〈民法典（草案）〉为研究对象》，载《现代法学》2017 年第 3 期。

[209] 吴凯杰：《论环境行政决策的调适模式及其法律控制》，载《华中科技大学学报（社会科学版）》2021 年第 1 期。

[210] 吴卫星：《环境权入宪的比较研究》，载《法商研究》2017 年第 4 期。

[211] 吴志忠：《论我国〈节约能源法〉的完善》，载《学习与实践》2013 年第 10 期。

[212] 习近平：《高举中国特色社会主义伟大旗帜 为全面建设社会主义现代化国家而团结奋斗》，载《人民日报》2022 年 10 月 26 日。

[213] 夏志强：《人性假设与公共行政思想演变》，载《四川大学学报（哲学社会科学版）》2015 年第 1 期。

[214] 肖国兴：《再论能源革命与法律革命的维度》，载《中州学刊》2016 年第 1 期。

[215] 谢鸿飞：《〈民法典〉制度革新的三个维度：世界、中国和时代》，载《法制与社会发展》2020 年第 4 期。

[216] 谢鸿飞：《财产的担保能力：限制与扩张》，载《社会科学辑刊》2022 年第 6 期。

[217] 谢鸿飞：《财产权的公共性》，载《上海政法学院学报（法治论丛）》2022 年第 5 期。

[218] 谢鸿飞：《民法典与特别民法的关系》，载《中国社会科学》2013 年第 2 期。

[219] 谢立斌：《论宪法财产权的保护范围》，载《中国法学》2014 年第 4 期。

[220] 徐海燕、李莉：《论碳排放权设质依据及立法建议》，载《北方法学》2014 年第 1 期。

[221] 徐祥民、姜渊：《绿色发展理念下的绿色发展法》，载《法学》2017 年第 6 期。

[222] 徐祥民：《告别传统，厚筑环境义务之堤》，载《郑州大学学报（哲学社会科学版）》2002 年第 2 期。

[223] 徐祥民：《极限与分配——再论环境法的本位》，载《中国人口·资源与环境》2003 年第 4 期。

[224] 徐祥民：《论我国环境法中的总行为控制制度》，载《法学》2015 年第 12 期。

[225] 徐祥民：《荀子的"分"与环境法的本位》，载《当代法学》2002 年第 12 期。

[226] 杨解君：《碳排放权的法律多重性——基于分配行政论的思考》，载《行政法学研究》2024 年第 1 期。

[227] 杨临萍、刘竹梅、孙茜：《〈最高人民法院关于完整准确全面贯彻新发展理念 为积极稳妥推进碳达峰碳中和提供司法服务的意见〉的理解与适用》，载《法律适用》2023 年第 3 期。

[228] 杨临萍：《论司法助力碳达峰碳中和目标实现的方法和路径》，载《法律适用》2021 年第 9 期。

[229] 杨曦、彭小军：《碳关税可以有效解决碳泄漏和竞争力问题吗？——基于异质性企业贸易模型的分析》，载《经济研究》2017 年第 5 期。

[230] 杨晓光等：《复杂系统管理是中国特色管理学体系的重要组成部分》，载《管理世界》2022 年第 10 期。

[231] 杨泽伟：《碳排放权：一种新的发展权》，载《浙江大学学报（人文社会科学版）》2011 年第 3 期。

[232] 杨志、张洪国：《复杂性：低碳经济与生产方式的全球性转变》，载《经济思想史评论》2010 年第 2 期。

[233] 杨志：《认识发展低碳经济的复杂性》，载《低碳世界》2011 年第 1 期。

[234] 叶必丰：《行政组织法功能的行为法机制》，载《中国社会科学》2017 年第 7 期。

[235] 易继明：《评财产权劳动学说》，载《法学研究》2000 年第 3 期。

[236] 易军：《"法不禁止皆自由"的私法精义》，载《中国社会科学》2014 年第 4 期。

[237] 于立：《城市规划的不确定性分析与规划效能理论》，载《城市规划汇刊》2004 年第 2 期。

[238] 于立深、胡晶晶：《美国〈管制计划与审查〉行政命令》，载《行政法学研究》2003 年第 4 期。

[239] 于文轩、李涛：《论排污权的法律属性及制度实现》，载《南京工业大学学报（社

会科学版）》2017年第3期。

[240] 于文轩：《典型国家能源节约法制及其借鉴意义——以应对气候变化为背景》，载《中国政法大学学报》2015年第6期。

[241] 于文轩：《绿色低碳能源促进机制的法典化呈现：一个比较法视角》，载《政法论坛》2022年第2期。

[242] 余耀军：《"双碳"目标下中国气候变化立法的双阶体系构造》，载《中国人口·资源与环境》2022年第1期。

[243] 郁建兴、刘殷东：《纵向政府间关系中的督察制度：以中央环保督察为研究对象》，载《学术月刊》2020年第7期。

[244] 张宝：《从危害防止到风险预防：环境治理的风险转身与制度调适》，载《法学论坛》2020年第1期。

[245] 张宝：《规制内涵变迁与现代环境法的演进》，载《中国人口·资源与环境》2020年第12期。

[246] 张海军、段茂盛：《碳排放权交易体系政策效果的评估方法》，载《中国人口·资源与环境》2020年第3期。

[247] 张红、陈敬林：《论碳交易市场中的碳排放权》，载《贵州师范大学学报（社会科学版）》2023年第3期。

[248] 张继宏、郅若平、齐绍洲：《中国碳排放交易市场的覆盖范围与行业选择——基于多目标优化的方法》，载《中国地质大学学报（社会科学版）》2019年第1期。

[249] 张磊：《温室气体排放权的财产权属性和制度化困境——对哈丁"公地悲剧"理论的反思》，载《法制与社会发展》2014年第1期。

[250] 张敏思、范迪、窦勇：《欧盟碳市场的进展分析及其对我国的借鉴》，载《环境保护》2014年第8期。

[251] 张鸣：《与"层层加码"相伴而生的"层层掺水"》，载《人民论坛》2016年第21期。

[252] 张晴：《欧洲委员会气候司司长：中国碳市场将向世界发出重要信号》，载《21世纪经济报道》2015年2月9日。

[253] 张式军等：《排污权内涵的法学解读》，载《环境与可持续发展》2010年第2期。

[254] 张文显：《法理：法理学的中心主题和法学的共同关注》，载《清华法学》2017年第4期。

[255] 张梧：《马克思对洛克财产权理论的透视与批判》，载《哲学研究》2020年第5期。

[256] 张翔：《财产权的社会义务》，载《中国社会科学》2012年第9期。

[257] 张昕：《试点省市碳市场总量和覆盖范围分析》，载《中国经贸导刊》2014年第29期。

［258］张昕：《碳排放权交易、用能权交易、电力交易机制衔接协调研究》，载《环境保护》2022 年第 3 期。

［259］张阳：《碳排放交易的监管赋能：问题与方案》，载《中国经济流通》2022 年第 3 期。

［260］张忠利：《韩国碳排放交易法律及其对我国的启示》，载《东北亚论坛》2016 年第 5 期。

［261］张忠利：《论温室气体排放控制法律制度体系的建构》，载《清华法治论衡》2016 年第 1 期。

［262］张忠利：《气候变化背景下〈节约能源法〉面临的的挑战及其思考》，载《河南财经政法大学学报》2018 年第 1 期。

［263］张梓太：《污染权交易立法构想》，载《中国法学》1998 年第 3 期。

［264］翟国强：《经济权利保障的宪法逻辑》，载《中国社会科学》2019 年第 12 期。

［265］章志远：《行政法学总论》（第 2 版），北京大学出版社 2022 年版。

［266］赵宏：《诉讼权能与审查密度——德国行政诉讼制度的整体关联性》，载《环球法律评论》2012 年第 6 期。

［267］赵洪飞等：《环境影响评价和排污许可制度协同推进温室气体管控的建议》，载《环境影响评价》2023 年第 2 期。

［268］赵洪飞等：《将温室气体纳入排污许可管理的分析研究》，载《环境影响评价》2021 年第 5 期。

［269］赵俊：《我国环境信息公开制度与〈巴黎协定〉的适配问题研究》，载《政治与法律》2016 年第 8 期。

［270］赵珂、赵钢：《"非确定性"城市规划思想》，载《城市规划汇刊》2004 年第 2 期。

［271］赵鹏：《风险、不确定性与风险预防原则》，载姜明安主编：《行政法论丛》第 12 卷，北京大学出版社 2009 年版。

［272］郑少华、孟飞：《论排放权市场的时空维度：低碳经济的立法基础》，载《政治与法律》2010 年第 11 期。

［273］郑爽：《碳排放法律确权研究》，载《宏观经济研究》2019 年第 10 期。

［274］郑彤彤译，《韩国低碳绿色增长基本法（2013 年修订）》，载《南京工业大学学报（社会科学版）》2013 年第 3 期。

［275］郑智航：《比较法中功能主义进路的历史演进——一种学术史的考察》，载《比较法研究》2016 年第 3 期。

［276］周汉华：《行政许可法：观念创新与实践挑战》，载《法学研究》2005 年第 2 期。

［277］周宏春、史作廷：《双碳导向下的绿色消费：内涵、传导机制和对策建议》，载《中国科学院院刊》2022 年第 2 期。

[278] 周珂：《适度能动司法推进双碳达标——基于实然与应然研究》，载《政法论丛》
2021 年第 4 期。

[279] 周晓然：《体系化与科学化：环境法法典化目的的二元塑造》，载《法制与社会发
展》2020 年第 6 期。

[280] 朱芒：《中国行政法学的体系化困境及其突破方向》，载《清华法学》2015 年第
1 期。

[281] 朱新力、宋华琳：《现代行政法学的建构与政府规制研究的兴起》，载《法律科学
（西北政法大学学报）》2005 年第 5 期。

[282] 朱新力、唐明良：《现代行政活动方式的开发性研究》，载《中国法学》2007 年第
2 期。

[283] 竺乾威：《从新公共管理到整体性治理》，载《中国行政管理》2008 年第 10 期。

[284] 庄少勤：《新时代的空间规划逻辑》，载《中国土地》2019 年第 1 期。

[285] 邹世英、吴鹏：《提高许可质量 强化依证监管 推动排污许可制改革迈上新台阶》，
载《环境保护》2022 年第 13 期。

外文著作

[1] Andrei Marcu, The Market Stability Reserve in Perspective, CEPS Special Report No. 91,
October 2014.

[2] Barry Barton, Property Rights Created under Statute in Common Law Legal Systems, in
Aileen McHarg eds., Property and the Law in Energy and Natural Resources, Oxford University Press, 2010.

[3] Bo Miao, Emissions, Pollutants and Environmental Policy in China: Designing a national emissions trading system, Published by Routeledge Taylor & Francis Group, London and New York, 2013.

[4] Center for Clean Air Policy, US Carbon Emissions Trading: Description of an Upstream Approach, Center for Clean Air Policy Publishing, March 1998.

[5] Environmental Protection Agency, Emissions Trading Policy Statement: General Principles for Creation, Banking and Use of Emission Reduction Credits, 1986 Fed. Reg. 43814.

[6] J. H. Dales, Pollution, Property & Prices: An essay in policy-making and economics,
Edward Elgar Publishing Limited, 2002.

[7] Jochen Diekmann, EU Emissions Trading: The Need for Cap Adjustment in Response to External Shocks and Unexpected Developments?, German Federal Enviromental Agency Publishing, 2012.

[8] Joseph Kruger & William A. Pizer, The EU Emissions Trading Directive: Opptunities and Po-

tential Pitfalls, Resources for The Future, 2004.

［9］ Luca Taschini et al, System Responsivenss and the European Union Emissions Trading System, Published by the Centre for Climate Change Economics and Policy, and Grantham Research Institute on Climate Change and the Environment, 2014.

［10］ Margherita Colangelo, Creating Property Rights: Law and Regulation of Secondary Trading in the European Union, Martinus Nijhoff Publishing, 2012.

［11］ Milieu Ltd, Legal Nature of EU ETS Allowances Final Report, European Union, 2019.

［12］ OECD, The Economics of Climate Change Mitigation: Policies and Options for global Action Beyond 2012, OECD Publishing, 2009.

［13］ Peter Coveney & Roger Highfield, Frontiers of Complexity: The Search for Order in a Chaotic World, Published by Ballantine, 1995.

［14］ Rob Dellink et al, Towards Global Carbon Pricing: Direct and Indirect Linking of Carbon Markets, OECD Environmental Working Paper No. 20, OECD publishing, 2010.

［15］ Sanja Bogojevic, Emissions Trading Schemes: Markets, States and Law, Hart Publishing, 2013.

［16］ Scott D. Deatherage, Carbon Trading Law and Practice, Oxford University Press, 2011.

［17］ Simon Anthony Schofield, The Climate Change Mitigation in New Zealand, A Thesis submitted for the Degree of Masters of Laws at the University of Canterbury, University of Canterbury, 2012.

［18］ Stefan E. Weisharr, Emissions Trading Design: A Critical Overview, Published by Edward Elgar Publishing Limited, 2014.

［19］ T. H. Tietenbergy, Emissions Trading: Principles and Practice (Second Edition), Published by the Resources for the Future, 2006.

［20］ William. Blackstone, Commentaries on the Law of England: Book II: of the Rights of Things, Oxford University 2016.

［21］ Zygmunts J. B. Plater et al edits, Environmental Law and Policy: Nature, Law, and Society, fourth edition, Published by Aspen Publishers.

外文论文

［1］ A. Denny Allerman, Designing a Tradable Permit System to Control SO2 Emissions in China: Principles and Practice, The Energy Journal, 2002, Vol. 23 Iss. 2.

［2］ Albert C. Lin, Myths of Environmental Law, Utah Law Review, 2015, Vol. 2015, No. 1.

［3］ Alejandro E. Camacho, Adapting Governance to Climate Change: Managing Uncertainty through a Learning Infrastructure, Emory Law Journal, 2009, Vol. 59, No. 1.

［4］ Alice Kaswan, Decentralizing Cap-and-Trade? The Qustion of State Strigency, San Diego

Journal Climate & Energy Law, 2009, Vol. 1.

[5] Anatole Boute, The Impossible Transplant of the EU Emissions Trading Scheme: The Challenge of Energy Market Regulation, Transnational Environmental Law, 2015 Vol. 6, No. 1.

[6] Anatole Boute, Zhanghao, Fixing the emissions trading scheme: Carbon price stability in the EU and China, European Law Journal, 2019 Vol. 25, No. 3.

[7] Andrei Marcu, The Market Stability Reserve in Perspective, CEPS Special Report No. 91, October 2014.

[8] Arlene R. Borowsky et al, Summary of the Final Federal Emissions Trading Policy Statement, JAPAC, 2007 Vol. 37 No. 7.

[9] Arnold W. Reitze, JR., Federal Control of Carbon Dioxide Emissions: What Are the Options, Boston College Environmental Affairs Law Review, 2010, Vol. 36, No. 1.

[10] B. Stewart, A New Generation of Environmental Regulation? Capital University Law Review, 2001, Vol. 29, No. 1.

[11] Baran Doda, How to Price Carbon in Good Times··· and Bad, Wiley Interdisciplinary Reviews: Climate Change, 2016, Vol. 7, No. 1.

[12] Benjamin Gorlach, Emissions Trading in the Climate Policy Mix: Understanding and Managing interactions with other Policy Instruments , Energy & Environment, Vol. 25, No. 3&4.

[13] Bo Shen et al, California's Cap-and-Trade Programme and Insights for China's Pilot Schemes, Energy & Environment, 2014, Vol. 25, No. 3 & 4.

[14] Brittany A. Harris, Repeating the Failures of Carbon Trading, Pacific Rim Law & Policy Journal, 2014, Vol. 23, No. 3.

[15] Bruce A. Ackerman & Richard B. Stewart, Reforming Environmental Law: The Democratic Case for Market Incentives, Cloumbia Journal of Environmental Law, 1988, Vol. 13, No. 2.

[16] Bruce A. Ackerman & Richard B. Stewart, Reforming Environmental Law: The Democratic Case for Market Incentives, Columbia Journal of Environmental Law, 1988, Vol. 13, No. 2.

[17] Bruce R. Huber, How Did RGGI Do It? Political Economy and Emissions Auctions, Ecology Law Quarterly, 2013, Vol. 40, No. 1.

[18] Carol M. Rose, Expanding the Choices for the Global Commons: Comparing Newfangled Tradalbe Allowance Schemes to Old-fashioned Common Property Regimes, Duke Environmental Law & Policy Forum, 1999, Vol. 45, No. 1.

[19] Cass R. Sunstein, Administrative Substance, Duke Law Journal, 1991, Vol. 1991, Issue 3.

[20] Cass R. Sunstein, Behavioral Analysis of Law, The University of Chicago Law Review , 1997, Vol. 64, No. 4.

[21] Charles F. Sabel & William H. Simon, Minimalism and Experimentalism in the

Administrative State, Georgetown Law Journal, 2011, Vol. 100, No. 1.

[22] Christian Flachsland et al, To Link or not to Link: Benefits and Disadvantages of Linking Cap -and-Trade Systems, Climate Policy, 2009, Vol. 9, No. 4.

[23] Clive L. Spash, The Brave New World of Carbon Trading, New Political Economy, 2010, Vol. 15, No. 2.

[24] Daniel A. Farber, Anne Joseph O´Connell, The Lost World of Administrative Law, Texas Law Review, 2014, Vol. 92, No. 5.

[25] Daniel A. Farber, Pollution Markets and Social Equity: Analyzing the Fairness of Cap and Trade, Ecology Law Quarterly, 2012 Vol. 39, No. 1.

[26] Daniel A. Farber, Probabilities Behaving Badly: Complexity Theory and Environmental Uncertainty, U. C. Davis Law Review, 2003, Vol. 37, No. 1.

[27] Dave Owen, Probabilities, Planning Failures, and Environmental Law, Tulane Law Review, 2009, Vol. 84 No. 2.

[28] David A. Evans & Joseph A. Kruger, Where Are the Sky's Limits? Lessons from Chicago's Cap -and-Trade Program, Environment: Science and Policy for Sustainable Development, 2007, Vol. 49, No. 2.

[29] David A. Weisbach, Carbon Taxation in the EU: Expanding the EU Carbon Price, Journal of Environmental Law, 2012, Vol. 24 No. 2.

[30] David A. Weisbach, Regulatory Tading, The University of Chicago Law Review, 2023, Vol. 90, No. 4.

[31] David B. Spence, Naive Administrative Law: Complexity, Delegation and Climate Policy, Yale Journal on Regulation, 2022, Vol. 39, No. 2, p987.

[32] David B. Spence, The Shadow of the Rational Polluter: Rethinking the Role of Rational Actor Models in Environmental Law, California Law Review, 2001 Vol. 89 No. 4.

[33] David Layfield, Turning carbon into gold: the financialisation of international international climate policy, Environmental Politics, 2013, Vol. 22 No. 6.

[34] David M. Driesen, Is Emissions Trading an Economic Incentive Program? Replacing the Command and Control/Ecnomic Incentive Dichotomy, Washington and Lee Law Review, 1998, Vol. 55, No. 2.

[35] David M. Driesen, The Ends and Means of Pollution Control: Toward a Positive Theory of Environmental Law, Utah Law Review, 2017, Vol. 2017, No. 1.

[36] David M. Driesen, Trading and Its Limits, Penn State Environmental Law Review, 2006, Vol. 14, No. 2.

[37] Donald T. Hornstein, Complexity Theory, Adaptation, and Administrative Law, Duke Law

Journal, 1996, Vol. 54, No. 4.

[38] Edwin Woerdman et al, Emissions Trading and the Polluter-Pays Principle: Do Polluters Pay under Grandfathering, Review of Law and Economics, 2008, Vol. 4, Issue 2.

[39] Environmental Protection Agency, Emissions Trading Policy Statement: General Principles for Creation, Banking and Use of Emission Reduction Credits, 1986 Fed. Reg. 43814.

[40] Eric C. Christiansen, Empowerment, Fairness, Integration: South Africa Answers to the Question of Constitutional Environmental Rights, Stanford Environmental Law Journal, 2013, Vol. 32, No. 2.

[41] Errol Meidinger, Regulatory Culture: A Theoretical Outline, Law and Policy, 1987, Vol. 9, No. 4.

[42] Eveline Ramaekers, Classification of Objects by the European Court of Justice: Movable Immovable and Tangible Intagibles, European Law Review, 2014, Vol. 39, No. 4.

[43] George M. Padis, Carbon Credits as Collateral, Journal of Technology Law and Policy, 2011, Vol. 16, No. 2.

[44] Gerald Torres, Who owns the Sky?, Pace Environmental Law Review, 2002, Vol. 19 No. 2.

[45] Gerd Winter, The Climate is No Commodity: Taking Stock of the Emissions Trading System, Journal of Environmental Law, 2009, Vol. 22 No. 1.

[46] Gregory S. Alexander, Property as a Fundamental Constitutional Right—The German Example, Cornell Law Review, 2003, Vol. 88, No. 3.

[47] Henry Shue, Subsistence Emissions and Luxury Emissions, Law and Policy, 1993, Vol. 15, No. 1.

[48] Hirsch, Jeffrey M. , Emissions Allowance Trading under the Clean Air Act: A Model for Future Environmental Regulations?, New York University Environmental Law Journal, 1999, Vol. 7, No. 3.

[49] Holly Doremus & W. Michael Hanemann, Of Babies and Bathwater: Why the Clean Air Act's Cooperative Federalism Framework is Useful for Addressing Global Warming, Arizona Law Review , 2008, Vol. 50, No. 3.

[50] Holly Doremus, Adaptive Management as an Information Problem, North Carolina Law Review, 2007, Vol. 89 No. 5.

[51] Holly Doremus, Constitutive Law and Environmental Policy, Stanford Environmental Law Journal, 2003, Vol. 22, No. 2.

[52] Holly Doremus, Precaution, Science, and Learning While Doing in Natural Resource Management, Washington Law Review, 2007, Vol. 82, No. 3.

[53] Hope Johnson et al. , Statutory Entitlements as Property: Implications of Property Analysis

Methods for Emissions Trading, Monash University Law Review, 2017, Vol. 43, No. 2.

[54] J. B. Ruhl, Complexity Theory As a Paradigm for the Dynamical Law-and-Society System: A Wake-Up Call for Legal Reductionism and the Modern Administrative State, Duke Law Journal, 1996, Vol. 45, No. 5.

[55] J. B. Ruhl, Regulation by Adaptive Management - Is It Possible?, Minnesota Journal of Law, Science & Technology, 2005, Vol. 7, No. 1.

[56] J. B. Ruhl, Complexity Theory as A Paradigm for Dynamical Law-and-Society System: A Wake-up Call for Legal Reductionism and the Modern Administrate State, Duke Law Journal, 1996, Vol. 45, No. 5.

[57] J. B. Ruhl, Thinking of Environmental Law as a Complex Adaptive Management: How to Clean Up the Environment by Making a Mess of Environmental Law, Houston Law Review, 1997 Vol. 34, No. 4.

[58] Jacqueline Peel, The Australian Carbon Pricing Mechanism: Promise and Pitfalls on the Pathway to a Clean Energy Future, Minnesota Journal of Law, Science and Technology, 2014, Vol. 15, Iss. 1.

[59] Jeanne M. Dennis, Smoke for Sale: Paradoxes and problems of the Emissions Trading Program of the Clean Air Act Amendments of 1990, UCLA Law Review, 1993, Vol. 40, No. 4.

[60] Jennifer Rohleder, The Role of Third-Party Verification in Emissions Trading Systems, Sustainable Development Law & Policy, 2006, Vol. 26, No. 2.

[61] Jillian Button, Carbon: Commodity or Currency? The Case for an International Carbon Market Based on the Currency Model, Harvard Environmenal Law Review, 2008 Vol. 32 No. 2.

[62] Jody Freeman & Charles D. Kolstad, Prescriptive Environmental Regulations versus Market-Based Incentives, in Jody Freeman & Charles D. Kolstad eds. , Moving to Markets in Environmental Regulation, Oxford University Press, 2007.

[63] Jody Freeman and Jim Rossi, Agency Coordination in Shared Regulatory Space, Harvard Law Review, Vol. 125, No. 5, 2012.

[64] John S. Applegate and Robert L. Fischman, Missing Information: The Scientific Data Gap in Conservation and Chemical Regulation, Indiana Law Journal, 2008, Vol. 83, No. 2.

[65] Jonathan Remy Nash, Framing Effects and Regulatory Choice, Notre Dame Law Review, 2006, Vol. 82, No. 1.

[66] Jonathan Remy Nash, Too Much Market? Conflict Between Tradable Pollution Allowances and The "Polluter Pays" Principle, Harvard Environmental Law Review, 2000, Vol. 24, No. 2.

［67］ Joseph Kruger, Companies and regulators in emissions trading programs, in Ralf Antes, Bernd Hansjürgens and Peter Letmathe eds. , Emissions Trading: Institutional Design, Decision Making and Corporate Strategies, Spring Press, 2007.

［68］ Joseph L. Sax, Takings and the Police Power, Yale Law Journal, 1964, Vol. 74, Issue 1.

［69］ Joël Foramitti et al. , Emission tax vs. permit trading under bounded rationality and dynamic markets, Energy Policy, 2021, Vol. 148.

［70］ Judson Jaffe et al, Linking Tradable Permit Systems: A Key Element of Emerging International Climate Policy Architecture, Ecology Law Quarterly, 2013, Vol. 36, No. 4.

［71］ Justin Savage, Confiscation of Emission Reduction Credits: The Case of Compensation under the Taking Clause, Virginia Environmental Law Journal, 1997, Vol. 16 No. 2.

［72］ Justin Savage, Confiscation of Emission Reduction Credits: The Case of Compensation under the Taking Clause, Virginia Environmental Law Journal, 1997, Vol. 16, No. 2.

［73］ Karl S. Coplan, Public Trust Limits on Greenhouse Gas Trading Schemes: A Sustainable Middle Ground, Columbia Journal of Environmental Law, 2010, Vol. 35, Issue 2.

［74］ Keith Hyams et al, The Ethics of Carbon Offsetting, WIREs Climate Change, 2013, Vol. 4.

［75］ Kim Yong-gun & Lim Jong-soo, An Emissions Tradin Scheme Design for Power Industries facing Price Regulation, Energy Policy, 2014, Vol. 75.

［76］ Krzysztof Gorzelak, The Legal Nature of Emission Allowances Following the Creation of a Union Registry and Adoption of MiFID II −Are They Transferable Secrurites Now? Capital Markets Law, 2014, Vol. 9 Issue 4.

［77］ Krzysztof Gorzelak, The Legal Nature of Emission Allowances Following the Creation of a Union Registry and Adoption of MiFID II − Are They Transferable Secrurites Now?, Capital Markets Law, 2014, Vol. 9, Issue 4.

［78］ Larry B. Parker et al, Clean Air Act Allowance Trading, Environmetal Law, 1991, Vol. 21, No. 4.

［79］ Lawrence H. Goulder, Markets for Pollution Allowances: What Are the (New) Lessons? Journal of Economic Perspectives, 2013, Vol. 27 No. 1.

［80］ Leo Mensah, Missed Opportunity: Excluding Carbon Emissions Markets fromComprenhensive Oversight, William & Mary Environmental Law & Policy Review, 2014 Vol. 2013-2014, No. 3.

［81］ Lesley K. McAllister, Harnessing Private Regulation, Michigan Journal of Environmental & Administrative Law, 2014, Vol. 3, No. 2.

［82］ Lesley K. McAllister, The Overallocation Problem in Cap-and-Trade: Moving toward Stringency, 34 Columbia Journal of Environmental Law, 2009 Vol. 34, No. 2.

[83] Luzius Mader, Evaluating the Effects: A Contribution to the Quality of Legislation, Statute Law Review, Vol. 22, No. 2, 2001.

[84] M. J. Mace, The Legal Nature of Emissions Reductions and EU Allowances: Issues Addressed in an International Workshop, Journal for European Environmetal and Planning Law, 2005, Vol. 2, No. 2.

[85] Margaret R. Taylor et al, Regulation as the Mother of Innovation: The Case of SO2 Control, Law & Policy, 2005, Vol. 27, No. 2.

[86] Margherita Colangelo, Creating Property Rights: Law and Regulation of Secondary Trading in the European Union, Martinus Nijhoff Publishing, 2012.

[87] Maria Mousmouti, Making Legislative Effectiveness as an Operational Concept: Unfolding the Effectiveness Test as a Conceptual Tool for Lawmaking, European Journal of Risk Regulation, 2018, Vol. 9, No. 3.

[88] Marjan Peeters, Inspection and Market-Based Regulation through Emissions Trading: The Striking Reliance on Self-Monitoring, Self-Reporting and Verification, Utrecht Law Review, 2006 Vol. 2, No. 1.

[89] Marjan Peeters, Instrument Mix or Instrument Mess? The Administrative Complexity of the EU Legislative Package for Climate Change, in Marjan Peeters and Rosa Uylenburg, EU Environmental Legislation-Legal Perspectives or Regulatory Strategies, Edward Elgar, 2014.

[90] Markus W. Gehring & Charlotte Streck, Emissions Trading: Lessons From SOx and NOx Emissions Allowance and Credit Systems Legal Nature, Title, Transfer, and Taxation of Emissions Allowances and Credits, Environmental Law Report, 2005, Vol. 35 Issue 4.

[91] Matthieu Wemaere et al, Legal Ownership and Nature of Kyoto Units and EU Allowances, in David Freestone & Charlotte Streck eds., Legal Aspects of Carbon Trading: Kyoto, Copenhagen, and beyond, Oxford University Press, 2009.

[92] Michael B. Gerrard, Greenhouse Gas Disclosure Requirements Are Proliferating, New York Law Journal, April 1, 2010.

[93] Michael Hanemann, Cap-and-Trade: a Sufficient or Necessary Condition for Emission Reduction?, Oxford Review of Economic Policy, 2010, Vol. 26, No. 2.

[94] Michael Wara, Instrument Choice, Carbon Emissions, and Information, Michigan Journal of Environmental & Administrative Law, 2015 Vol. 4, No. 2.

[95] Michele Betsill & Matthew J. Hoffmann, The Contours of "Cap-and-Trade": The Evolution of Emissions Trading Systems for Greenhouse Gases, The Review of Policy Research, 2011, Vol. 28, Iss. 1.

[96] Michelle Chan, Lessons Learned from the Financial Crisis: Designing Carbon Markets for

Environmental Effectiveness and Financial Stability, Carbon and Climate Law Review, 2009 Vol. 9 No. 2.

[97] Navraj Singh Ghaleigh, Two Stories about E. U. Climate Change Law and Policy, Theoretial Inquiries in Law, 2013, Vol. 14 No. 1.

[98] Orly Lobel, The Renew Deal: The Fall of Regulation and the Rise of Governance in Contemporary Legal Thought, Minnesota Law Review, 2004, vol. 89, No. 2.

[99] Peter John Wood, Frank Jotzo, Price Floors for Emissions Trading, Energy Policy, 2011, Vol. 39.

[100] Pierre-Andre Jouvet & Boris Solier, An Overview of Co2 Cost Pass-through to Electricity Prices in Europe, Energy Policy, 2013, Vol. 61.

[101] Rachel Feinberg Harrison, Carbon Allowances: A New Way of Seeing An Invisible Asset, SMU Law Review, 2009, Vol. 62, Issue 4.

[102] Rena I. Steinzor, Reinventing Environmental Regulation: The Dangerous Journey from Command to Self-Control, Harvard Environmental Law Review, 1998, Vol. 22, No. 1.

[103] Reuven S. Avi-Yonah & David M. Uhlmann, Combating Global Climate Change: Why a Carbon Tax Is a Better Response to Global Warming Than Cap and Trade, Stanford Environmental Law Journal, 2009, Vol. 28, No. 3.

[104] Richard B. Stewart, A New Generation of Environmental Regulation?, Capital University of Law Review, 2001, Vol. 29, No. 1.

[105] Richard Bruce A. Ackerman & Richard B. Stewart, Comment: Reforming Environmental Law, Stanford Law Review, 1985, Vol. 37, No. 5.

[106] Richard G. Newell, William A. Pizer, and Daniel Raimi, Carbon Markets 15 Years after Kyoto: Lessons Learned, New Challenges, Journal of Economic Perspectives, 2013, Vol. 27, No. 1.

[107] Richard J. Lazarus, Super Wicked Problems and Climate Change: Restraining the Present to Liberate the Future, 2009, Cornell Law Review, Vol. 94, No. 5.

[108] Richard Lane, Resources for the Future, Resources for Growth: The Making of the 1975 Growth Ban, in Benjamin Stephan & Richard Lane eds. , The Politics of Carbon Markets, Routledge Press, 2015.

[109] Richard Lane, The Promiscuous History of Market Efficiency: the Development of Early Emissions Trading Systems, Enviromental Politics, 2012, Vol. 21, No. 4.

[110] Richard Toshiyuki Drury et al, Pollution Trading and Environmental Injustice: Los Angeles' Failed Experiment in Air Quality Policy, Duke Environmental Law & Policy Forum, 1999, Vol. 9, No. 2.

[111] Robert L. Glicksman, Sidney A. Shapiro, Improving Regulation through Incremental Adjustment, University of Kansas Law Review, 2004, Vol. 52 No. 5.

[112] Robert Meltz, Takings Law Today: A Primer for the Perplexed, Ecology Law Quarterly, 2007, Vol. 34, No. 2.

[113] Robert N. Stavins, A Meaningful U. S. Cap – and – Trade System to Adddress Climate Change, Harvard Environmental Law Review, 2008, Vol. 32, No. 2.

[114] Robert N. Stavins, Policy Instruments for Climate Change: How Can National Government Address a Global Problem, University of Chicago Legal Forum, 1997 Vol. 1997, No. 1.

[115] Robert N. Stavins, What Can We Learn fom the Grand Policy Experiment? Lessons from So2 Allowance Trading, Journal of Economic Perspectives, 1998, Vol. 12, No. 3.

[116] Robert R. Nordhaus & Kyle W. Danish, Assessing the Options for Designing a Mandatory U. S. Greenhouse Gas Reduction Program, Boston College Environmental Affair Law Review, 2005, Vol. 32, No. 1.

[117] Robert W. hahn, Gordon L. Hester, Where Did All the Markets Go? An Analysis of EPA's Emissisons Trading Program, Yale Journal on Regulation, 1989, Vol. 6.

[118] Robin Kundis Craig & J. B. Ruhl, Designing Administrative Law for Adaptive Mangement, Vanderbilt Law Review, 2014, Vol. 67, No. 1.

[119] Robin Kundis Craig, Learning to Think about Environemntal Systems inEnvironmental and Natural Resource Law and Legal Scholarship: A Twenty-year Retrospective, Fordham Environmental Law Review, 2013, Vol. 24, Iss. 1.

[120] Russell B Korobkin and Thomas S Ulen, Law and Behavioral Science: Removing the Rationality Assumption from Law and Economics, California Law Review, 2000, Vol. 88, No. 4.

[121] Sabina Manea, Defining Emissions Entitlement in the Constitution of the EU Emissions Trading System, Transnational Enviromntal Law, 2012, Vol. 1, Iss. 02.

[122] Samuel Fankhauser, Cameron Hepburn, Designing Carbon Markets. Part 1: Carbon Markets in Time, Energy Policy, 2010, Vol. 38, No. 8.

[123] Sascha Kollenberg et al. , Emissions trading systems with cap adjustments, Journal of Environmental Economics and Management, 2016, Vol. 80.

[124] Sharon Christensen; Pamela O'Connor; WD Duncan; Anna Lark, Statutory Licences and Third Party Dealings: Property Analysis v Statutory Interpretation, New Zealand Law Review, 2015, No. 4.

[125] Shaun Fluker & Salimah Janmohamed, Who Regulates Trading in the Carbon Market?, Journal of Environmental Law and Practice, 2014, Vol. 26 No. 2.

［126］ Shaun Fluker et al. , Who Regulates Trading in the Carbon Markets?, Journal of Environmental Law and Practice, 2014, Vol. 26, No. 2.

［127］ Simon Anthony Schofield, The Climate Change Mitigation in New Zealand, A Thesis submitted for the Degree of Masters of Laws at the University of Canterbury, University of Canterbury, 2012.

［128］ Simon Caney, Markets, Morality and Climate Change: What if Anything is Wrong with Emissions Trading? New Political Economy, 2010, Vol. 15, No. 2.

［129］ Stephanie Benkovic & Joseph Kruger, To Trade or Not To Trade, Criteria for Applying Cap and Trade, The Scientific World, 2001, Vol. 1.

［130］ Stephen Smith & Joseph Swierzbinski, Assessing the Performance of the UK Emissions Trading Scheme, Environmental and Resource Economics, 2007, Vol. 37 Iss. 1.

［131］ Steven Sorrell, Carbon Trading in the Policy Mix, Oxford Review of Economic Policy, 2003, Vol. 19 No. 3.

［132］ Susan A. Austin, Tradable Emissions Programs: Implications under the Takings Clause, Environmental Law, 1996, Vol. 26, No. 1.

［133］ Suzi Kerr & Vicki Duscha, Going to the Source: Using an Upstream Point of Regulation for Energy in a National Chinese Emissions Trading System, Energy & Environment, 2014, Vol. 25, No. 3 & 4.

［134］ Thomas W. Merrill, The Landscape of Constitutional Property, Virginia Law Review, 2000, Vol. 86, No. 5.

［135］ Timothy F Malloy, Regulating by Incentives: Myths, Models, and Micromarkets, Texas Law Review, 2002 Vol. 80, No. 3.

［136］ Tom Titenberg, Tradeable Permits for Pollution Control When Emission Location Matters: What have We Learned? Environmental and Resource Economics, 1995, Vol. 5 Iss. 2.

［137］ Toni E. Moyes, Greenhouse Gas Emissions Trading in New Zealand: Trailblazing Comprehensive Cap and Trade, Ecology Law Quarterly, 2008, Vol. 35, No. 4.

［138］ Wen-chen Shih, Legal Nature of the Traded Units under the Emissions Trading Systems and Its Implication to the Relationship Between Emissions Trading and the WTO, Manchester Journal of Inernational Economic Law, 2012, Vol. 9, No. 2.

［139］ Wil Burns, The European Union's Emissions Trading System: Climate Policymaking Model, or Muddle (Part 1), Tulane Environmental Law Journal, 2017, Vol. 30 No. 2.

［140］ William Boyd, The Poverty of Theory: Public Problems, Instrument Choice, and the Climate Emergency, Columbia Journal of Environmental Law, 2021, Vol. 46, No. 2.

［141］ Ying Fan and Wolfgang Eichhammer, Introduction to the Special Issue–Theoretical Advances in and Empirical Lessons on Emissions Trading Schems, Energy & Environment, 2014, Vol. 25, No. 3 & 4.

[142] Zhu Xiao, Wu Kaijie, Public Participation in China's Environmental Lawmaking: In Pursuit of Better Environmental Democracy, Journal of Environmental Law, 2017, Vol. 29, No. 3.

后　记

　　本书是在我的博士论文基础上修改完成的。恐怕只有见过博士论文原稿的读者才知道修改是以何种幅度进行的。在修改即将收笔之际，才知道自己是多么自不量力，尤其是看到本书的书名，倍感忐忑。但是，或许被批评或者嘲笑，也是一种存在的价值，更是不断前行并努力做得更好的动力。

　　喜欢读别人书里的后记，感叹他们的文笔之优美，却只能惭愧于自己文笔的平白无华。但是，发自心底且憋了很久的感谢的话，一定要说。

　　首先，感谢师恩厚重的导师李艳芳教授。报考李老师的博士生时，因自感卑微甚至都没有事前联系她，因为担心见面后直接被"枪毙"。入学后第一年常常因为综合素质不高而感到彷徨和不知所措。博二之后，开始参与李老师主持的教育部哲学社会科学重大攻关项目"应对气候变化法立法研究"的课题研究，对科研逐渐找到了一点点感觉，享受着累并充实着、快乐着和进步着的感觉。读博期间，李老师帮我解决了经济方面的问题使我能安心学习。博士论文答辩期间，时值老师身体有恙，我非但不能为她分忧解难，还经常因为办理各种手续而频繁打扰她，惭愧万分。就业过程中，老师也是不遗余力给我帮助。在我入职政审时，就在我认为她不会亲自参加我政审时，她却意外出现并向政审老师对我作了全面细致和富有条理的介绍，显然是经过了精心准备。师恩难忘！

　　感谢担任我博士论文答辩委员会委员的罗丽教授、王立教授、刘洪岩研究员、于文轩教授、竺效教授。作为答辩委员会主席，罗丽教授为我的博士论文提出了很多富有启发意义的修改建议和意见，她在答辩结束后还为我的论文修改提出指导，让我感动不已。王立教授、刘洪岩研究员、于文轩教授、竺效教授也都对我论文的完善提出了宝贵建议，成为我完善论文的重要依据。

　　感谢人大法学院环境与资源保护法教研室的周珂教授、李延荣教授和竺效教授和经济法教研室的宋彪副教授。向周老师请教问题，不仅能享受其谦谦君子的儒雅风范，也总能感受到他深厚的理论积淀。与李延荣老师相处虽然并不多，但是每次向她请教问题，总是倍感亲切。竺老师治学态度严谨，科研成果丰硕，永远是学习努力做好科研的榜样。感谢宋彪老师在我博士论文预答辩中提出的宝贵意见和建议。感谢李修棋老师、鲍红凌老师，每次到法学院教务科办理各种博士论文相关手续，他们都会耐心地提供指导和帮助。

　　感谢中国社会科学院法学研究所陈甦研究员、刘洪岩研究员、席月民研究员的认可，让我最终能入职法学研究所这所神圣的法学殿堂。感谢北京林业大学杨朝霞教授、河南社会科学院邓小云研究员，他们曾在我毕业之际提供了各种不同形式的指导和帮助。感谢我硕士研究生时的英语授课老师杨淑玲老师，她不仅在研究生阶段给了我学好英语的自信，而且直至现在在我遇到困难时仍然给我强大的精神动力。感谢在一路走来给我鼓励和帮助的同学和同事。

　　感谢我的父母、姐姐和妻儿。博士论文写作后期，压力巨大，没有母亲的宽慰和鼓励，我很难按时完成论文。如今，父亲已经去世两年多，他生前总想来北京看看，却最终未能如愿，遗憾之至。这些年，姐姐承担了更多照顾父母的责任。她在操持自己家庭的同时，还常常打电话关心我的学习、工作和生活情况，而我却很少主动给她打电话去关心她。感谢妻子的理解和辛苦，在完成自己工作的同时，还要承担更多照顾儿子和处理家务的责任，使我有更多时间尽可能专心地进行科研。不知不觉儿子已三岁多了，他的天真活泼不仅使我能够在工作之余放松身心，也使我们全家总是充满欢声笑语。

　　感谢我的博士后合作导师王灿发教授对本书出版的资助，感谢中国政法大学出版社编辑丁春晖老师的善解人意和鼎力支持，感谢他就本书提出的各种完善建议和编辑过程中的各种辛苦付出，使得这本书能够尽早地呈现给读者。

　　本书的研究还非常初步，恳请各位学界前辈和同仁批评指正。

2023 年 7 月 25 日于北京